Agua y Energía
Las guerras de hoy

Roxana Ávila M.

Agua y Energía

Las guerras de hoy

Roxana Ávila M.

ISBN: 978-9929-568-11-2

Guatemala, enero de 2015

Agradecimientos

Este trabajo se concluyó gracias al apoyo de varias instituciones y personas que prestaron sus conocimientos en las diferentes etapas de la investigación. Deseo expresar un agradecimiento sincero a Margarita Campoy, Francisco Salinas, José Manuel Ruano, Pedro Costa Morata y Nicolás Bajo por todos los conocimientos recibidos y los consejos, así como también a todos los directores de la Universidad Pontificia de Salamanca. Mención especial merece el Doctor José Manuel Saiz Álvarez por sus acertadas indicaciones y oportunos aportes; sus conocimientos sobre el tema resultaron vitales para integrar un trabajo investigativo más completo. Al Doctor Fernando Martínez Vallvey por las directrices finales y a la Doctora Noa Carballa Rivas por sus atinados aportes en la edición.

Mi reconocimiento a las personas que colaboraron en las entrevistas, llenaron encuestas o auxiliaron con la logística de recabar información por distintos medios para enriquecer la investigación y lograr los objetivos para sustentar la investigación. Un agradecimiento especial por esta colaboración al señor Raymundo De Las Barreras y a los miembros de la Asociación para el Desarrollo de Chicacao (ADECH). A los integrantes Consejo Regional de Análisis Estratégico (CRAE) por su colaboración en el intercambio de opiniones e información relevante sobre el tema tratado.

Agradezco también la colaboración de diversas instituciones cuyos aportes fueron de utilidad para completar la información, entre ellas: INFOM, INSIVUMEH, INE, ANEE, AGER, EEGSA, INDE, MRE y MEM.

Índice

Capítulo 1: Introduccción 1

   Objetivos 8

Capítulo 2: Los retos del desarrollo sustentable 11

   Definición del problema 14

Capítulo 3: Los modelos históricos de desarrollo 25

   Modelo socialista 29

   Teorías sobre el desarrollo en el siglo XX 31

     Concepto de Progreso y de desarrollo 31

     Teoría de la dependencia 36

     Teoría de la evolución 38

     Teoría de los trópicos 39

     Teoría de la Modernización 41

     Teoría del sistema mundo 43

   Modelos y propuestas para el desarrollo 44

   El desarrollo sostenible 46

   Globalización y antiglobalización 48

   El socialismo del siglo XXI 53

   Economía social de mercado (ESM) 55

   Mercados globales versus mercados locales 57

   Los modelos en crisis 58

Capítulo 4: Factores históricos del desarrollo en Mesoamérica 67

   Época prehispánica 68

   Época colonial 70

   Época independiente 72

   Desarrollo energético regional 73

Capítulo 5: Energía y desarrollo. 77

   Historia energética mundial 79

   Modelos de desarrollo tradicionales con energía fósil 81

     El petróleo 81

     Energía Nuclear 84

     Gas natural, gas de esquisto y carbón 87

   Alternativas energéticas de fuentes renovables 90

     Energía por biomasa 96

     Energía geotérmica... 100

     Energía solar 104

     Energía eólica 109

     Energía hídrica y oceánica 114

La cogeneración 122
Nuevos modelos dedesarrollo social sustentable 123
Cambio de paradigma en los patrones de generación energética 131
Capítulo 6: El consumo y la energía 137
Planificación desde el Estado 142
Situación actual de las inversiones energéticas 149
**Capítulo 7: Alianzas estratégicas entre grupos sociales
como enlace para   el desarrollo sustentable** 155
Intereses en conflicto derivasos del desarrollo energético 164
Alianzas entre las comunicades y la sociedad civil ....…....... 169
**Capítulo 8: Desarrollo regional a partir de fuentes renovables
de energía** 201
Recursos hídricos y electrificación 209
Capítulo 9: Reflexiones finales 211
Referencias bibliográficas 217
Hemerografía y publicaciones periódicas 224
Páginas electrónicas ....…... 229

Capítulo 1

Introducción

Esta investigación sobre las relaciones sinérgicas entre el agua y la energía define sus paradigmas sobre un modelo de desarrollo occidental sustentable[1]. Los principios de este planteamiento sobre las crisis del presente considera el futuro de la humanidad desde el respeto al espacio geográfico -ambiente- para validar el compromiso con las generaciones presentes y futuras. Asimismo, se posiciona sobre un crecimiento económico para obtener el bienestar de acuerdo a los parámetros actuales. Un equilibrio de fuerzas entre el futuro posible y el hoy, son indispensables para el bien de la humanidad. En consecuencia, la implementación de nuevas formas energéticas de *impacto neutro*[2] al

---

[1] El concepto de Desarrollo Sustentable fue utilizado por primera vez en el reporte, denominado "Nuestro Futuro Común", publicado en 1987 por la Comisión Mundial sobre Medio Ambiente y Desarrollo, también conocida como Comisión Brundtland. En este documento se identifican los elementos de la interrelación entre ambiente y desarrollo y, se define que "el Desarrollo Sustentable es aquel que puede lograr satisfacer las necesidades y las aspiraciones del presente, sin comprometer la capacidad de las generaciones futuras de satisfacer sus propias necesidades y aspiraciones". A su vez, se hace un llamado a todas las naciones del mundo a adoptarlo como el principal objetivo de las políticas nacionales y de la cooperación internacional- De allí surge la Conferencia de Naciones Unidas sobre el Medio Ambiente y el Desarrollo, más conocida como la Cumbre de la Tierra, realizada en Río de Janeiro, Brasil en 1992. Este encuentro reunió a más de 100 jefes de Estado, representantes de 179 gobiernos, así como a representantes de los empresarios, trabajadores, ONG, organizaciones sociales de mujeres, jóvenes y pueblos indígenas, alcanzando un histórico nivel de representatividad y participación.

[2] Se creó la categoría **impacto neutro** desde la revaloración de la categoría de carbono neutral, ésta última explica como diversos países intentan bajar sus índices de CO_2 para lograr un equilibrio con el ambiente. La categoría "impacto neutro" expone como las acciones humanas sobre el medio ecológico son de mínimo daño al ambiente. Para el caso específico de las minihidroeléctricas, no se modifica la cuenca hidrográfica, por lo que el entorno geográfico mantiene su equilibro natural. No existe ruptura al ambiente, las modificaciones sobre el entorno son casi imperceptibles por

medioambiente en las comunidades con recursos hídricos -en algunas poblaciones de las áreas rurales- se considera una opción viable para el desarrollo sustentable. Este modelo energético de impacto neutro en las comunidades presupone una incidencia en la calidad de vida para los habitantes. Sobre este criterio, una energía limpia, se amplía la provisión de las formas culturales de occidente con el objetivo de mejorar los estándares en la calidad de vida. En este aspecto, es fundamental el manejo de la información a través de los medios masivos de comunicación para la concienciación individual de cada habitante en relación al modelo de desarrollo sustentable que deseamos.

Reconocemos que la educación juega un papel esencial en la comunicación de los conocimientos y las habilidades necesarias para la comprensión del idioma. Nuevos conocimientos se difunden entre los pobladores, enriqueciendo y modificando sus referentes culturales, desde la utilización de un lenguaje diferenciado al materno o las ideas del bien común, la administración de justicia, la naturaleza o las pautas de consumo. Estos conocimientos propios de la cultura occidental presuponen el uso de energía eléctrica y otros recursos energéticos como los combustibles que demanda con avidez el mercado. Es primordial suplir la demanda con energía renovable pero el reto consiste en lograrla a un menor costo que los combustibles fósiles.

El agua es un recurso renovable y reutilizable que no ha sido valorado, conservado y utilizado de manera sustentable. Es además un recurso totalmente imprescindible para la vida humana, por tanto la regulación de su uso es una tarea urgente que requiere de consensos políticos y sociales de gran alcance. En los hogares, el agua es el recurso por excelencia dado que es utilizada para la preparación de alimentos y bebidas, o para el lavado de ropa y enseres, lo que contribuye a la salud de los moradores siempre que sea agua de buena calidad. La energía eléctrica es un factor determinante para el desarrollo, por la potencialidad de generar empleo y porque permite el acceso a información, educación y el mejoramiento en la calidad de vida. Ambos elementos son relevantes pero a la vez escasos o disponibles en cantidad y calidad insuficiente. Este factor, debido al cambio climático y a la sobreutilización o sobreexplotación, se está profundizando en regiones de nuestro país y del planeta constituyéndose en la peor amenaza para las comunidades rurales y urbanas. La

---

los avances tecnológicos. El impacto neutro permite crear energía limpia sin la destrucción ecológica en las cuencas, porque dejar fluir el caudal del río.

importancia del agua en la sobrevivencia tiene como parámetros la reducción de la desnutrición infantil, la reducción de la pobreza, la salubridad y la producción.

La obtención y utilización de energía de impacto neutro en las comunidades de las áreas rurales, es concebida como modelo de desarrollo social orientado a la generación de empleo a través del trabajo y su articulación al mercado nacional e internacional, que se reconoce como medio para el mejoramiento en la calidad de vida. En ese caso particular, probablemente las mujeres sean las beneficiadas directas al visualizar otras posibilidades de vida en oposición al patriarcado, muy extendido entre la población rural y pobre que, además, posee los índices más altos de natalidad y morbilidad materna en la región.

Un anhelo deseable desde nuestra posición de respeto a la vida y la naturaleza, es el que persigue el equilibrio de la curva demográfica en las regiones más empobrecidas del país, por ser un elemento clave en la evolución social de Guatemala. Es importante buscar los puntos de convergencia entre los diversos actores sociales en las comunidades para unificar los esfuerzos con el objetivo de alcanzar un grado de desarrollo. Para ello se debe considerar la participación de la sociedad civil organizada, las autoridades municipales y los empresarios locales o extranjeros interesados en invertir en nuevas industrias, comercios o empresas de generación energética limpia. Estás relaciones son imprescindibles para sostener el proyecto en el tiempo y para una relación entre los sectores que permita el diálogo y el entendimiento armónico.

También es deseable la colaboración de los académicos nacionales e internacionales en sintonía con las agrupaciones sociales y el empresariado, porque se posibilita generar investigación y visiones estratégicas de largo plazo, razón por la cual es fundamental explicar por qué es necesario cambiar la ***matriz energética***[3] para crear un desarrollo sostenible.

---

[3] Definimos la **Matriz Energética** por su eficacia para proveer de energía a la totalidad de la demanda mediante **la** optimización de los recursos disponibles y su distribución descentralizada. Una nueva Matriz Energética necesariamente deberá contar con diversidad de fuentes, ser independiente, no contaminante y renovable.

Se plantea otro dilema con relación al uso del agua, por la escasez en algunas regiones y por su abundancia en otras. Entonces, cuando se analiza la posibilidad de desarrollo basado en un matriz energética que utilice los cursos de agua, es imprescindible planificar un proceso de información y muchos estudios previos para prevenir las crisis y la posibilidad de daños colaterales al medio ambiente o a la población cercana. Cada proyecto debe medirse de acuerdo a condiciones especiales e individuales que los caracterizan.

Las propuestas de desarrollo sostenible, dadas las condicionantes históricas del país, tienen como contraparte a los diversos grupos de oposición con intereses particulares. Mitos, falsa información o el pasado mismo condicionan la implementación de modelos de desarrollo sostenible. En este mapa social existe un sector beligerante que enarbola la bandera del ambientalismo o bien, una cosmovisión heredada de la época prehispánica como paradigma de su lucha.

En muchos casos, estos grupos han logrado el apoyo de pequeños segmentos de la población rural, quienes han organizado protestas y actos vandálicos en contra de las instalaciones mineras o hidroeléctricas. En el presente trabajo se analizarán todas las posiciones en favor y en contra de los proyectos energéticos, con el fin de evidenciar una parte de la complicada situación social y de sus intereses creados.

El reto es plantear un **nuevo modelo energético**, teniendo en perspectiva su complejidad y los intereses e influencias de los actores involucrados. Comprendemos que la generación a partir de los combustibles fósiles queda fuera del radio de acción de las comunidades rurales, con excepción de la leña y algunos cultivos que aportan biomasa para combustión. El costo de los combustibles derivados del petróleo es muy elevado en las zonas rurales, por lo que se hace posible –desde nuestro modelo teórico– la implementación de una matriz energética local con fuentes renovables como las hidroeléctricas, parques eólicos y solares, entre otros.

Además, existen diversas posiciones en conflicto por los temas de desarrollo industrial y sustentable. La generación de energía limpia debe ser causa del bien común. Sin embargo, la conflictividad persiste y es uno de los grandes obstáculos a subsanar. Trataremos de concebir un modelo teórico para su implementación en un caso específico y la conciliación entre diversos sectores para convertir el desarrollo en un círculo virtuoso sustentable.

La propuesta de **"alianzas estratégicas intersectoriales"** busca -desde el inicio- conjuntar las fuerzas sociales de manera que, con el apoyo de los sectores académicos como factor de promoción educativa, se logre impulsar el desarrollo sostenible desde otras opciones. Su primer fundamento es el diálogo, que deberá entablarse entre los actores mencionados, con el fin de promover el intercambio pacífico de ideas que permita obtener logros significativos en el avance social del país.

Uno de los temas básicos para iniciar el diálogo con las comunidades que se verán beneficiadas con los proyectos de infraestructura energética, es encontrar los mecanismos para evaluar el costo-beneficio de estos proyectos. Las Naciones Unidas (NU) propuso la implementación de un Sistema de Cuentas Ambientales y Económicas Integradas –SCAEI-, conocido popularmente como "Cuentas Verdes" (Castañeda y Gálvez, 2010: 9-42).

El punto de partida para el SCAEI es el reconocimiento de la relación intrínseca entre el ambiente y la economía. En esta relación, el ambiente provee bienes en forma de insumos para la producción tales como: tierra, agua, bosques y elementos fósiles, que de manera sustancial afectan el desarrollo de los procesos productivos. Es innegable que en la economía se producen y consumen bienes y servicios. Estos procesos utilizan los recursos disponibles y además generan residuos que, en su mayor parte, son devueltos al ambiente y, en algunos casos, son reutilizados a través del reciclaje. De estas relaciones económicas se derivan las cuentas y subcuentas que componen el marco contable del SCAEI. Cuantificar estas relaciones entre el ambiente y los procesos productivos es realizar un análisis que contiene muchas variables; las mismas se entrelazan de una manera exponencial dentro del modelo matemático de explicación de costos.

En el SCAEI debemos subrayar algunos componentes que deben estar sujetos al análisis por ser de mayor relevancia, tales como la utilización del agua, la oferta energética, la utilización de productos del bosque y las emisiones al aire. El mayor consumo de agua en Guatemala, como en el resto del mundo, se deriva de las actividades agropecuarias que representan más del 53% del total nacional. Estas actividades agropecuarias contribuyen en 15.21% con el empleo formal en el país, mientras que el sector servicios contribuye con un 41.8% y solo utiliza un 4.6% de agua. Son estos los factores que influyen en la medición de las cuentas verdes dependiendo de los factores productivos de cada país (Castañeda y Gálvez, 2010: 9-42).

En ese sentido, los Objetivos del Milenio[4] reconocen la importancia de proporcionar información física y monetaria en una forma consistente con las estadísticas económicas que permiten contribuir a la integración de políticas económicas y ambientales. Por ello se hace necesaria la integración del SCAEI en la medida en que se logren obtener datos confiables sobre el uso de los recursos y sus factores de incidencia ambiental (Castañeda y Gálvez, 2010: 9-42).

Como ejemplo, en Guatemala el consumo de leña es fundamental en la matriz energética; sin embargo, también se utilizan los derivados del petróleo como: gasolina, diésel, bunker, queroseno, gas y otros productos relacionados que juegan un papel fundamental, por su participación como energía secundaria semiprocesada que es utilizada en la industria nacional. Pero además, se puede observar que estos insumos energéticos, al generar combustión liberan a la atmósfera gases de efecto invernadero, nocivos para la salud y el ambiente[5]. Otro aspecto fundamental es que el consumo de leña provoca deforestación debido al crecimiento poblacional, pero también por la industrialización que se convierte en parte del problema y su relación con la medición de las cuentas verdes. Esto hace que se produzcan otras variables. El uso de combustibles fósiles para alimentar el crecimiento económico crea una gran cantidad de contaminación, la cual no solo degrada el medioambiente, sino también daña la salud de los seres humanos[6].

Otra problemática surge al intentar controlar la contaminación y reducirla sin afectar el crecimiento económico. A partir de los paradigmas del crecimiento sustentable se plantean diversas propuestas y soluciones. En consecuencia se deben desarrollar tecnologías para el tratamiento de desechos sólidos, tratamiento de aguas o de emisiones contaminantes, para enumerar algunos ejemplos críticos, sin detrimento al crecimiento económico. Dentro de este mismo campo del crecimiento sustentable, se

---

[4] **Objetivos del Milenio** (ODM), son ocho propósitos de desarrollo humano fijados en el año 2000, que los 189 países miembros de las Naciones Unidas acordaron conseguir para el año 2015.
[5] Entre los gases de efecto invernadero, hay que destacar los clorofluorclorocarbonados (CFC), el metano, el dióxido de carbono y el vapor de agua, óxidos de nitrógeno y ozono entre otros.
[6] Se ha identificado el cáncer de pulmón por la inhalación de humo, enfermedades respiratorias crónicas como la bronquitis y las alergias.

promueven los controles regulatorios para la descarga de desechos y aguas servidas. Para ello se requiere de la intervención estatal, por los altos costos de las propuestas tomando en cuenta que los beneficios son de carácter colectivo. Como contraposición, los economistas convencionales optan por un control de acuerdo con principios regulatorios –muchas veces fáciles de evadir- y mecanismos de mercado, (Davis, Arrollave y Beltetón, 2010: 47-87).

En el contexto del consumo, el televisor en los hogares, el teléfono móvil sobre el escritorio o la licuadora en la cocina tienen sentido -en ese estándar de vida- a través de las energías limpias. Occidente como forma cultural enriquece las pautas de consumo y de protección medioambiental. Por lo que, la elaboración de este trabajo de investigación se sustenta en los paradigmas medioambientalistas y la necesidad de proporcionar a los habitantes de las zonas rurales, para comenzar, los medios de sustento y desarrollo que permitan vencer el hambre y la pobreza en cada región para luego permitir un desarrollo más completo por el acceso a nuevas tecnologías.

Kenneth Rogoff (2014) explica uno de los paradigmas de las sociedades modernas: *"La promesa de que toda nueva generación gozará de mayor prosperidad que la anterior es un postulado de la sociedad moderna. En general, la mayoría de las economías más avanzadas han cumplido dicha promesa y el nivel de vida de las últimas generaciones ha aumentado, pese a los reveses provocados por guerras y crisis financieras"*. Pero Rogoff también advierte que: *"los resultados del crecimiento en el pasado no son una garantía de que se pueda mantener una trayectoria en gran medida similar en todo este siglo. Dejando de lado los posibles trastornos geopolíticos, hay amenazas formidables que superar, debidas en su mayor parte a deficiencias y disfunciones políticas. El primer conjunto de cuestiones comprende los problemas –que se van fraguando poco a poco– debidos a externalidades, el principal ejemplo de las cuales es la degradación del medio ambiente. Cuando los derechos de propiedad no están bien definidos, como en el caso del aire y el agua, el Estado debe intervenir para ofrecer una reglamentación apropiada. Yo no envidio a las generaciones futuras por tener que abordar las posibles ramificaciones del calentamiento planetario y la disminución del agua potable"*. Con este criterio, se aprecia que los temas fundamentales se relacionan con estos dos elementos de la naturaleza: "agua y energía". En un balance de pesos y contrapesos, ambos son factores del desarrollo que generan las crisis del presente en el marco mundial.

Objetivos

Puede resultar de utilidad elaborar un modelo de desarrollo basado en la generación de energía de impacto neutro, por tal razón, debemos tener como referencia los modelos de desarrollo históricos vistos a la luz de los aciertos y fracasos registrados en su implementación, con la finalidad de posibilitar por medio de la energía renovable de bajo costo, que los habitantes de la región puedan obtener mejores oportunidades de desarrollo sustentable y una incidencia favorable en la calidad de vida. Además, se puede intentar determinar si el modelo de producción de energía a partir de las fuentes renovables, aplicada a una población semirural, tiene incidencia en la calidad y cantidad de empleo. También verificar si los habitantes con mejores ingresos, consumen más, haciendo crecer la economía y mejorando el nivel de bienestar que puede medirse por los índices de desarrollo del país.

La forma de medir los alcances del modelo estará dado a partir de los índices de desarrollo actuales y la proyección futura. Los índices de pobreza, educación, salud y crecimiento demográfico, se encuentran entre los parámetros de análisis primario, pero se hace necesario evaluar los avances en el acceso a los medios de comunicación, la capacitación y la productividad, partiendo de la disponibilidad de energía eléctrica de impacto neutro como medio para alcanzar el bienestar de más integrantes de las localidades.

El reto es un modelo social basado en una matriz energética eficiente que utilice los recursos disponibles en el área geográfica delimitada. Además, es importante que la energía provenga de fuentes renovables de impacto neutro como las minihidroeléctricas, parques solares, eólicos y plantas geotérmicas que, de forma efectiva, se aprovechen para generar empleos, mejorar la calidad de vida y el bienestar de las comunidades cercanas a los proyectos de inversión energética. El acceso a energía renovable de bajo costo deberá promover la creación de empleos directos e indirectos para la población rural. Los objetivos secundarios plantean: a) Demostrar que el acceso a energía de bajo costo coadyuva al desarrollo de la pequeña y mediana empresa, crea oportunidades de inversión en la industria e incentiva el comercio al mejorar los ingresos de los habitantes, b) Determinar el grado de receptividad de las autoridades y la sociedad civil organizada para permitir en sus comunidades la instalación de nuevos proyectos energéticos; c) Comprobar la factibilidad de las alianzas sociales estratégicas para minimizar los conflictos entre los grupos intersectoriales con el objetivo de llevar a buen término una negociación ventajosa, a través del diálogo, para todos los interesados; d)Promover la interacción e integración de los sectores privado y público como actores clave para el desarrollo sustentable de las comunidades, al involucrarlos de manera directa con la protección del medioambiente y la conservación de los recursos acuíferos; y e) Comprobar por medio de los índices de desarrollo, cómo se incentiva la productividad con el uso de energía eléctrica de bajo costo, bajo impacto ambiental y en condiciones de accesibilidad. La productividad incentiva el consumo y éste a su vez a la economía.

Se espera lograr estos objetivos a través de la implementación de proyectos de generación energética de impacto neutro con una matriz distinta a la convencional de los combustibles fósiles, según su disponibilidad y cercanía con la comunidad o comunidades objetivo. Además, la energía es fuente de desarrollo del modo de vida occidental lo que permite la creación de empresas industriales, agroindustriales y de servicios para que, a partir de estos, la población adquiera un bienestar económico.

Las poblaciones que se ubican en las regiones montañosas, por sus condiciones hidrográficas y orográficas especiales, que le confieren aspectos diferenciados, permiten el aprovechamiento de fuentes hídricas de energía renovable, disponible y subexplotada. El régimen de lluvias en estas regiones es copioso, por lo que las fuentes hídricas se mantienen con caudales altos la mayor parte del año. Existen, además, pequeñas hidroeléctricas que funcionan en las instalaciones de fincas privadas, por lo cual la conversión a minihidroeléctricas en el ámbito municipal o público puede ser menos contradictoria para la población y las autoridades.

Capítulo 2

Los retos del desarrollo sustentable

Es factible creer que la generación de energía de impacto neutro enlazado a un modelo social representativo es fuente del desarrollo sustentable para las comunidades rurales porque los costos competitivos mejoran las pautas de consumo de los habitantes. Los habitantes con acceso a energía eléctrica tienen índices de desarrollo humano más altos porque la electricidad les provee de medios de información, comunicación y educación más eficientes. Pero los habitantes de las zonas urbanas son más receptivos al cambio de paradigmas y más abiertos al modo de vida occidental, en tanto que los habitantes de las zonas rurales son proclives a conservar sus costumbres ancestrales y se oponen con más frecuencia a formas de vida distintas de las habituales.

La preocupación de los ambientalistas no debe confundirse con la posición radical de quienes se oponen a los proyectos de energía. Esta preocupación es genuina y tiene bases sólidas en la evidencia. En el istmo mesoamericano el deterioro de los ríos en la Cuenca del Pacífico es palpable. Pero en Guatemala, que no cuenta con una Ley de Aguas que regule el uso del recurso, algunos empresarios agrícolas, empresas pecuarias, pequeñas o grandes industrias y municipalidades, entre otros, desvían los cauces y devuelven las aguas contaminadas a los ríos, sin que las autoridades encargadas de la salubridad y el medio ambiente actúen en consecuencia. Los pobladores se quejan de la falta de agua en sus comunidades, pero tampoco están dispuestos a contribuir para el saneamiento de los cursos de agua. Algunas veces grupos de vecinos afectados recurren al bloqueo de rutas para ser escuchados, pero las autoridades no responden, en parte, porque no cuentan con lineamientos de acción para sancionar o prevenir estos casos. Los medios de comunicación empiezan a pronunciarse y urgen al Congreso la reactivación de la discusión sobre la Ley de Aguas Nacionales porque el tiempo apremia y las soluciones se vislumbran lejanas (Zavala, 2014).

Un informe de la ONU advierte sobre el agotamiento del agua por el crecimiento económico y demográfico, una ecuación irresoluta para la sustentabilidad. La relación entre el agua y la generación de energía ha tenido como consecuencia una sobreexplotación según reportes de Unesco presentados en 2014: *"La demanda de agua dulce y de energía seguirá aumentando en las próximas décadas para responder a las necesidades de las poblaciones y las economías en crecimiento, los cambios de estilo de vida y de consumo, amplificando así, en forma importante, las presiones sobre los recursos naturales limitados y los ecosistemas"*. También se advierte sobre las tensiones geopolíticas en Asia, especialmente en la zona del mar de Aral, las cuencas del río Ganges y otros ríos de la zona. Por aparte, la búsqueda de energías alternativas como los biocombustibles, que precisan de riego, y la extracción del gas de esquisto, que consume y contamina las aguas, ejerce una presión adicional sobre el manto acuífero (APF, 2014).

En tiempos actuales, cuando es claro el deterioro del medio ambiente por causas naturales o por efecto de la actividad humana, los países industrializados con poblaciones y territorios extensos como China, Estados Unidos, Brasil, India y Rusia, con economías dominantes, son los más preocupados porque en sus territorios se guardan los recursos naturales más importantes del planeta. Algunos gobernantes están conscientes de las condiciones de vida en las diferentes partes del mundo y desean ayudar a incrementar la productividad para alcanzar un nivel económico más alto. Una forma de apoyo muy efectiva resulta del acceso a energía mecánica y eléctrica de bajo costo proveniente de fuentes renovables. Los países con rápido crecimiento económico están buscando por todos los medios nuevas fuentes de energía para la industria. Planteamos que, por medio de las nuevas fuentes energéticas renovables, se pueden ampliar las pautas culturales de las comunidades para el desarrollo sustentable de las mismas. Para ello deberán medir los modelos de desarrollo energético, los cambios culturales y la calidad de vida de otras poblaciones. De tal medición se puede inferir, por ejemplo, las pautas de consumo, los referentes culturales, la influencia de la energía de impacto neutro en la generación de nuevos empleos, su aporte en el intercambio o transferencia tecnológica a través de los medios de comunicación social y la participación en aspectos clave para la reducción de la pobreza.

Para iniciar este análisis es de primordial importancia comprender que la demanda energética sigue en escalada en todo el mundo. Como ejemplo, entre los países centroamericanos Guatemala tuvo un crecimiento de un 20% de la demanda regional entre el 2010 y el 2011. El creciente consumo de productos energéticos indica, por una parte, que la población se encuentra en constante crecimiento demográfico, por lo que demanda más energía *per cápita*. El crecimiento económico indica que la industria y el comercio están aumentando su consumo, lo que puede, en determinadas ocasiones, incrementar la productividad. Se espera, en consecuencia, que los indicadores de desarrollo se vean afectados positivamente y se refleje en una disminución de la pobreza a nivel general. El movimiento para aprovechar las energías renovables, fomentar el ahorro y mejorar la cobertura del servicio a un porcentaje mayor de habitantes, son justificaciones clave para esta investigación (Encovi, 2011).

Como parámetro de referencia, entre el 2001 y el 2010 se realizaron los estudios en Guatemala para integrarse al SCAEI, que está compuesto por siete cuentas: recursos hídricos, bosque, energía y emisiones, bienes pesqueros y acuícolas, residuos y la cuenta de recursos del subsuelo y de la tierra. El primer ejercicio se hizo actualizando las cuentas al 2006, lo que generó datos del capital natural del país; se estimó en US$16,691.00 *per cápita*. Este monto, también llamado el PIB verde o PIBA (PIB ajustado ambientalmente), es uno de los primeros resultados de las cuentas verdes. A partir de estos datos se pretende documentar el impacto que causa la acción humana sobre el medio ambiente y deberán tomarse en cuenta para las decisiones sobre políticas públicas. El informe de 2010 indica que el PIB verde para Guatemala se ajustó a la baja, lo cual indica que el crecimiento económico ha consumido buena parte de los recursos naturales del país (Bolaños, 2014).

Más adelante se analizarán los tipos de energía convencionales y las innovaciones tecnológicas que permiten hacer uso de energías renovables de menor costo, así como la energía en todas sus manifestaciones y formas de generación. Junto a ello es factible establecer la importancia de la energía para el desarrollo humano por su uso en los distintos ambientes. El objetivo es medir el aporte de los recursos energéticos en relación al bienestar y calidad de vida de las poblaciones de la región centroamericana.

Se trató de establecer, por medio de reportes hemerográficos, la receptividad de la población, las causas de la oposición de grupos de pobladores rurales a los proyectos energéticos y el origen de los conflictos recientes para frenar la industria de generación hidroeléctrica, debido al ambiente de incertidumbre, de animosidad y conflictividad. Se encontraron referencias bibliográficas, artículos en medios electrónicos y revistas en los que se evidencia el origen ancestral de los conflictos, la resistencia al cambio y los parámetros de referencia que esgrimen los pobladores de las comunidades —especialmente del área rural indígena— para manifestar su oposición a los modelos de desarrollo occidentales. También se evaluó el punto de vista de los expertos, quienes defienden los proyectos de desarrollo sustentable y visualizan el futuro de las energías limpias, así como la orientación de las nuevas tecnologías, inventos, hallazgos y criterios sobre energía fósil y renovable. Encontramos posiciones antagónicas entre activistas opositores y empresarios. Una lucha que seguirá por mucho tiempo en tanto no se tomen las medidas para educar y motivar a una participación efectiva de las comunidades.

Definición del problema

La producción, distribución y consumo de energía es uno de los retos a resolver dentro del modelo económico de occidente para las generaciones futuras. En el modelo de industrialización tradicional los combustibles fósiles, como el carbón, petróleo y gas, se agotan y no son renovables. Existe una seria contradicción entre la generación de energía y el crecimiento poblacional en el modelo crítico de los combustibles fósiles, por la dependencia, la contaminación y su inminente colapso. Esta crisis energética estimula —de manera urgente— a una parte de la industria para encontrar nuevas fuentes de energía renovable y de impacto neutro. Esta propuesta energética sustentable es de carácter orgánico y se plantea para las comunidades rurales. El modelo a desarrollar puede ser una matriz descentralizada por zonas geográficas específicas, diversificada con otros recursos y tipos de energía no contaminante que, además, aporten para establecer un equilibrio entre medio ambiente y sociedad. Es necesario explicar, de una manera sistemática y coherente, cómo la implementación de nuevos modelos energéticos es efectiva para el avance de las comunidades rurales del país y cómo la energía eléctrica incide de manera directa e indirecta en todas las actividades humanas vitales para el bienestar.

El análisis indica que el ahorro de energía en los hogares ayuda a bajar la factura de gastos familiares, pero también a bajar la factura petrolera del país. Las divisas ahorradas pueden utilizarse en otros proyectos de interés nacional. En las empresas el ahorro puede ser usado para mejorar las prestaciones laborales o generar más empleos. La energía eléctrica se utiliza en todas las áreas de trabajo, desde la iluminación hasta el uso de aparatos digitales, electrodomésticos y para los procesos de industrialización. La disminución de los costos es un parámetro importante para la competitividad. Actualmente los costos son elevados, por lo que hay que mejorar la oferta de energía renovable para equilibrar los gastos. Se necesita energía para todo, desde la construcción de carreteras hasta la carga de celulares y estos proyectos pueden realizarse a través del Estado o de la empresa privada.

En los lugares remotos se pueden utilizar fuentes alternas de energía de tipo renovable como los paneles solares, mini generadores eólicos o las minihidroeléctricas. Debemos evitar las energías producidas con combustibles fósiles porque son altamente contaminantes y cada vez más caras. Se deben evaluar todas las variables, por ejemplo: que los paneles solares y los generadores eólicos tienen una utilidad limitada por estar sujetos a horas luz y a la disponibilidad de viento. Estas fuentes son usadas en áreas rurales con poco consumo, ya que necesitan baterías y otras fuentes alternas cuando se producen bajas en el sistema. Pero los sistemas de generación sustentable también pueden resultar contaminantes, por ejemplo: un parque eólico interfiere con la ruta de las aves y con el paisaje, mientras que las presas forman lagos que generan vida silvestre y otros microclimas. Sin embargo, las grandes represas tienen muchos detractores porque se pierde parte del paisaje natural por los embalses.

El problema radica en que las personas han vivido de forma precaria por generaciones, por lo que no tienen una necesidad urgente de contar con un servicio regular de energía eléctrica y agua potable. Los ciudadanos que habitan zonas urbanas, por el contrario, hacen uso y, en ocasiones, abusan del recurso porque existe en abundancia y su disponibilidad es inmediata. Pocas personas están empeñadas en el ahorro. El uso de nuevas tecnologías de iluminación está siendo implementado en muchos países a través de políticas gubernamentales para regular el consumo. En la Unión Europea se ha prohibido la venta de bombillos incandescentes y, próximamente, esta regulación alcanzará al resto del mundo. En general, la Directiva Europea 2012/27/UE establece medidas comunes para garantizar que la UE logre su objetivo principal de reducir el uso de energía un 20% para el 2020 (Directiva Europea, 2012).

El examen preliminar determinó que existen *grupos de presión*[7] que se oponen sistemáticamente a la creación de proyectos de energía renovable por diversos intereses[8]. En apariencia, los pobladores de las zonas rurales

---

[7] Los grupos de presión social son organizaciones grandes y pequeñas, aglutinadas para realizar protestas llamadas "medidas de hecho" tales como huelgas, bloqueo de carreteras, paro de labores e incluso toma de instalaciones privadas, con el fin de presionar al gobierno y la empresa privada para lograr sus objetivos.
[8] El objetivo principal de los grupos de presión consiste en lograr la paralización de las industrias extractivas como la minería y los

cercanas a los proyectos hidroeléctricos han sido manipulados por integrantes de instituciones ecologistas que les asesoran para realizar "consultas populares", en contra de los proyectos de generación limpia, lo que ha ocasionado enfrentamientos entre los empleados de las compañías y los pobladores rurales. La situación de conflicto se agrava por la comisión de actos vandálicos que derivan en linchamientos o el asesinato de miembros de ambos bandos[9]. El principal obstáculo a vencer radica en el manejo de información a que están sujetos los pobladores cercanos a los proyectos hidroeléctricos. Algunos activistas sociales proporcionan información tergiversada para obtener el apoyo campesino, dando argumentos tales como que, al instalar hidroeléctricas les van a cortar el agua, a desviar los cauces de los ríos, o a contaminar el fluido; pero no se les instruye sobre las ventajas de obtener energía de fuentes renovables. El problema para los empresarios y el gobierno es la oposición y los bloqueos que se realizan de manera constante en las carreteras del país, lo que ocasiona pérdidas al comercio, la industria y hasta la pérdida de vidas humanas.

Sin embargo, en algunas comunidades, como es el caso de la aldea Chel, ubicada en el municipio de Chajul, departamento de Quiché, se tiene el antecedente exitoso de la Hidroeléctrica Chelense, construida con el esfuerzo comunitario y el apoyo de Fundación Solar. Un ejemplo paradigmático que además propone ampliar la capacidad generadora de la planta, la cual beneficia, en la actualidad, a varias comunidades de la región. Más adelante analizaremos este caso particular para definir ventajas y desventajas de estos proyectos comunitarios (El Periódico, 2011c).

---

hidrocarburos; en otras ocasiones lograr mejoras salariales, mejores condiciones de trabajo y a veces se convierten en instrumentos de los partidos políticos para generar un ambiente de caos en el país con la finalidad de causar daño al partido en el poder. Se les ha sindicado de ser financiados por el narcotráfico para que realicen acciones de protesta para desviar la atención de los aparatos de seguridad cuando se realizan trasiegos de droga en ciertas regiones.

[9] El caso más emblemático es el suscitado en el poblado de Barillas, Huehuetenango, para impedir la instalación de una minihidroeléctrica de capital español. Los grupos de presión destruyeron algunas instalaciones privadas, quemaron casas y el gobierno tuvo que declarar estado de sitio para controlar la violencia desatada por los inconformes.

Es evidente que el mundo se encuentra en una situación de riesgo por el uso de combustibles fósiles, pero sobre todo por la escasez de agua. Esta preocupación hace que surjan grupos que actúan a favor de la energía de impacto neutro. Existe una capacidad de generación de hasta dos mil megavatios que puede aprovecharse por medio de las minihidroeléctricas, que no están siendo utilizados, y que podrían cubrir la totalidad de la demanda del país. También se menciona que las energías renovables y limpias deben tener prioridad sobre la energía producida a base de carbón o petróleo, en tanto estas últimas contaminan el ambiente. La Asociación de Generadores con Energía Renovable recomienda balancear la matriz energética y educar a las comunidades para que se sumen al esfuerzo por el desarrollo sustentable comunitario (AGER, 2012).

La Comisión Nacional de Energía Eléctrica —CNEE— proyecta que el crecimiento en la demanda del país será del 2.7% anual. Un porcentaje menor que en años anteriores, cuando el crecimiento fue de entre 5% y 6%. Se enfatiza, sin embargo, que la demanda se redujo en 2009 y 2010 debido a la crisis económica del 2008 (Bolaños, 2010). La procedencia de la producción energética varía en la época seca y la lluviosa; así tenemos que la generación con combustibles fósiles se incrementa en la época seca, mientras que la generación de las plantas hidroeléctricas aumenta en época lluviosa. En Guatemala el 90% de los recursos hídricos desembocan en el mar sin que se aproveche el caudal para el consumo humano, el riego o la generación de energía mediante plantas hidroeléctricas.

Se determinó que otros países de Latinoamérica como Brasil, Colombia, Perú y Bolivia han incrementado su participación en el mercado energético debido a un aumento en su producción y consumo de gas y petróleo. Mientras que, a nivel mundial, China y Rusia se ubican como los gigantes energéticos más influyentes. Estas economías emergentes encabezan los primeros puestos a nivel mundial y se han convertido en potencias energéticas. Además, la generación de energía verde les proporciona grandes ingresos de divisas, con las cuales pueden paliar la crisis económica y hacer crecer la productividad de sus países.

Latinoamérica se encuentra a la vanguardia en el mundo con un 30% de producción de energías renovables, especialmente biomasa, sobrepasando las expectativas que se tenían para 2010, por encima de países como España, líder en generación de energías renovables con una participación del 16% de su matriz energética. El tema es importante porque vivimos con recursos limitados, sobre todo en el rubro de los hidrocarburos, un problema que se irá agravando durante los próximos 30 años. Las nuevas tecnologías de fracturación del esquisto prometen precios más bajos para los combustibles fósiles pero históricamente sabemos que estos precios no pueden durar mucho tiempo. Sin duda el petróleo y sus derivados tendrán, en el futuro, un precio de venta más alto y provocará un impacto negativo en la economía y el ambiente, por eso es vital la reconversión energética para obtener un beneficio colectivo.

Para coadyuvar en la reducción de la pobreza se deben ampliar las fuentes energéticas. Nuestro milenio demanda la producción de energías de impacto neutro. Guatemala tiene gran potencial para desarrollar energía de fuentes renovables, pero, en primera instancia, deben ponerse de acuerdo todos los sectores para aprovechar las ventajas de la abundancia de recursos y promover el desarrollo por medio de proyectos que contribuyan a la conservación del ambiente y al desarrollo económico sostenible.

El problema principal radica en el alto precio de la energía eléctrica en el mercado. Los antecedentes demuestran que, en nuestro país, en septiembre de 2010 el precio promedio en el mercado *spot*[10] era de US$0.07 por kilovatio hora y en marzo de 2011 se había elevado a US$0.15, debido, principalmente, al incremento del precio del búnker en el mercado internacional lo que afectará de manera directa las tarifas que las distribuidoras cobran a sus clientes y las compras de las grandes empresas distribuidoras. Para 2015 se esperan importantes reducciones de precio por los cambios en la producción petrolera de Estados Unidos, lo que seguramente disparará el consumo y la contaminación.

Otro aspecto a evaluar es que el régimen de lluvias para la generación de las "grandes hidroeléctricas" de Guatemala es menor en el período de verano, lo cual disminuye la oferta energética de bajo costo y la demanda se tiene que cubrir con plantas térmicas. El incremento en el precio de la electricidad perturba a todos los sectores, pero lo más grave es el incremento de los precios en los productos de primera necesidad —canasta básica— que se ven afectados por la inflación ejerciendo presión sobre los salarios y todos los componentes económicos que proporcionan bienestar a las personas. En Guatemala el pago de la deuda en municipios como Quetzaltenango se está tornando peligrosamente grave. Los funcionarios han estado cobrando el servicio a los usuarios, pero no han

---

[10] **Precio *Spot*** es la denominación utilizada en el mundo anglosajón para designar el precio de contado o entrega inmediata.
http://www.economia48.com/spa/d/precio-spot/precio-spot.htm

trasladado el pago a la empresa distribuidora. Casos como estos están teniendo lugar en varias zonas del país y son una amenaza para el gobierno.

El precio de la factura que pagan los consumidores varía dependiendo de la época del año y de las fuentes generadoras utilizadas. Es de esperar precios más altos en el futuro, así como mayor escasez por una mayor demanda y recursos menguantes. Este incremento en la electricidad refuerza la importancia de impulsar el cambio de la matriz energética y lograr que más centrales hidroeléctricas se construyan para sustituir los 800 megavatios que se generan en la actualidad con búnker (Álvarez, 2011a).

Por otra parte, la sed de crudo en el mundo empuja a las compañías de exploración a realizar extracciones en aguas profundas, mar adentro, lugares de riesgo que, dadas sus condiciones geológicas, son propensas a los desastres y terminan afectando a naciones vecinas, las cuales no cuentan con recursos para protegerse de los daños colaterales provocados por los constantes accidentes. Las ciudades costeras corren riesgo de contaminación por los derrames de petróleo, como el ocurrido en el Golfo de México, ocasionado por la ruptura de una línea de conducción operada por la British Petroleum. Las grandes compañías explotadoras de hidrocarburos ponen en riesgo la salud y la vida del planeta en su afán por encontrar y extraer recursos no renovables alrededor del globo (Pérez, 2011).

El problema energético se ve agravado por la crisis financiera y la escasez de ciertos recursos naturales, principalmente acuíferos. Según analistas existe en el mundo un riesgo enorme para los países con mercados emergentes, por el temor a la inflación ocasionada por los constantes incrementos en el precio del petróleo. Desde junio de 2009 hasta el final de 2010 el petróleo y los mercados emergentes se movieron de forma simultánea al alza, por las expectativas de un mayor crecimiento mundial. Los factores inflacionarios y el agotamiento acelerado del recurso encarecen la explotación de nuevos yacimientos. Es evidente que las inversiones para incrementar la producción de petróleo y gas han disminuido en los países industrializados y se ha incrementado en los países en vías de desarrollo (Denning, 2011). Pero una rebaja sustancial de los precios tampoco abona para que las energías renovables sean económicamente viables, por el contrario, hace que las inversiones se retraigan.

Un problema que no se analiza con frecuencia consiste en que el mayor consumo de los países desarrollados hace que los combustibles fósiles se vuelvan más caros. Los países en vías de desarrollo terminan pagando precios más altos debido al alza provocada por el exceso de consumo y las proyecciones de escasez en los países industrializados.

La producción de algunas energías con recursos renovables también presenta crisis, como consecuencia del agotamiento de las *tierras raras*[11], las cuales son minerales estratégicos fundamentales para la fabricación de superconductores y, en especial, por su participación en la fabricación de paneles solares y piezas esenciales de las turbinas que se utilizan en los *aerogeneradores*[12] que conforman los *parques eólicos.*[13] Los metales utilizados para fabricar las turbinas de los aerogeneradores son minerales muy difíciles de extraer y muy raros.

Procesar estos componentes minerales del subsuelo significa remover grandes cantidades de tierra para obtener pequeñas cantidades de estos elementos esenciales para la industria. China encabeza la lista de países productores que tienen algunas reservas importantes de estas materias primas. En este caso se creó un monopolio derivado de la baja producción de estos elementos en otros países debido al alto costo de extracción. Mientras que China trata de mantener los precios altos mediante una producción baja y la restricción de sus exportaciones, así como un aumento de los impuestos de exportación por considerar estas materias primas como piezas clave para el desarrollo de más tecnología en el futuro cercano (Sperisen-Yurt, 2011).

El gobierno de China está acumulando reservas de estos metales por su alto valor en la industria militar. Este país domina la oferta mundial y

---

[11] Se llama **tierras raras** a los elementos que eran poco utilizados en procesos industriales, ante la dificultad de separar los elementos constituyentes de los minerales. Se utilizan como imanes en la construcción de piezas para los aerogeneradores. Algunos de estos elementos son difíciles de extraer y requieren procesos químicos muy complicados para su producción industrial.

[12] El **aerogenerador** es un generador eléctrico movido por una turbina accionada por el viento (turbina eólica). Sus precedentes directos son los molinos de viento que se empleaban para la molienda y obtención de harina.

[13] Un **parque eólico** es una agrupación de aerogeneradores que transforman la energía eólica en energía eléctrica.

puede influir en los precios del mercado global. Los países industrializados temen un desabastecimiento porque los países que cuentan con reservas tardarán varios años en poner a funcionar nuevos proyectos de extracción, los cuales habían abandonado, en parte, por preocupaciones ambientales. Otros países, como Japón y Corea del Sur, también están aumentando sus reservas ante el temor de un agotamiento de la oferta global (Areddy, 2011).

La poca disponibilidad de tierras raras tiene como consecuencia el encarecimiento de las materias primas para la elaboración de instrumentos, maquinaria e infraestructura necesarios para la transformación de la matriz energética en los países en desarrollo. Además pone en riesgo la elaboración de productos electrónicos indispensables para mantener un crecimiento sostenido de la economía. También es un elemento clave para la seguridad nacional de las grandes potencias. Lo más crítico es la escasez de estos materiales, que hace inviables los proyectos energéticos con recursos renovables y deja al petróleo y al gas como únicas alternativas para una generación de bajo costo. Por aparte, en tanto se descubran nuevos yacimientos y la oferta mundial se mantenga en niveles óptimos con respecto a la demanda —cada vez más creciente— , no habrá incentivo económico para cambiar la matriz energética poniendo en peligro la seguridad ambiental del planeta.

La energía de alta tensión que se transmite por medio de cables ha demostrado sus limitaciones para llegar a comunidades alejadas en países del Tercer Mundo debido a su costo de transmisión. Por eso se hace necesario crear e impulsar proyectos de energía localizados en las comunidades o regiones donde se demanda el flujo eléctrico. Además, con esta nueva visión se deben utilizar los recursos propios de la región, dependiendo de su ubicación, a saber, eólicos, solares e hídricos, entre otros. Por ejemplo, la energía solar llega directamente a los hogares que lo requieren sin necesidad de la red de distribución, lo que es muy conveniente en lugares remotos con alta disponibilidad de horas luz. Sin embargo, estas energías también presentan limitantes como su disponibilidad temporal. Es decir, que se obtienen únicamente cuando sopla el viento o ilumina el Sol y es difícil su almacenamiento por largo tiempo.

En sentido positivo, hay un interés por encontrar fuentes de energía alternativa en muchas comunidades rurales. Las mujeres guatemaltecas están tomando la delantera. Recientemente dos de ellas viajaron a la India para aprender sobre ingeniería fotovoltaica. Estas mujeres provenientes del parcelamiento agropecuario Centro Dos, en Livingston, Izabal, realizaron la travesía sorteando obstáculos como el idioma, las costumbres y la separación de su familia. Durante seis meses compartieron experiencias con otras mujeres provenientes de varios países. Además del taller para aprender a fabricar paneles solares, se les proporcionó instrucción para elaborar candelas, lámparas de gas, hornillas solares y otras habilidades que les proveen formas de energía e iluminación para sus hogares. Se encuentran a la espera de recibir todos los insumos que les permitirán la instalación completa de un sistema de generación de energía solar para las familias de su comunidad. Tienen la esperanza que con estos programas puedan mejorar su calidad de vida y piensan administrar el proyecto en conjunto e instalar un aula que sirva para impartir clases sobre el tema (Marroquín, 2011).

Se ha evaluado la incidencia en el progreso económico de las familias de escasos recursos con la obtención de energía, económicamente accesible y de impacto neutro. Sobre ese planteamiento encontramos un artículo que pone en relieve la importancia de las comunicaciones para las familias de escasos recursos en lugares remotos. Estas poblaciones han empezado a gozar de un mejor nivel de vida con referencias de la cultura occidental. Para lo mismo adquirieron un sistema de paneles solares, de tipo doméstico, que se está comercializando en países del África Subsahariana a muy bajo costo. Los campesinos mencionan que es muy útil para cargar sus teléfonos celulares, artículo indispensable que les sirve para enterarse de los precios actualizados en el mercado para sus productos. Además utilizan este medio de comunicación porque necesitan información sobre cómo y cuándo cobrar sus remesas familiares, contactar clientes para hacer negocios o tener noticias de sus parientes en otras aldeas. También tienen acceso a la televisión, radio e internet para informarse sobre temas de interés, así como obtener datos para que los estudiantes puedan realizar las tareas escolares en mejor forma. Esta nota periodística deja claro que las familias campesinas son potenciales demandantes de productos electrónicos y energéticos, por tanto son un mercado emergente para tecnologías de impacto neutro (Rosenthal, 2011).

Partha Dasgupta, de la Universidad de Cambridge, dice que en los países desprotegidos del mercado mundial, como Nepal, los pobres no tienen más fuente de energía que los bosques cercanos; pero a medida que agotan este recurso para satisfacer las necesidades elementales de calefacción y cocina, el suelo se erosiona y, con un medio ambiente que se degrada, están condenados a vivir en una creciente pobreza o extinguirse como sociedades (Stiglitz, 2007).

Habremos de plantearnos nuevos retos, así como crear nuevos paradigmas en lo energético para subsistir como humanidad ante las adversidades y la contradicción irresoluble del crecimiento poblacional y el deterioro al medio ambiente. El futuro descansa en nuestra habilidad para encontrar los mecanismos apropiados de sobrevivencia como sociedad. Sin embargo, considerando las pautas culturales guatemaltecas, plantear estos retos es de por sí una osadía. Diversas instituciones, gremiales y asociaciones se han pronunciado a favor de una nueva matriz energética proveniente de fuentes renovables. Esta investigación proporciona las bases para un estudio detallado que establece los principios de negociación por medio de alianzas estratégicas intersectoriales, con el fin de abordar la temática de un nuevo modelo de desarrollo sustentable.

Pero el reto más grande, cuando hablamos de energía renovable proveniente de los recursos hídricos, es que los caudales acuíferos vienen en declive en muchas regiones del planeta. Hace algunos años los analistas afirmaban que las guerras del futuro serían por el agua, porque las guerras por el petróleo son una realidad desde hace mucho; y, sin darnos cuenta, paulatinamente, las guerras por el agua ya han hecho su aparición. Sigilosa, pero constantemente, los países industrializados presionan a los países con más recursos para lograr acuerdos que les permitan hacer uso de las aguas internacionales provenientes de cuencas fronterizas por medio de tratados, en ocasiones leoninos. Los países pequeños, como es el caso de Guatemala, han visto cómo sus vecinos pretenden echar mano de sus recursos por la vía de los convenios o tratados de aguas internacionales sin ofrecer compensaciones equilibradas y acordes con el costo de protección de los recursos, protección de los bosques, manejo de cuencas y descontaminación.

El cambio climático en años recientes ha sorprendido hasta los más escépticos en relación a la urgencia de aplicar normas que en alguna medida frenen el deterioro acelerado de los recursos. En Guatemala, no contar con leyes que regulen el uso del agua permite el desperdicio del recurso, el abuso y la contaminación. En Irán se encuentra uno de los lagos salinos más grandes que ya ha perdido el 95% de su masa acuífera por causa de las represas que se utilizan para la generación eléctrica. El problema es que los embalses han sido aprovechados por los agricultores para regar las regiones montañosas, por tanto el agua ya no llega para alimentar el lago y éste se seca, en detrimento de los negocios que subsisten de él, (Erdbrink, 2014).

En California, tres años de sequía están amenazando la provisión de agua municipal para todo el Estado. Las autoridades estudian traer agua en camiones o perforar pozos adicionales para abastecer la demanda, pero los agricultores sienten los efectos y han tenido que desinvertir en cultivos y disminuir los hatos de ganado porque los pastizales están secos.

"—Nunca había estado tan preocupado—, dijo Tim Quinn, director ejecutivo de la Asociación de Organismos de Agua en California, una coalición estatal. —Hablamos de una sequía histórica. En muchas partes del Estado ya no hay agua —Los funcionarios no están capacitados para el tipo de batallas económicas, culturales y geográficas que desde hace mucho afectan a una parte del país que se caracteriza por la falta de agua: entre agricultores y ambientalistas, usuarios rurales y urbanos, y entre las regiones del norte y el sur del Estado." (Nagourney y Lovett, 2014).

Apreciamos que los cauces de agua cada día se contaminan más con productos químicos provenientes de la agricultura, desechos orgánicos, plásticos y aguas residuales. Las aguas subterráneas también corren contaminadas, por lo que se debe profundizar cada vez más para obtener un recurso apto para el consumo humano. Los cuerpos lacustres, como el lago de Amatitlán, están tan contaminados por los desechos provenientes de la ciudad que la sedimentación completa es casi irreversible; el lago de Atitlán corre con la misma suerte debido a las cianobacterias.

Como dato curioso: se estima que el 71% de la superficie de la Tierra está cubierta de agua, pero sólo el 2% de ésta es potable. La posición geográfica de Guatemala es privilegiada; el agua nace en las regiones montañosas centrales y luego se vierte en cuencas hacia los países vecinos. De toda el agua dulce sólo utilizamos un 10%. La mitad es usada en generación eléctrica y después sigue su curso. Es decir que sólo el 5% es para consumo, pero, de este porcentaje, el 70% se va en riego y únicamente el 30% es para consumo humano. Por ello afirmamos que el agua tiene una función social y contribuye con el desarrollo económico.

Ante la inexistencia de una política nacional del agua, nos encontramos también con la falta de una gestión integrada de los recursos hídricos que regule quiénes deben pagar por las externalidades, es decir la interacción entre el uso del recurso y sus efectos en el sistema de agua. Allí radica nuestro principal reto: encontrar un balance entre agua y energía para paliar un poco las crisis del presente.

Capítulo 3

Los modelos históricos de desarrollo

Existe en cada ser humano un instinto de sobrevivencia, código ancestral de la vida. Desde esa cualidad la humanidad se define por su inclinación al mejoramiento de sus medios de subsistencia. Una condición que nos ha permitido crear cultura y calificarnos como los seres que dominan su entorno por el lenguaje y la memoria. Esta característica única, el proceso cultural, nos hace inventores y creadores para sobreponernos a la adversidad y dominar la naturaleza para nuestro beneficio. El ser humano es gregario como otras especies, pero la diferencia con éstas es el proceso de abstracción simbólica que le permite crear modelos políticos sustentados en relaciones sociales complejas, que tienen como fin procurar el bienestar de su descendencia y asegurar la sobrevivencia genética como especie. El ser humano es la única forma de vida que percibe la representación del futuro, concibe modelos y los abstrae para su beneficio.

Para la explicación de la historia se han creado diferentes modelos teóricos que contienen, entre otros, las relaciones humanas así como la incidencia en todos los niveles de la sociedad y la naturaleza. La comprensión de estos modelos y su rol histórico es esencial para visualizar los cambios — avances y contradicciones— en el desarrollo de la humanidad. En ese aspecto es importante estudiar las formas sociales contenidas dentro de estos modelos abstractos para comprender el pasado, interactuar con el presente y visualizar el futuro desde esta dinámica de producción.

La característica fundamental que distingue al ser humano de otras especies es la transformación de la naturaleza para su beneficio a través del trabajo. Esta transformación al medio ambiente se da por el plano cognitivo, el proceso de aprendizaje que se imprime en su conciencia, los recuerdos como acción del pasado. Es así que la memoria humana en su elaboración simbólica es la explicación espiritual de su existencia. Entonces, se crea una relación indisoluble entre la transformación del medio y la explicación de esta modificación en su conciencia, por lo que, desde esta perspectiva, el ser humano es capaz de elaborar modelos para explicar el pasado con la intención de dominar la naturaleza.

El trabajo, como categoría social, es la cualidad diferenciada entre otras especies que tiene la humanidad a partir del momento en que comienza a producir sus medios de vida. La forma como los seres humanos crean sus herramientas depende, ante todo, de la naturaleza misma. En esta interacción para la transformación de la naturaleza importan sus capacidades intelectuales y corporales, así como los materiales disponibles en el ambiente. En consecuencia, lo que conforma a los individuos —como grupo social— depende de las condiciones materiales disponibles para la producción (Marx y Engels, 1987).

Los modelos de organización cultural están ligados intrínsecamente con el desarrollo político de los pueblos. Cuanto más compleja sea su apropiación material —dominio de la naturaleza— más elaboradas serán sus representaciones simbólicas. Esta relación se da entre las formas de organización comunal y el dominio material para el mejoramiento del bienestar de un grupo definido políticamente como un grupo social; es lo que comprendemos como **proceso cultural**.

Desde el surgimiento de los primeros grupos humanos nómadas hasta el proceso civilizatorio occidental de la actualidad, la humanidad ha tenido una actitud de existencia y sobrevivencia ante sus condiciones materiales. Para explicar el proceso humano y su historia se han creado modelos de desarrollo que analizaremos desde una doble perspectiva histórico-social y económica. El análisis de la realidad social e histórica, a partir de estos modelos paradigmáticos, ha dado lugar al enriquecimiento del proceso cultural. Explicamos la historia para comprender nuestra vida.

En este largo proceso de la humanidad la conformación de las diversas sociedades y el establecimiento de los múltiples regímenes de gobierno, que controlan y dirigen las acciones humanas desde una perspectiva individual o colectiva, le han dado continuidad a la especie como grupo. Por otra parte, el desarrollo industrial con sus aplicaciones tecnológicas tiene consecuencias positivas sobre la expectativa de sobrevivencia humana. En la época primitiva la perspectiva de vida para los cazadores-recolectores era de veinte a treinta años y fue la misma, en toda Europa occidental, hasta la caída del Imperio Romano de Occidente en el 476[14].

---

[14] La parte oriental del Imperio Romano duró un milenio más, hasta la caída de Constantinopla en 1453. Dicha caída fue como consecuencia de la llegada de Odoacro, rey de los Hérulos, de origen huno y esciro, quien deportó al último emperador romano de Occidente, Rómulo Augústulo, al

Esta media ascendió alrededor del año 1870, cuando se posicionó sobre los cuarenta años. Fue hacia 1915 que la esperanza de vida llegó al percentil de los cincuenta años, luego se modificó en ascenso a los sesenta, por la década del 30. Volvió a modificar su media a setenta años, en 1955. En la actualidad, en países desarrollados se sitúa entre setenta y ochenta años. La longevidad quizá sea la mejor medida de la calidad de vida física y es el regalo más valioso de la ciencia y sus aplicaciones tecnológicas a la humanidad (Sagan, 2003).

Para encontrar las características distintivas del sistema económico actual debemos mirar el papel de las Tecnologías de la Información y la Comunicación (TIC). Un factor tecnológico permitió que los pequeños comerciantes y artesanos de la Edad Media tuvieran acceso a una forma barata de transmisión de informaciones, un fenómeno completamente nuevo y sin parangón en la historia universal, el libro. Es coherente que esa nueva posibilidad de comunicación y acumulación de conocimientos conduzca a un sistema económico completamente nuevo y diferente de los anteriores. Ciudadanos particulares pueden, en gran número, acumular conocimientos y aplicarlos a sus actividades empresariales. Así surge la burguesía, una nueva clase social ilustrada, no sacerdotal, no aristocrática, sino compuesta por pequeños artesanos y comerciantes. Una clase innovadora que aplica sus conocimientos al desarrollo de nuevas técnicas y métodos de producción.

Ahora incluso podemos medir con precisión la proporción que representan sobre el PIB los ingresos y los gastos públicos de los Estados modernos. Además la legislación actual de los países más desarrollados controla con extraordinaria minuciosidad la actividad económica privada. Posiblemente hoy la información de la cual disponen los gobiernos a través de la ciencia económica y de la técnica jurídica nos puede permitir afirmar que siempre ha existido un control de los gobernantes sobre los gobernados, pero esa afirmación es, en tiempos actuales, mucho más cierta. La ciencia económica moderna se apoya en la determinación de precios en los mercados libres como mecanismo clave del sistema capitalista. Nos encontramos indudablemente en la cúspide de un gran desarrollo científico, en el que se imponen nuevas formas energéticas y cuyos alcances implican la posibilidad real de emplear hábilmente la ciencia para plantear y resolver los problemas de la vida humana.

Castellum Lucullanum en la bahía de Nápoles. Por su parte, el Imperio Bizantino cayó tras perder Bizancio contra el Imperio Otomano.

La producción de energía de combustibles fósiles, que creíamos hasta hace un par de décadas prácticamente ilimitada, entró en crisis, por lo que ahora el ingenio humano estudia nuevas formas energéticas y su aprovechamiento —con sabiduría y con mesura— para la satisfacción de las necesidades de todos los hombres y mujeres. Estas energías podrían extender e intensificar de una manera formidable el dominio humano sobre la naturaleza, lo cual significaría disponer de las materias primas requeridas para la industria pesada, los transportes, la alimentación, el alojamiento y el vestido de la humanidad entera.

Los avances logrados en la investigación científica de la energía nuclear nos tienen —por una parte— en un nivel de desarrollo sin paralelo. Sin embargo, la misma lógica del capital tiene sus contradicciones, por ejemplo: se creía que los usos pacíficos de la energía nuclear crearían esas condiciones y posibilidades enteramente reales para permitir a todos los hombres llevar una vida satisfactoria con todas sus necesidades primordiales cubiertas, pero la realidad histórica es otra. Se perfila la sobreexplotación de los recursos utilizados en los generadores nucleares como el plutonio y el uranio. Esta tecnología crea graves problemas que han causado desastres ambientales. Otras formas energéticas también se encuentran en crisis a nivel mundial por el rechazo que provocan entre la población que se ha visto afectada por los daños colaterales (Gortari, 1980: 387).

El sistema capitalista de producción, con las posibilidades de desarrollo científico y sus aplicaciones en tecnología, se ha propuesto la creación de fuentes alternativas de energía. Un uso racional, así como la seguridad sin menoscabo de los niveles de bienestar y confort que el sistema ha creado, es el nuevo reto por el cual los científicos trabajan. Nuestra propuesta, en el modelo de desarrollo a partir de una nueva matriz energética, sostiene estos principios del capitalismo responsable.

En síntesis, el sistema capitalista de producción como modelo de desarrollo, a pesar de sus contradicciones, es la propuesta orgánica en la que basamos nuestro modelo social a partir de una fuente renovable de energía. El Estado como garante de la libertad de asociación y de la libre empresa es un elemento clave para la puesta en marcha de los proyectos de energía, por el interés en la estabilidad social y el acceso a mejores condiciones de vida para los ciudadanos. Se debe, sin embargo, sopesar los daños colaterales de la industrialización sobre el medio ambiente, sobre todo en los efectos de la contaminación de los suelos y de los cursos de agua; sin ellos cualquier proyecto desarrollista sería inviable. Trataremos de visualizar los aspectos clave de los modelos económicos del pasado para tener una mejor comprensión de los aciertos y fracasos de estos planteamientos con la mirada puesta en los cambios hacia el futuro.

Modelo socialista

El socialismo es el modelo que contiene los principios de una sociedad justa e igualitaria. El mismo debía imponerse en el mundo para sustituir al capitalismo. Se comprende el socialismo dentro de una comunidad libre, en donde los ciudadanos realizan el trabajo común y el producto se reparte equitativamente. Debían existir relaciones de armonía y no de dominación, es decir, no hay clases sociales. Los primeros socialistas soñaban con la fundación de comunidades libres en las cuales se desarrollara el trabajo común. Esta fue la primera interpretación del socialismo, un ideal que debía implantarse en la realidad y que cobraría vida entre los hombres con base en su fuerza moral y el ejemplo. A esta primera corriente se le llamó **Socialismo Utópico**. Estaba formado por un conjunto heterogéneo de doctrinas de reforma social, previas al auge del socialismo del siglo XIX. De esta corriente se derivan otras que tienen alcances en la actualidad como el feminismo, cooperativismo, ecologismo o cristianismo social. Persiste aún la creencia en la instauración de granjas colectivas creadas con financiamiento de bajo costo y otras ideas que surgieron y se pusieron en práctica en varias ciudades europeas. Es de suponer los obstáculos que se pueden consolidar en las comunidades utópicas en donde no puede existir la perfecta armonía, puesto que las personas valoran las cosas de diferente manera. Esas comunidades no pudieron evitar los desfasajes entre el interior (valores morales) y el exterior (valores mercantiles). Dentro de ellas persistían distintas ideas de la perfección, así que era muy difícil mantener la armonía entre los integrantes. Podemos enumerar algunas de las razones por las cuales las comunidades ideales no tuvieron éxito:

1. Ideologías distintas entre los integrantes que podrían derivar en conflictos internos. Las colonias necesitaban una fuerte inversión inicial y los capitalistas tenían prioridades distintas a las de los ideólogos.

2. Conformación de camarillas con intereses o ideas diversas en el interior de la colectividad.

3. Imposición de liderazgos que no permitían cohesionar al grupo.

4. Dificultad de los miembros para adaptarse a la vida rural, lejos de las ventajas del urbanismo y problemas con las inclemencias del medio ambiente que exigían recursos fuera del alcance de las comunidades agrícolas.

5. Baja rentabilidad de los campos agrícolas, dificultades de comercialización, obtención de mano de obra de bajo costo, exigencias impositivas del Estado que no podían honrar, necesidad de dinero en épocas de precosecha, que no podían obtener para la subsistencia hasta la siguiente cosecha.

A manera de ejemplo, en Guatemala la presión de los campesinos y de algunas instituciones de cooperación internacional que los acompañan en la petición de tierras para cultivos de subsistencia constituye un problema porque el otorgamiento de fincas a los campesinos no ha obtenido buenos resultados. El surgimiento de conflictos es constante dentro de estas comunidades agrarias en las cuales el campesino tampoco ha conseguido el bienestar para el grupo familiar (Godínez, 2002).

En la lucha de clases los intereses ideológicos de cada grupo se enfrentan por un objetivo parcial sin importar un objetivo final, por ejemplo: cuando los sindicatos exigen aumentos de salarios desproporcionados en relación con la productividad, porque generalmente éstos no van acompañados de una mejor educación y capacitación de los empleados para incrementar la producción. El objetivo ideológico pretende destruir el sistema capitalista destruyendo también la base económica y, en consecuencia, las fuentes de empleo. El resultado final es la ruptura de todo el sistema social en su conjunto.

Para Carlos Marx la interpretación de la historia, con sustento científico, es cuando una sociedad ha madurado según sus propias leyes y deja de satisfacer a la mayoría de sus habitantes. Una ley social en el materialismo histórico enuncia: *"las relaciones de producción entran en contradicción al desarrollo de las fuerzas productivas, y en esa dialéctica el conjunto de la sociedad toma conciencia y forma una voluntad de cambio para iniciar la gran empresa de armar una nueva sociedad"*.

El socialismo es visto por Marx como una etapa entre el capitalismo y el comunismo. Como dice André Gorz: *"Hasta comienzos del último decenio, la mayoría de los marxistas todavía consideraban a las fuerzas productivas*

—particularmente las ciencias y la técnica— como ideológicamente neutras y a su desarrollo como intrínsecamente positivo. Sostenían con frecuencia que la maduración del capitalismo producía una base material sobre la cual el socialismo podría edificarse en la medida en que las fuerzas productivas del capitalismo estuviesen más desarrolladas" (Gorz, 1980: 151).

Gran parte de los movimientos políticos contemporáneos poseen una ideología con una visión ecléctica, que algunos han dado en llamar "socialdemócrata". En el socialismo como en el capitalismo se han creado nuevas formas energéticas desde la construcción de la humanidad, no específicamente por las relaciones sociales de producción, como lo afirman los teóricos marxistas. En el presente siglo la construcción de nuevos paradigmas encaminados, por una parte a evitar grandes crisis sociales y, en segundo término, a la sostenibilidad con el ambiente, es fundamental. Habrá que replantear desde diversas ópticas la construcción de nuevos modelos sociales. Desde el principio de la continuidad de la especie es importante el papel de las nuevas energías alternativas o renovables para sostener el mismo proceso cultural de la humanidad en su conjunto.

Teorías sobre el desarrollo en el siglo XX

Concepto de progreso y de desarrollo

El concepto de progreso, desde una concepción sociológica, se sustenta en la idea de la evolución y avance de la humanidad. Parte desde el primitivismo en la historia de la humanidad para avanzar hacia el futuro sustentable, dominando la naturaleza y modificando la sociedad. El progreso se intuye como la suma de los logros del pasado más las profecías sobre el futuro que fluyen de un modo multilineal en diversas organizaciones sociales. Sin embargo, es una idea controvertida, porque engloba el concepto de avance y evolución sin delimitar la precisión de estos últimos. Por una parte, el progreso consiste en un gradual perfeccionamiento del saber en general. Este conocimiento incluye los diversos conocimientos técnicos, artísticos y científicos. En consecuencia, ciencia y técnica se conjugan para organizar los múltiples instrumentos que la humanidad necesita y así enfrentar los problemas que plantean la naturaleza o el esfuerzo humano por vivir en sociedad. La otra se centra en la situación moral o espiritual de la humanidad en la Tierra, en su felicidad y su capacidad para liberarse de los tormentos que le infligen la naturaleza o la sociedad. Para esta corriente el objetivo del progreso —el criterio del avance— es la consecución en la Tierra de esas virtudes morales o espirituales y, en último término, el perfeccionamiento cada vez mayor de la naturaleza humana (Vergara, 2005).

El significado semántico de los términos "desarrollo" y "evolución" introduce, de forma análoga, la especificación de crecimiento en la descripción del cambio. Explica el crecimiento en términos de cambio y, a la vez, explica el cambio en términos de crecimiento. La palabra crecimiento tiene, en principio, un referente sólo cuantitativo. Se le considera como una expansión, un aumento de cualquier elemento que uno determina, sea esto, por ejemplo, un objeto, organismo biológico o las formas sociales. El concepto de crecimiento está determinado por el tiempo. Crecimiento y tiempo forman una unidad indisoluble, lo que condiciona las expresiones sociales de cambio, las que están vinculadas con el desarrollo y la evolución social. Por lo que el "progreso" en la humanidad tendrá diversos parámetros.

En ese sentido, para explicar el progreso social, Adam Smith, en *Riqueza de las Naciones* (1776), afirma que la riqueza de un país proviene del trabajo y se diferencian tres fuentes primarias: la primera fuente es la suma de la producción agrícola, la producción manufacturada, las utilidades en el comercio y las negociaciones del sector productivo en estas ramas; la segunda fuente se obtiene de las rentas y ganancias de los fondos con relación a la estabilidad del mercado cambiario; y la tercera fuente está en la distribución de los fondos entre los gastos del Estado, la obra pública y el trabajo social de un grupo determinado.

Esta síntesis del pensamiento económico de Adam Smith proclama que el desarrollo y el progreso se vinculan por la unión de tres condiciones económicas: el crecimiento, la estabilidad y la equidad. De estas tres categorías se hará un breve esbozo, para explicar la dinámica del desarrollo y el progreso en el siglo XXI.

En la teoría económica convencional se define el crecimiento de un país como un valor aritmético que se calcula al dividir la producción total de un año, el PIB,[15] entre el PIB del año anterior; la fracción resultante que exceda al año anterior representa la tasa de crecimiento. Esta puede ser negativa o positiva. El método de cálculo basado en el PIB se difundió en

---

[15] **PIB:** Producto Interno Bruto. Es decir, la producción total de un país dentro de sus fronteras por parte de los residentes y no residentes durante un período de tiempo determinado, generalmente un año.

Latinoamérica a raíz de que Juscelino Kubitschek, presidente de Brasil (1956 - 1960), aplicó, con relativo éxito, su teoría económica del *"desenvolvimentismo"*, la cual se conoce en español con el nombre de *"desarrollismo"*.

En la primera década del siglo XXI, la teoría económica del desarrollismo tuvo detractores. En esencia estos científicos sociales sostenían sus críticas porque el desarrollismo se basa en la creencia de que "primero se debe lograr que el pastel crezca, para después repartirlo". Esa tesis, obvio, requería descubrir un barómetro que midiera "el crecimiento del pastel" y el PIB fue ese instrumento de medición. Sin embargo, la crítica más puntual a esta teoría económica sustenta que también se debía precisar el tamaño que debía alcanzar el pastel antes de repartirlo. Este segundo *ítem* no se definió, por lo que el modelo económico no se puede sustentar. Después de cuarenta años la principal contratesis al modelo desarrollista es que los países de América Latina debían crecer a una tasa superior a la del Primer Mundo. Con esta posición, eventualmente alcanzarían un nivel y calidad de vida similar a los países industrializados. Para expresarlo de manera puntual, la tasa de crecimiento no tiene una relación directa con el área geográfica de los países. Naciones con diferencias geográficas muy marcadas expresan tasas de crecimiento del PIB disímiles y desarrollan, incluso, tasas de crecimiento inversas.

Otro aspecto importante a considerar es que las tasas de crecimiento en positivo no son exclusivas de los países industrializados. Algunos países en vías de desarrollo o del llamado Tercer Mundo, en ciertos períodos muestran tasas de crecimiento positivas. En una concepción positivista de la historia es lógico suponer que los países industrializados deben haber tenido, en promedio, una tasa de crecimiento superior a la de los países pobres. Pero esta percepción de crecimiento de PIB con fronteras nacionales definidas se refuta, precisamente, por la interrelación mundial de los mismos países. Por ende, si se observan sus tasas de crecimiento a lo largo de un mismo período, se puede concluir que, por una parte, un grupo logrará mantener el PIB en una dirección de crecimiento o desaceleración, pero únicamente por unos cuantos años.

Es importante destacar que el ahorro de combustible en Europa y Japón, o los conflictos domésticos del Medio Oriente, generan drásticos cambios en el PIB de Venezuela y México al ser productores de crudo. También los ciclones caribeños o filipinos tienen un impacto positivo sobre las exportaciones de café, banano y caña de azúcar de Nicaragua, El Salvador, Guatemala y Honduras, incluso, más que el esfuerzo comercial de esos países. Además el desarrollo tecnológico al crear nuevos conductores en sustitución del estaño boliviano, del hierro brasileño o del cobre chileno, modela el PIB de esos países más que sus propias políticas económicas. (Vergara, 2005).

El balance comercial y financiero de la región latinoamericana o del Tercer Mundo es desproporcionado en relación a las economías industrializadas. Para América Latina el proceso financiero de las copiosas remesas en dólares genera, desde 1983, una precariedad en el ingreso *per cápita*; además son irregulares y dependen de otros ciclos económicos o de las leyes de inmigración.

La actual diferencia entre los ingresos de los acreedores del Primer Mundo y de los deudores —los países en desarrollo— es tan amplia que las variaciones en el PIB no tienen relevancia, sobre todo por la contratesis expuesta que el PIB considera países independientes, aislados, en contraposición a la encadenada economía mundial. Consideremos, por ejemplo, que el PIB por habitante en el año 2001 sobrepasó los 30,000 dólares en Norteamérica, mientras que en Latinoamérica fue de 2,800 dólares. Es decir, aunque el PIB latinoamericano logre crecer durante 100 años el doble de lo que crece el PIB de los Estados Unidos, la distancia entre ambos niveles de ingreso continuará dilatándose año tras año, por las contratesis expuestas en el modelo desarrollista.

Estas variables matemáticas invalidan la utilización de la tasa de diferenciación del PIB como modelo del crecimiento de un país o región. En consecuencia, para algunos teóricos del desarrollismo surge una nueva hipótesis: ¿qué variable puede sustituir al PIB como punto de medición del crecimiento económico de América Latina? Algunos de ellos expresan que, a esta hipótesis, la tesis se debe encontrar en el nivel de empleo. Esa argumentación se fundamenta en que los países latinoamericanos que han tenido un nivel de progreso económico son los que tienen una menor tasa de desempleo.

Existe un debate acalorado entre los científicos sociales de las diferentes escuelas económicas que reflexionan sobre el desarrollo. La realidad social o humana es tan compleja como contradictoria y según sea la posición ideológica de un académico y el momento histórico para elaborar un modelo social, tendrá detractores o acérrimos entusiastas que se expresen a favor de tal o cual modelo de análisis social. Sin embargo, la realidad del subdesarrollo es una, pero existen distintas teorías que difieren en la respuesta a las interrogantes fundamentales como básicas:

* ¿Qué es el desarrollo y qué metas debe conseguir una sociedad para considerarse   desarrollada?
* ¿Qué variables son fundamentales para alcanzar los objetivos del desarrollo?
* ¿Qué obstáculos de la realidad socioeconómica en los países en "vías de desarrollo" hay que afrontar y qué políticas públicas y privadas son las más adecuadas para superarlos?

Interrogantes que, por elementales, parecen simples y permiten visualizar las posibles soluciones desde dos posiciones extremas:

A. Los países en vías de desarrollo son los responsables de su situación histórica y económica y deben superarla ellos mismos.
B. Los países en vías de desarrollo tienen una imposibilidad objetiva de alcanzar el desarrollo industrial y beneficio social ampliado de estas sociedades.

Una de las preocupaciones iniciales de los economistas clásicos fue, precisamente, el problema del crecimiento económico de un país. En ese aspecto el modelo elaborado por Adam Smith y desarrollado por Malthus tenía un substrato esencialmente agrarista. El mismo se puede explicar porque mientras hubo tierras libres la humanidad pudo crecer sin ningún límite. En ese modelo que planteaba el uso de la tierra para la agricultura, el crecimiento desmedido de la curva demográfica tenía una vía de escape en la emigración y en la roturación de nuevas tierras. Así, en la ecuación tierra-productividad, todos los individuos podían obtener, con su trabajo, el producto suficiente para su subsistencia. Pero cuando la tierra fértil fue acaparada por pocos propietarios o tuvo otros usos, el proceso de crecimiento demográfico mostró sus limitaciones. Al continuar en aumento el número de habitantes los terrenos agrícolas requerían una mayor productividad y proporcionaban menor bienestar. En síntesis, cuando la tierra se convirtió en un factor limitante la ley de los rendimientos decrecientes empezó a actuar y la productividad del trabajo a disminuir (Vergara, 2005).

Esta disminución en la productividad del trabajo —tierra/agricultor del modelo malthusiano— conduce a un punto de precariedad donde los individuos apenas pueden obtener lo necesario para su subsistencia o, en el peor de los casos, colapsa y los agricultores emigran o se mueren de hambre. Pero si la curva demográfica continúa en aumento, el exceso de población será eliminada por el hambre, las enfermedades o las guerras. Este estado crítico, al que tienden las sociedades, es el punto final ineludible de todo proceso de crecimiento económico.

El aislamiento de muchas comunidades rurales de sustrato pre-hispánico en América Latina se puede analizar desde la perspectiva malthusiana del crecimiento. La curva demográfica creció por factores externos, como los servicios de salud —campañas de vacunación en la década de los años sesenta del siglo XX, y por los cambios en la propiedad de la tierra desde finales del siglo XIX—, lo que creó las condiciones históricas en donde la productividad no es suficiente para la subsistencia. Este colapso en el modelo agrarista de Malthus para América Latina tiene como vías de escape, en primer momento la inmigración hacia los centros urbanos, y luego una emigración hacia los países industrializados.

Uno de los teóricos destacados en visualizar ese cambio fue David Ricardo y, posteriormente, Carlos Marx. Ambos, en el modelo incluyeron el capital como el principal factor del crecimiento económico en el mundo industrial. En un análisis del capital, la mano de obra disponible —número de trabajadores— es la que actúa como factor limitante del crecimiento. En sentido contrario al capital, la escasez creciente de trabajadores hace que aumente el salario real que perciben y se disminuya la rentabilidad del capital, por lo que la tasa de beneficios disminuye de forma continua hasta que se hace nula y se detiene la acumulación del capital. Sin embargo, la expresión matemática de: a más trabajadores mayor rentabilidad del capital, tiene su contradicción cuando la curva demográfica se amplía de tal manera que las personas quedan fuera del sistema de productividad convirtiéndolos en individuos que atacan el sistema en su conjunto, hasta socavar las bases de la productividad del capital. El ejemplo palpable es el crecimiento de la población en América Latina que ni la emigración, ni las guerras civiles del siglo XX en la región lograron frenar, una contradicción del sistema por el crecimiento poblacional. En síntesis, se tiene un escenario complejo, múltiple y contradictorio de la realidad social en América Latina en el umbral del siglo XXI.

Teoría de la dependencia

Se conoce como "teoría de la dependencia" a un conjunto de modelos que tratan de explicar las dificultades que encuentran los países en vías de desarrollo o del Tercer Mundo para el despegue y el desarrollo económico.

El enfoque estatista de algunos gobiernos en América Latina estuvo avalado por la teoría de la dependencia. Esta teoría, en esencia, sostiene que: el Estado tiene control sobre la producción y mercados del país, imponiendo altas barreras proteccionistas para evitar que ingresen productos de otras industrias, lo que origina una economía cerrada y la vinculación al mercado mundial se presenta con muchas reservas.
Según esta concepción el comercio internacional no era una forma de elevar el nivel de vida, sino más bien una forma de robo y explotación que las naciones industrializadas y sus corporaciones multinacionales perpetraban sobre los pueblos en vías de desarrollo. Muchas de estas ideas se convirtieron en artículos de fe en las universidades latinoamericanas que impulsaron, luego, a los grupos insurgentes (Mortimor, 1992).

Según el enfoque de la teoría de la dependencia, la periferia debía de romper ese ciclo siniestro y tomar su propio camino. En vez de exportar materias primas e importar productos manufacturados, estos países debían desplazarse lo más rápidamente posible hacia lo que Prebisch llamó la "industrialización de substitución de importaciones" (ISI). Esto teóricamente se podría lograr rompiendo los vínculos con el comercio mundial mediante tarifas proteccionistas.

La lógica de las incipientes industrias nacionales en América Latina se convirtió en la lógica de toda la industria. Dentro de ese contexto los bancos nacionales de los países latinoamericanos sobrevaloraron la moneda para que se abarataran las importaciones de los equipos necesarios para la industrialización. Las demás importaciones fueron severamente racionadas mediante permisos y licencias. Se desalentaron exportaciones agrícolas y de otras materias primas al aumentar sus precios y destruir su competitividad, como un efecto secundario de la moneda sobrevalorada. Sin embargo, el balance histórico del modelo de la dependencia es muy crítico para los países en vías de desarrollo. Hasta la actualidad, las economías tampoco logran satisfacer los elementos necesarios para que la población obtenga lo mínimo para la sobrevivencia. Lo que debemos analizar con un enfoque crítico es que entre los años 1950 y 1970, para impulsar este modelo estatista, se creó una verdadera jungla de controles y regulaciones burocráticas que no servían a los intereses del mercado. En general, lo que guiaba la economía en ese período eran las decisiones políticas y burocráticas, pero no el crecimiento del mercado en la economía interna. Sin embargo, las contradicciones de este modelo estatal en países subdesarrollados se hicieron evidentes, precisamente, cuando la era de la globalización empezó a permear las telecomunicaciones a principios de los años 80, y la revolución en informática imponía una nueva lógica para realizar las negociaciones a nivel internacional. Con este nuevo proceso en comunicaciones, los bancos internacionales como el Fondo Monetario Internacional (FMI) y el Banco Interamericano de Desarrollo (BID), instituciones que habían otorgado préstamos con tasas de interés altas para apoyar las economías nacionales, se encontraron ante un doble beneficio. Las economías estatales se vieron reducidas por el empuje de las empresas privadas de orden internacional. Entonces, desde la arcaica lógica de la economía nacional planificada se les siguió prestando dinero hasta que la crisis de la deuda golpeó muy duro a toda América Latina. Los préstamos habían sido enormes entre 1975 y 1982. Muy pocos economistas —menos los de orden cepalino— prestaron atención a esta espiral de deuda hasta que, en agosto de 1982, México no pudo sostener sus pagos. Los países se hicieron más pobres y entraron en una dura recesión sin que se lograra el objetivo cepalino de crear y fortalecer los mercados internos.

Lo que siguió fue una doble bancarrota —financiera e intelectual—. Las ideas de la economía central de Estado que habían conformado el sistema económico de América Latina fracasaban y los países latinoamericanos no eran capaces de subsistir. En años subsiguientes las economías nacionales en América Latina intentaron reconformar su economía, salir de los obsoletos modelos estatales para entrar en una era de competitividad. Sin embargo, muy pocas economías de la región han logrado satisfacer las demandas de autosuficiencia de los diversos países hasta la fecha; a este período se le conoce como "la década perdida". Uno de los indicadores para este momento se ve expresado en el ingreso *per cápita* que en 1990 era menor que en 1980 (Vergara, 2005).

Teoría de la evolución

Esta teoría hace una comparación simplista del desarrollo económico de las naciones con la evolución de las especies. El modelo tiene como base teórica la adaptación de las especies, donde las especies dominantes sobreviven. Herbert Spencer fue el principal impulsor de esta teoría que exponía: *"la sociedad es también un organismo, evolucionando hacia formas más complejas de acuerdo con la «ley de la vida», es decir, de acuerdo con el principio de la sobrevivencia del más fuerte, tanto a nivel individual como de sociedades"*. Desde esa óptica los países subdesarrollados tendrán que recorrer el mismo proceso de evolución histórica de los países desarrollados o extinguirse. La teoría de la evolución en esencia tiene un componente mecanicista porque concibe las relaciones humanas dentro de las sociedades únicamente por elementos biológicos, es decir, descarta los vínculos culturales en su construcción y transformación. Esta teoría predetermina el futuro de una sociedad, permitiendo que algunos teóricos diseñen las políticas públicas con este modelo y determinen que las sociedades en vías de desarrollo deben cursar históricamente los mismos pasos que las sociedades industriales para su éxito (Holmes, 2001).

La teoría de la evolución bosqueja cierto optimismo ingenuo en los países subdesarrollados, porque más de algún funcionario de estas instituciones presupone que: *"todos nuestros países, tarde o temprano, alcanzarán el nivel de desarrollo que actualmente ya han alcanzado los países del Primer Mundo"*. Pero esta ingenuidad naturalista se esfuma al analizar las estadísticas mundiales, porque más de las tres cuartas partes de la población mundial están concentradas en América Latina, Asia y África y consumen una cuarta parte de los recursos y la energía. En contraposición, los países desarrollados, que tienen una cuarta parte de la población mundial, consumen tres cuartas partes del total de los recursos naturales del planeta. *"En un análisis lineal de consumo, con el actual desarrollo tecnológico, significa que si los países del denominado Tercer Mundo alcanzaran, según la teoría de la evolución natural, un nivel de consumo igual al de los países del Primer Mundo, se necesitaría tener un área planetaria tres veces más grande que la geografía de la Tierra. Podría también, como una paradoja de tal teoría, cercenar la población en sus dos terceras partes, para lo cual se podría efectuar un imparcial sorteo que determine cuál de las tres partes debe trasladarse a vivir en Marte y cuál a vivir en Venus"* (Vergara, 2005).

Teoría de los trópicos

Se fundamenta en la prejuiciosa afirmación de que los países latinoamericanos son subdesarrollados debido a que se encuentran ubicados en las zonas tropicales. El modelo teórico se compone sobre la base del determinismo geográfico. Esta propuesta teórica fue creada a mediados del siglo XIX por el alemán Friedrich Ratzel, quien presupone que las condiciones geográficas determinan de manera incuestionable el desarrollo de los individuos y de los países. El modelo descarta, de entrada, la construcción cultural de las sociedades para modificar las condiciones geográficas en que se asientan. Sin embargo, como premisa básica es evidente que existen las condiciones geográficas, pero éstas, en última instancia, no determinan el desarrollo social; por el contrario, coadyuvan o incentivan el proceso creador humano. La teoría tiene sus incongruencias, por ejemplo: sobre la línea adversa de las condiciones geográficas donde el clima es un factor fundamental, los países industrializados del norte no se hubiesen desarrollado desde la perspectiva del determinismo geográfico porque, precisamente, las temperaturas tan extremas determinarían su atraso.

Otra interpretación sobre los nuevos postulados del subdesarrollo la formuló Jeffrey Sachs (2001) en el documento "Subdesarrollo Tropical". Este analista argumenta que el subdesarrollo no se origina en "el clima" de los trópicos, sino por la posición geográfica de cada país. Para este autor — quien ha sido consultor internacional y asesor de varios gobiernos de América Latina, Norteamérica y de la ex Unión Soviética— el subdesarrollo es directamente proporcional a la distancia que existe entre sus fronteras y las capitales económicas del mundo.

Otra variante determinista de la teoría de los trópicos sostiene que el subdesarrollo no se origina en "el clima" ni en "la geografía", sino en "la cultura" de la gente que vive en los trópicos. Esta posición es apoyada por algunos profesores de la Universidad de Harvard.[16] Su máximo exponente es Lawrence Harrison, quien trabajó desde 1962 para las oficinas de AID[17] en América Latina, hasta su retiro por jubilación en 1982. En 1985 publicó un libro titulado: *El subdesarrollo es un estado de la mente: el caso latinoamericano*. Sus especulaciones teóricas fueron reelaboradas quince años más tarde en un libro de autoría múltiple: *La Importancia de la Cultura* (Harrison y Huntington, 2000). En los textos de esta obra se argumenta que el nivel de la riqueza o de la pobreza de un país es directamente proporcional con el nivel de su cultura. Pero el concepto "cultura" incluye una variedad múltiple, incluso contradictoria, de valores éticos, sociales, administrativos, religiosos, históricos, políticos, entre otros.

Sin embargo, la escuela de Harvard denota una percepción etnocéntrica porque, en esencia, atribuye para los latinoamericanos una serie de antivalores culturales, como la corrupción, la estafa, las mafias organizadas. Al igual que en la teoría de la dependencia, obvian los teóricos de la escuela de Harvard que la globalización integra al planeta de manera económica, pero además tiene efectos culturales indisolubles en la sociedad mundial. Por ejemplo: la corrupción no es una cualidad *sine qua non* de los latinoamericanos. Además la corrupción en América Latina beneficia, de manera tangencial, a la economía mundial. Es probable que

---

[16] Entre otros: Christopher DeMuth, Nicholas Eberstadt, Benjamín Friedman, Lawrence Harrison, Samuel Huntington y David Landes.
[17] **AID**: Agencia Internacional de Desarrollo de los Estados Unidos.

la coincidencia estadística entre corrupción y subdesarrollo logre satisfacer las pruebas econométricas para justificar el modelo de subdesarrollo que los docentes de Harvard y los demás creyentes en el tropicalismo cultural desean verificar.

Gunder-Frank (1976) explica que: *"El subdesarrollo no es consecuencia de la supervivencia de instituciones arcaicas, de la falta de capitales en las regiones que se han mantenido alejadas del torrente de la historia del mundo; por el contrario, el subdesarrollo ha sido y es aún generado por el mismo proceso histórico que genera también el desarrollo económico del propio capitalismo".*

Teoría de la modernización

La convulsa guerra fría entre los países del Primer Mundo y el bloque socialista por ganar adeptos y puntos estratégicos hizo que algunos analistas occidentales elaboraran un modelo de desarrollo que se denominó "teoría de la modernización", precisamente con el claro objetivo de contrarrestar el avance ideológico del comunismo (Vergara, 2005).

Esta propuesta para desarrollar el modelo de la teoría de la modernización concibe a las sociedades en dos clases: a) sociedades tradicionales y b) sociedades modernas. Las sociedades tradicionales se caracterizan por una dinámica social con relaciones interpersonales establecidas por medio de enlaces emocionales. Son sociedades rurales cerradas y tienen comunidades con poca densidad poblacional. La estructura ideológica, a través del componente religioso, asume un papel influyente en todos los roles de la vida cotidiana; su estratificación social tiene limitadas posibilidades de movilidad. Al ser sociedades rurales cerradas, su economía depende de la agricultura estacional y de los recursos naturales de su entorno. Estas características, según la teoría de la modernización, son factores que impiden el desarrollo de un mercado interno en el modelo capitalista.

Para los seguidores de la teoría de la modernización el argumento central consiste en que los países en vías de desarrollo deben alcanzar un nivel de prosperidad económica vía la industrialización de las sociedades modernas, y para lograr este objetivo se debe hacer un cambio en sus valores éticos y estructuras sociales. Luego de sesenta años de la aparición de este modelo, el cual contrarrestó de manera efectiva el avance del comunismo, es evidente también su fracaso, porque las sociedades del Tercer Mundo, en este período histórico, se encuentran en grandes conflictos sociales y las migraciones campo-ciudad han agudizado los índices de violencia y criminalidad. Lejos están de alcanzar los objetivos de la teoría de la modernización.

La abstracción teórica del modelo tiene como premisas el desarrollo social y político de los países y el cambio de paradigmas de las sociedades rurales. La teoría de la modernización sostiene que el desarrollo económico trae consigo el desarrollo político de la democracia. Según Rostow (1960) la modernización se puede aplicar como una fórmula de desarrollo para todas las sociedades. A partir del análisis de su organización económica, la propuesta se divide en varias categorías: sociedad tradicional, precondiciones para el despegue hacia un crecimiento autosostenido, camino hacia la madurez y etapa de alto consumo. Estas etapas constituyen tanto una teoría sobre el crecimiento económico como una teoría más general —aunque todavía muy parcial— de toda la historia moderna (Rostow, 1960).

Es importante reconocer que las teorías desarrollistas en su conjunto pretenden alcanzar la eficiencia económica, pero, como dicen Chomsky y Dieterich (1995): *"En América Latina han logrado precisamente todo lo contrario de lo que muchos de sus exégetas pretenden, y las cifras están allí para probarlo: una concentración sin precedentes de la riqueza, el empobrecimiento y el desempleo o el subempleo de la mayoría de la población económicamente activa y la condena a millones de seres humanos a que la desnutrición les haga crecer con sus facultades físicas e intelectuales menoscabadas…"*. Pero sus críticas van más allá al defender el Estado de bienestar al estilo socialista que está demostrando su ineficacia en el gasto público. La teoría llevada a la práctica está lejos de arrojar resultados netamente positivos para las naciones de todo el mundo, en cambio produce períodos de bienestar en unos mientras perjudica a otros alternando su influencia en correspondencia con los cambios económicos globales. El modernismo, debemos aceptar, trajo cambios positivos para las libertades humanas, lo que se manifiesta en el avance de las letras, las ciencias y la expresión popular, como indica Berman (1988): *"La escisión entre el espíritu moderno y el entorno modernizado fue una fuente primaria de angustia y reflexión a finales de la década de 1950. Al avanzar la década las personas imaginativas se empeñaron, cada vez más, no solamente en comprender este gran abismo, sino también, mediante el arte, la acción y el pensamiento, en saltar por encima de él"*. El mundo cambió desde que se construyeron las autopistas y las grandes avenidas, surgió el programa espacial de la NASA (del inglés, *National Aeronautics and Space Administration*) y las amas de casa adquirieron los aparatos eléctricos que facilitarían su vida cotidiana de allí en adelante. El uso de la energía sería —después de la modernización— un tema prioritario para el desarrollo.

Teoría del sistema-mundo

En la dinámica de confrontación ideológica Este-Oeste surgió, en la década de los años setenta, un modelo teórico que se congregó en torno a la figura de Immanuel Wallerstein (1979). A esta escuela se le conoce como *"teoría del sistema-mundo"*, la cual tiene los conceptos básicos de la teoría de la dependencia: "centro" en contraposición a la "periferia" sobre el intercambio desigual, pero este modelo aporta nuevos elementos que amplían la teoría de la dependencia, tal como una perspectiva integrada de la historia. Por lo que, para su análisis, crea los vínculos entre las distintas disciplinas sociales. Además, Wallerstein plantea, desde aquella época, la integración mundial, lo que conocemos en la actualidad como globalización.

La visión del sistema-mundo es un cuestionamiento de crítica post-marxista que explica las relaciones sociales, políticas y económicas como un todo encadenado a lo largo de la historia humana. Este modelo tiene una aplicación práctica en las relaciones geopolíticas y geoeconómicas para las relaciones internacionales, dado su sustento en la historia.

Con estos modelos teóricos, el marxismo y la escuela braudeliana, la propuesta del sistema-mundo expone que la evolución del capitalismo es siempre hacia el imperialismo y esta etapa se constituiría en su culminación o máxima representación. Immanuel Wallerstein usa la terminología que caracteriza el "sistema-mundo" para explicar en su análisis cómo los "centros" utilizan una serie de mecanismos para sustraer los recursos desde la "periferia" hacia el "centro" del imperio. En su terminología el "centro" es el mundo desarrollado, industrializado, democrático, lo que comprendemos como el Primer Mundo, y la "periferia" es el mundo subdesarrollado o Tercer Mundo. Sin embargo, el sistema-mundo presupone como un fin predeterminado que el imperialismo será la fase culminante del capitalismo. Esa visión fatalista crea una serie de limitaciones al modelo porque "apocalípticamente" se debe esperar que se llegue a ese punto del imperialismo. El imperialismo, como lo expresó Lenin, es la fase superior del capitalismo, pero, en esencia, no es la última. Desde la globalización y la posmodernidad el capitalismo ha reconstruido sus potencialidades como sistema económico.

La consolidación del sistema-mundo trae el empobrecimiento y el retraso de los países en vías de desarrollo al impulsar sus economías por la posición periférica que estas naciones tienen en la división del trabajo internacional. Como se ha expresado, el modelo del sistema-mundo instaura una inamovible distinción entre las naciones del centro y las naciones de la periferia.

Modelos y propuestas para el desarrollo

En la década de los años setenta un equipo interdisciplinario de académicos creó un modelo matemático para explicar el crecimiento de la humanidad e hizo una proyección sobre el futuro de la misma. Este grupo, al que se le denominó Club de Roma, sustentó parte de su análisis en las categorías del modelo de Malthus, que enuncia que la población crece de forma geométrica y la producción de satisfactores —alimentos— de forma aritmética. Esta contradicción entre crecimiento demográfico y sostenibilidad con el ambiente es, en esencia, la tesis central de los académicos del Club de Roma.

El Club de Roma presentó un informe en 1970; en el mismo se hizo por primera vez una proyección global de los recursos en el planeta y la sociedad humana en su conjunto. Uno de sus exponentes fue Forrester, quien, junto a su equipo, utilizó un modelo econométrico con las complejas variables sociales para medir el impacto a nivel mundial. Para evaluar las proyecciones del modelo en el largo plazo se estudiaron varios subsistemas de acuerdo con su crecimiento natural y en cada sociedad analizada. Según los resultados no puede mantenerse una sostenibilidad o equilibrio porque al final se produce un colapso por el agotamiento de los recursos naturales, y en los casos más extremos esto puede provocar la extinción de las sociedades. El estudio de las sociedades y su crecimiento determinó varias conclusiones: destaca la contradicción irresoluble entre los recursos y el incremento de la curva demográfica; sin embargo, los académicos del Club de Roma intrínsecamente plantean el anhelo de la sociedad global por alcanzar un equilibrio mundial. Conceptualmente, desde el modelo teórico es viable lograr este equilibrio. La mecánica de cómo lograrlo o en qué tiempo se debe realizar este equilibrio es lo crítico, sobre todo, antes que la crisis sea irreversible entre recursos naturales y sociedad mundial.

El modelo desarrollado por Meadows y su equipo en 1972 se denominó "*los límites del crecimiento*". Se basa en el modelo de Forrester, pero mantiene el mismo marco conceptual. Al realizar las proyecciones del modelo en el tiempo, éste mostró nuevamente el colapso social, sólo que esta vez como consecuencia del agotamiento de los recursos no renovables. Las variables demográficas tienen un crecimiento exponencial, cuyo vector crítico es el tiempo. En el modelo, como observación del proceso histórico, las curvas de crecimiento de la población y el capital son positivas y tienden al infinito; son exponenciales, en contraposición, por el agotamiento de los recursos naturales se entra en una curva descendente en el tiempo hasta alcanzar su punto crítico. Los científicos explican que un sistema finito debe tener controles que detengan estas tendencias exponenciales y a la inversa. Ocurre también con los recursos agrícolas y la producción industrial, que tienen tasas de crecimiento negativas cuando el desarrollo del sistema alcanza sus límites. En este modelo los desequilibrios conducen a otro equilibrio y luego a un decrecimiento del sistema (Meadows et al., 1972).

Algunas de las conclusiones a que llegó el equipo de Meadows son: de continuar las tendencias actuales —sin cambios—, los límites totales de crecimiento en el planeta se alcanzarán en el lapso de los próximos 100 años, teniendo al final una crisis global que puede llevar a la sociedad a la extinción. Además con las políticas adecuadas es posible modificar estas tendencias del crecimiento y establecer una cierta estabilidad ecológica y económica que podrá persistir en el futuro; el equilibrio global podrá diseñarse para satisfacer las necesidades básicas materiales de cada persona. Por último, al optar por la alternativa de una nueva política para la estabilidad social, se debe trabajar de inmediato con la posibilidad de éxito limitada. Tal vez algunos recursos se agotarán de manera absoluta y el deterioro al medio ambiente, pérdida de fauna y cubierta vegetal serán tan drásticos que es poco probable la recuperación de la vida.

En concordancia con el planteamiento del crecimiento poblacional se encuentra la propuesta de Forrester al Club de Roma sobre el "crecimiento cero". Sostiene este académico que una forma de detener la explosión demográfica es lograr un crecimiento cero hasta lograr un equilibrio entre producción y población. Por aparte, Forrester tiene otras consideraciones diferentes del desarrollo, por ejemplo: para lograr el crecimiento cero en el sistema mundial se debe transformar el crecimiento económico —una de sus premisas es la redistribución internacional de la renta— hasta llegar a cero.

El desarrollo sostenible

En el año 1987 una "Comisión Mundial del Medio Ambiente y del Desarrollo" publicó un documento titulado *Nuestro futuro común*. El mismo se conoce como el "Informe Brundtland". La Comisión Mundial de Medio Ambiente y Desarrollo advierte en ese documento la urgente necesidad de cambiar los paradigmas estructurales de la industrialización y proclama la necesidad de trabajar en la dirección de un "desarrollo sostenible". Esta propuesta de desarrollo sostenible, como una conceptualización política, forma parte de los tópicos compartidos en los ambientes relacionados con la cooperación internacional. El "desarrollo sostenible" es una propuesta, sobre todo política, para afrontar de manera integrada el doble desafío de nuestra humanidad: por un lado combatir la pobreza y, por el otro, los retos planteados por los problemas ambientales.

Para 1987 la población mundial rozaba los 6,000 millones de habitantes, veinte años después la población tiene un crecimiento alrededor del 20% de incremento. Sabemos que la población, con sus desajustes sociales, sigue en la misma lógica de producción industrial y consumo, pero se ha incrementado el impacto por la carga poblacional. Es decir que el modelo industrial de la sociedad de consumo que tiene el mundo "desarrollado" se ha incrementado de manera drástica y, si este modelo se aplicara a toda la población, tendremos como consecuencia nefasta que, en pocos años, el sistema económico quedaría colapsado por falta de recursos naturales. Hoy los índices de contaminación se han disparado de manera tan alarmante que peligra la misma vida en el planeta. En la actualidad las emisiones de CO_2 tienen un incremento crítico para el medio ambiente con el efecto invernadero y el cambio climático. Por aparte, el término "sustentable" implica un razonamiento lógico relacionado con las ciencias sociales y tiene una connotación ecológica más fuerte, aunque en ocasiones se utilizan los términos sostenible y sustentable indiscriminadamente.

A pesar que los planteamientos de la Comisión Mundial de Medio Ambiente y Desarrollo tienen una propuesta coherente, el cambio de paradigmas económicos es, hasta la fecha, un cambio imposible porque, además de un acuerdo político, involucra la productividad del sistema mundial y su intrincado modo de producción. En síntesis, parece que estamos encaminados a dejar un mundo hipotecado a las generaciones futuras. Desde esta percepción, una buena parte de la humanidad tendrá que seguir viviendo en una pobreza similar a la actual porque el sistema no logra equilibrar sus fuerzas, y la dinámica de producción y empleo contiene la antigua fórmula de la plusvalía enunciada por la economía clásica. Por lo que es indispensable plantear nuevos modelos de producción y consumo que sean viables para todos ahora y en el futuro.

Aunque la mayoría de organismos interregionales mundiales han adoptado en sus discursos oficiales el cambio de paradigma, poco ha hecho la estructura económica para modificar sus patrones de producción y consumo; por el contrario, se han intensificado en algunas áreas dando un impacto negativo a tal punto que parece no encontrar salida. En el discurso de la sostenibilidad se crean frases o "slogans" como "*el desarrollo que satisface las necesidades de la generación presente sin comprometer la capacidad de las generaciones futuras para satisfacer sus necesidades*". Pero es un discurso falaz si sabemos que los recursos entrarán en evidente crisis. Con estas propuestas se expone lo que se llama "solidaridad intergeneracional", pero no pasa de unas cuantas frases y poca o nula acción concreta. Como lo expresamos, la mayoría de las instituciones internacionales han aceptado esta propuesta, al menos en su discurso oficial. Así pues, en los documentos aprobados en las últimas conferencias mundiales convocadas por las Naciones Unidas se ha pedido reiteradamente un progreso en el sentido del desarrollo sustentable. Estos objetivos se resumen en:

1. *Satisfacer las necesidades humanas básicas. Esto se enfoca directamente hacia lo alimentario, para evitar el hambre y la desnutrición. De esta forma se garantizará la "durabilidad de la especie humana". De no ser así se estará poniendo como un límite no deseado al desarrollo.*

2. *Lograr un crecimiento económico constante. Lo cual se considera una condición necesaria, pero no suficiente. En esto se persigue que la economía brinde una cantidad de bienes y servicios para atender a una creciente población. Lo deseable siempre es que el crecimiento económico sea igual o superior al demográfico, con lo cual se puede mejorar su capacidad productiva y el potencial de recursos humanos y tecnológicos.*

3. *Mejorar la calidad del crecimiento económico, en especial las posibilidades de tener un acceso equitativo a los recursos naturales y al beneficio del crecimiento, en términos de mejor distribución de la renta, beneficios sociales, protección del ambiente o su incremento.*

4. *Atender los aspectos demográficos. Reducir las altas tasas de crecimiento poblacional hacia unas más mesuradas que permitan aumentar la disponibilidad de recursos para todos y evitar la concentración poblacional.*

5. *Seleccionar opciones tecnológicas adecuadas. Esto se debe a los problemas que crea la transferencia tecnológica, básica para el desarrollo sustentable de los países en desarrollo, pero que tiene fuerte impacto sobre el ambiente. Esto deberá estimular la investigación y la capacidad técnica para lograr tecnologías sustitutivas, mejorar los procesos tradicionales y culturales y adaptar las importadas.*

6. *Aprovechar, conservar y restaurar los recursos naturales. Se debe evitar la degradación de los recursos, proteger la capacidad límite de la naturaleza, favorecer la restauración y evitar los efectos adversos sobre la calidad del aire, agua y tierra, con el fin de perpetuar la oferta ambiental de los ecosistemas (Naciones Unidas, 1987).*

Globalización y antiglobalización

La globalización es un movimiento económico-político de carácter mundial que tiene un impacto en el proceso cultural de forma universal. Pero debemos comprender que la globalización no es un modelo teórico, es una acción concreta en la economía mundial. Esta práctica económica se apoya en un grupo de intelectuales de los más altos organismos internacionales, quienes explican sus acciones partiendo de esta premisa: el sustrato productivo sobre el cual se asienta la globalización es la economía de mercado que, en el plano político, tiene por fundamento la democracia participativa.

Esta práctica de imposición ha generado reacciones de oposición en el denominado grupo anti-globalización. Los detractores exponen las contradicciones de la globalización como la expoliación de los recursos naturales, el mercado de consumo irracional y otras falencias de la economía global. Sin embargo, resulta paradójico que el grupo anti-globalización utiliza, en esencia, el canal de las TIC —elemento fundamental de la globalización— para evidenciar las supuestas "maldades" de la globalización. El internet y las redes sociales se han convertido en un medio eficaz para difundir toda clase de ataques en contra de las políticas globalizadoras.

El contenido de la globalización se puede explicar en tres conceptos fundamentales que lo interrelacionan en su construcción como sistema económico, político y social: a) la **internacionalización** es la integración mediante la cual diversos Estados-nación se integran entre ellos. La globalización desarrolla una internacionalización como un elemento fundamental para su construcción como sistema económico, porque los Estados-nación desaparecen frente a la política expansiva de la economía global. Sin embargo, la internacionalización establece relaciones entre personas y organizaciones de diversa índole en muchos países al margen de la identidad o defensa de los Estados-nación.

La **internacionalización** tiene efectos colaterales como el contrabando con las redes de economía ilegal entre varios países de una región. La revolución en comunicaciones de los últimos setenta años, que se inicia en la década de 1950, crea nuevas relaciones interpersonales o internacionales a través de las trasmisiones vía satélite. La globalización se construye por la internacionalización, pero es sólo uno de sus aspectos fundacionales.

Otro elemento fundamental de la globalización es la **mundialización,** proceso por el cual los ciudadanos de diversas partes del mundo comparten una determinada experiencia, un determinado valor o un determinado bien. Esta experiencia queda contenida en una cultura de información global. Por ejemplo, la muerte de un jerarca eclesiástico de cualquier denominación religiosa se convierte en una noticia sobre quien las personas, incluso de diversos credos, opinan.

Es tan importante el proceso de globalización en el desarrollo, que actualmente casi dos tercios del valor de una gran compañía proceden de lo que sabe y de las ideas y relaciones que posee. Shapiro (2008: 158-159) va más allá al indicar que *"No es sorprendente que unos sistemas de información de gran complejidad invadan las finanzas o la fabricación de los países más ricos o más desarrollados del mundo. Lo que es único es que los mismos sistemas se hayan convertido tan rápidamente en parte no sólo de cada restaurante de barrio y tienda de reparaciones de las pequeñas ciudades de Estados Unidos y Europa, sino también de la mayoría de las empresas medianas y grandes de lugares como China, India, Egipto y Perú. En 2006 se calculaba que 103 millones de latinoamericanos tenían acceso a internet, y en la región menos desarrollada del mundo, el África subsahariana, casi 90 millones de personas tenían teléfonos móviles y más de 22 millones tenían acceso a internet".*

También indica que *"Por vez primera, la globalización y las tecnologías de la información ofrecen a las empresas, prácticamente en cualquier lugar del mundo, acceso a las ideas e innovaciones generadas no sólo a unas millas, sino también a varios continentes de distancia. Para los países en vías de desarrollo la capacidad de alojar, comprar, alquilar, tomar prestadas o robar las tecnologías y sistemas empresariales más productivos de las compañías de los países más avanzados ha abierto la puerta a un progreso que tiene las velocidades del rayo".*

Aunque parece una paradoja, la globalización ha sido considerada como sinónimo del **consumismo,** pero, a la vez, la tecnología sirve ahora como medio para difundir el **no consumismo,** las tecnologías verdes y el cuidado medioambiental; y se constituye en el medio más eficaz para llegar a la conciencia de los jóvenes y educarlos sobre la contaminación o el reciclaje. *"Las películas, las artes, la música y otros medios de comunicación están empezando a prestar más atención a la sostenibilidad. Incluso un sector de la comunidad publicitaria está empezando a utilizar los conocimientos de esta industria para persuadir a la gente a vivir sosteniblemente",* nos dice Erik Assadourian, investigador de Worldwatch Institute (2010), al mismo tiempo que nos hace meditar en que para poder difundir estas ideas se necesita de energía eléctrica en todos los hogares, ya que sin ella sería imposible llegar con la televisión, el internet, el cine y los equipos de sonido a la población que, por su falta de conocimiento, está destruyendo los recursos del planeta. Las contradicciones saltan a la vista puesto que la educación, la comunicación, el desarrollo de industrias locales y hasta la religión que hoy se transmite por medios masivos, utilizan tecnología del sonido en las mega iglesias que necesitan la electricidad para poder llegar con su mensaje a una cantidad creciente de fieles.

A pesar de la fuerza de su expansión, la globalización no ha logrado su penetración a todo el mundo. Existen países y regiones que están desvinculados o participan pasivamente de ella porque han quedado desligados de las redes de comunicación, del empuje del capital y las inversiones empresariales o, incluso, de las reivindicaciones de los derechos humanos. A estas zonas geográficas con sus poblaciones se les conoce como los agujeros negros del capitalismo porque la dinámica de crecimiento que inyecta la globalización no les llega.

Alrededor del mundo quedan algunos grupos humanos que tienen una cultura cerrada. La misma no se retroalimenta de los elementos económicos, políticos o culturales de la globalización; para citar un caso específico, las comunidades del altiplano rural guatemalteco aún mantienen sus pautas culturales. En ese sentido, los habitantes en su mayoría hablan el idioma materno o tienen referencias espirituales sobre la naturaleza para explicar su cosmovisión, pero se benefician de la medicina occidental del mundo globalizado cuando el Estado guatemalteco promueve las campañas de vacunación. Estos grupos de personas son receptores pasivos de la globalización. Entonces, la globalización no es un modelo teórico, sino una economía y proceso cultural en desarrollo y expansión, por lo que cada vez quedan menos áreas geográficas sin la penetración de ésta. Pero es importante resaltar que estar globalizado no es una condición moral. La cualidad intrínseca de este proceso es que se asienta sobre la estructura del capitalismo. La economía de mercado, como tal, tiene detractores o seguidores, pero es nuestra posición recalcar el inexorable proceso de la globalización.

Como lo hemos observado, la revolución en informática a nivel político ha permitido desbaratar regímenes dictatoriales, por lo que la globalización impone estándares muy altos en la utilización de los recursos productivos, de equipo, de intercambio de productos y los nexos de la banca virtual para su eficaz funcionamiento. En ese sentido, Sunkel (1995) dice que: *"Desde una perspectiva cultural, los nuevos productos para la comunicación están desarrollando un patrón de intercambio e interconexión mundiales".*

La tercera vía, según Vergara (2005), *"consiste en aceptar que hoy en día vivimos más interconectados y con más posibilidades de relación, pero que estas nuevas posibilidades suponen al mismo tiempo riesgos y oportunidades. Y consiste también en **entender la globalización** como un proceso susceptible de ser gobernado o "civilizado", poniéndolo al servicio del aumento del bienestar para todo el mundo, especialmente de los que más sufren. Como hemos dicho, la introducción de las TIC en las empresas ha hecho que aumente la productividad y el PIB de los países que las han adoptado. Dar la espalda a esta posibilidad (opción fundamentalista) es pretender frenar el aumento necesario de bienestar para una gran mayoría de la humanidad. El problema es que el aumento de la productividad o el crecimiento económico no llevan automáticamente al incremento del bienestar de todo el mundo.*

Es válido recalcar que la necesidad de financiar el casi permanente déficit fiscal de los Estados Unidos ha incidido, directamente y a través de las tasas de interés, sobre el elevado costo que la deuda externa ha infligido sobre América Latina. También es válido recalcar que, a diferencia de América Latina, Estados Unidos puede endeudarse en su propia moneda, lo cual le ha permitido seguir acumulando deudas sin tener que exportar más o importar menos. Así, en Norteamérica perduran los tres déficit cuya coexistencia podría desestabilizar cualquier otra economía: el déficit fiscal, el déficit comercial y el déficit financiero".

Otros autores como Rubin (2009) opinan que la globalización *no es más que una palabra altisonante para designar un proceso muy simple: trasladar nuestra fábrica al mercado laboral más barato del mundo. Mejor aún, abandonar por completo el negocio de la fabricación y limitarse a comprar lo que nuestra fábrica producía a otras fábricas y con unos costes mucho más bajos. Pero antes de poder hacer una y otra cosa, en primer lugar se tienen que desmantelar las barreras comerciales que ataban comercialmente nuestra fábrica al mercado que servía".*

En meses recientes la crisis mundial que ha venido agudizándose en algunos países europeos, con mayor incidencia en Grecia y más recientemente en España, nuevamente parecen darle la razón a quienes piensan que estamos entrando en una etapa de desglobalización con altos índices de desempleo que nos encaminan a la deflación. Para la segunda mitad del 2012 se vislumbran más rescates bancarios, Estados en quiebra y unos índices de desempleo escandalosos. Muchos de los sectores económicos cruciales en Estados Unidos, aparte del financiero, tienen graves problemas en materia de salud, energía e industria manufacturera. Desde la crisis de 2008 la economía ha venido en "caída libre", como nos indica Stiglitz (2010).

Shapiro (2008) advierte: *"La historia nos enseña lo peligroso que es creer que la globalización puede garantizar la paz. Desde finales del siglo XVIII y, de nuevo, a finales del XIX y principios del XX, el comercio, las inversiones y las comunicaciones internacionales se intensificaron tanto como actualmente, o casi. El primer período de globalización conoció una vasta expansión en el comercio oceánico, las primeras empresas que abarcaban el mundo y la propagación del vapor como energía, junto con el apogeo de los imperios mundiales de España y Francia (…) El segundo gran período de globalización trajo la electrificación, el telégrafo y el teléfono, los grupos de inversión multinacionales y el apogeo de los imperios mundiales británico y alemán. En ambos casos esa globalización no impidió que las principales potencias industriales y comerciales libraran terribles guerras unas con otras… en cuanto había más de un país con la capacidad de hacerlos y la esperanza de triunfar".*

De momento es imposible evitar el desequilibrio entre la oferta y demanda de energía, lo que dejará al descubierto la anomalía más grande en la globalización y la geopolítica, es decir, la creciente importancia de Oriente Próximo como la región más inestable y económicamente insular del mundo y la amenaza que representa para el crecimiento y la estabilidad de los principales países del mundo. Los gobiernos autocráticos de los

Estados petroleros del Golfo Pérsico se enfrentan a peligrosos desafíos de los fundamentalistas islámicos que se resisten sistemáticamente a las inversiones extranjeras y a la competencia interna. La región más crucial para el crecimiento económico se ha aislado de las fuerzas que están transformando el resto del mundo. La globalización también está aumentando enormemente el consumo global de energía. La productividad en los servicios y la creación de nuevas industrias dependen por completo de los recursos energéticos. La globalización no terminará con la inflación porque los precios del petróleo y la energía seguirán haciendo subir los precios de todos los demás productos (Shapiro, 2008).

La dependencia de los hidrocarburos es muy clara. En 2004 el comercio mundial de petróleo fue de unos 50 millones de barriles diarios. El consumo de Estados Unidos es de 20 millones de barriles diarios, de los cuales el 65% es importado. La situación es peor en Europa que consume 16 millones de barriles al día, de los cuales importa el 81%. Pero también se suma el problema del refinado del crudo. La construcción de nuevas plantas de procesamiento de crudos extra pesados tarda años debido a las complejidades de diseño.

No hay nada que impida que las potencias se enfrenten en el futuro en una feroz competencia por los recursos energéticos. Es precisamente este panorama el que permite que surjan otras ideologías y movimientos políticos que conllevan riesgos económicos, como los que vemos en Venezuela, apoyada por otros países del Mercosur para convertir a la región en un nuevo bloque en oposición a los países desarrollados. De allí surge el socialismo del siglo XXI que estudiaremos a continuación.

El socialismo del siglo XXI

Este concepto apareció en la escena mundial en 1996. Fue Heinz Dieterich Steffan quien acuñó el término. Dicho concepto adquirió difusión mundial desde que lo mencionó en el Foro Social Mundial el presidente de Venezuela, Hugo Chávez, en enero de 2005.

La propuesta del socialismo del siglo XXI es una adaptación directa de la filosofía y la economía marxista. El modelo del Estado socialista del siglo XXI se sustenta en cuatro ejes: el desarrollo democrático regional, la economía de equivalencias, la democracia participativa y protagónica y las organizaciones de base.

El modelo del socialismo del siglo XXI ha tenido su expresión en América Latina en el marco de la revolución bolivariana. En ese aspecto nos parece oportuno citar algunos fragmentos del discurso del presidente Chávez, quien ha señalado que para llegar a este socialismo habrá una etapa de transición que denomina como *democracia revolucionaria*.

La propuesta del socialismo del siglo XXI, como el sistema capitalista actual, tiene severas contradicciones. Por una parte por la superpoblación y, en segundo término, que tanto el socialismo del siglo XXI como el capitalismo tienen su lógica industrial en el combustible fósil. En ese aspecto Venezuela, al encabezar la revolución bolivariana propuesta por el presidente Chávez y su gabinete, se encuentra en la misma encrucijada energética de la sociedad capitalista, lo que crea una contradicción irresoluble entre el deterioro del medio ambiente y la curva demográfica. Sobre todo si se analiza desde el aspecto del confort que ha creado la producción industrial a gran escala, apoyada por la producción petrolera que sostiene al capitalismo y a la vez sustenta las bases de la revolución bolivariana.

Dieterich (2007) propone apoyar el modelo del socialismo del siglo XXI con lo que denomina *economía de valores*, la cual está relacionada con el valor del trabajo, que implica que un producto o servicio establece su precio por el tiempo del trabajo y no por la ley de la oferta y la demanda. Sin embargo, la fórmula para medir el trabajo se complica por los valores agregados a dicho trabajo; por ejemplo: el tiempo de trabajo que se usó para producir las herramientas o servicios que se emplean en el trabajo mismo, lo cual a su vez lleva a un ciclo complejo de tiempos de trabajo incorporados recíprocamente al valor del trabajo o el deterioro de las herramientas, maquinaria e insumos. Sin embargo, al intentar visualizar el criterio de la *economía de valores*, el mismo modelo pierde sostenibilidad, sobre todo porque la misma acumulación de riquezas a lo largo de la historia de la humanidad le ha dado al ser humano un empuje sobre la creatividad para resolver y desarrollar su proceso social. Aunque en principio la *economía de valores* puede parecer un criterio viable, al final tenemos una globalización rapaz y violenta que sostiene a todo el modelo de mercado. En este sentido, el precio de las mercancías, como principio operativo y controlador de la economía, determina dónde invertir, qué salario cobrar, qué y cuánto comprar, cuándo ahorrar y es, por lo tanto, el hilo organizador del sistema capitalista.

Para que el mercado funcione eficientemente debería existir el suficiente poder adquisitivo para comprar, un precio fijado libremente, un mercado que no sea monopólico y un Estado de derecho eficiente y no corrupto. Características idóneas sobre el "libre mercado". Sin embargo, pocos países logran reunir tales condiciones.

Uno de los puntos críticos tanto del modelo del socialismo del siglo XXI como el del capitalismo, es que ambos sistemas no pueden considerar el valor físico de la producción energética sobre el consumo energético de un determinado trabajo, conocido como "tasa de retorno energético" (TRE). Esta fórmula, en apariencia sencilla, tiene tantas vinculaciones en el proceso histórico que se hace inconveniente la variación energética para la producción de un objeto. Sin embargo, los energéticos, de cualquier índole, son fundamentales para el desarrollo social, tecnológico y humano de una sociedad; en consecuencia el consumo de energía queda ligado de manera indisoluble a la misma productividad de cualquier sistema político o económico. La teoría plantea que "'*la estatización' de los medios de producción no resuelve el problema de la economía socialista del siglo XXI. El problema económico de la nueva civilización es informático, la sustitución del precio por el valor objetivo del trabajo*" (Dieterich, 2007).

Sobre la propuesta histórica del capitalismo, socialismo y socialismo del siglo XXI nos debemos proponer desarrollar nuevos modelos sociales, especialmente en la reconversión energética si deseamos que la humanidad tenga, por principio, continuidad en este planeta. Está claro que para Venezuela y los venezolanos el modelo impuesto por el chavismo ha deteriorado el nivel de vida, vaciado las estanterías de los supermercados y minado la producción de bienes de consumo. Hoy Venezuela, luego de la muerte de Chávez, ha entrado en el túnel de la ingobernabilidad y el caos social.

Economía social de mercado (ESM)

La economía social de mercado es un concepto reinterpretado por Alfred Müller-Armack y Ludwig Erhard, que se basa en una expresión del ordoliberalismo[18]. El concepto básico se resume en un acuerdo sobre que

---

[18] **Ordoliberalismo**: corriente de pensamiento económico fundada por un grupo de políticos y economistas alemanes durante la década de 1930-1940. Se encuentra íntimamente ligada a la Escuela de Friburgo y al

la economía de mercado es social en sí misma, porque dirige la producción según las necesidades del consumidor, reparte el producto social según la capacidad económica del individuo e incrementa la productividad, por lo que posibilita incrementar los salarios reales. Eucken, por ejemplo, rechazaba la economía totalmente liberal al igual que una economía controlada por el Estado.

La meta de la economía social de mercado es crear, desde la libre competencia entre las empresas, un progreso social que genere riqueza. En Alemania tuvo mucho impacto porque fue utilizada como eslogan de las campañas políticas de la República joven. Incluso fue nombrada como la programación económica para la política monetaria, económica y social entre la República Federal de Alemania y la República Democrática Alemana en el contrato bilateral de 1990, con el objetivo de crear una economía con visión social. Se le conoce como "neoliberalismo alemán" y algunos autores la llamaron "el tercer camino" entre capitalismo y socialismo.

El ordoliberalismo sugiere que el Estado debe crear un adecuado ambiente legal para la economía y mantener un nivel saludable de competitividad bajo los principios del libre mercado. Si el Estado no toma una posición activa para incentivar la competencia, emergerán monopolios u oligopolios que afectarán la gobernabilidad y destruirán las ventajas del libre mercado, debido a que el poder económico también puede ser utilizado contra el poder político. El modelo apunta a una división del trabajo claramente definida para la administración económica, con responsabilidades específicas asignadas a determinadas instituciones. Por ejemplo, la política monetaria debería ser responsabilidad de un banco central enfocado a la estabilidad monetaria y el control de la inflación, aislado de la presión política y de carácter independiente. La política fiscal será responsabilidad del gobierno, como lo son algunos aspectos macroeconómicos. El establecimiento de los niveles de sueldos es responsabilidad de los gremios empresariales y de los sindicatos. Todo esto con el fin de mantener la estabilidad social necesaria para el desarrollo de una economía libre. El Estado tiene la función de formar un orden económico en vez de dirigir procesos

---

concepto de Economía social de mercado. También recibe el nombre de *neoliberalismo alemán*.

económicos. Se trata de un "instrumento técnico" que puede ser utilizado por la sociedad para producir riqueza (Vanberg, 2004).

Mercados globales *versus* mercados locales

A raíz de las constantes crisis, Rubin (2009) afirma que *"el mundo se está haciendo cada vez más pequeño"*. Es decir, que se están redescubriendo las ventajas de los comercios locales. En el nuevo mundo de petróleo caro y de aranceles al carbono, la cocina mundial, con su dependencia de exóticos ingredientes importados, pronto se batirá en retirada. La comida local parece la mejor alternativa ante el coste cada vez más alto de los productos importados. Podemos seguir confiando en que la innovación tecnológica y la capacidad creadora del ser humano nos sacarán tarde o temprano del apuro, por ejemplo, si se descubre un alga marina capaz de transformarse en energía, o cualquier otro producto que sustituya al petróleo, pero, en caso contrario, el mundo tendrá que enfrentar la recesión y la contracción de los mercados. Estamos ante la posibilidad de regresar al pasado, cuando nos abastecíamos de verdura fresca cultivada en huertos familiares. Cada vez más a menudo escuchamos a los economistas hablar sobre el tema de la economía localizada en contraposición a la economía globalizada.

Entre 1980 y 1990 el mercado global de la fruta y la verdura había aumentado vertiginosamente. La consecuencia es que hoy las exportaciones de alimentos constituyen más o menos una quinta parte del PIB de los países en vías de desarrollo. Pero estas exportaciones están en riesgo porque dependen de un combustible barato. El mundo desarrollado tendrá que olvidarse de las ensaladas de aguacate y las papayas en el desayuno o bien pagar un alto precio para poder adquirirlas. Este panorama no es bueno para los exportadores como Guatemala, que producen y exportan productos naturales.

A pesar de lo anterior, en el corto plazo no se vislumbra un cambio en los países desarrollados hacia la "huerta local" debido, en parte, a que no cuentan con los campos de cultivo que antes tenían ni con el agua necesaria para el riego. Estos son ocupados por grandes parques residenciales o por productos agrícolas a gran escala. En cambio los países en vías de desarrollo dejarán de consumir productos importados y aprovecharán sus suelos para cultivar todo tipo de alimentos verdes.

Aventurarse a predecir los alcances de una desglobalización es muy arriesgado, pero hoy, en algunos lugares de Estados Unidos, está de moda comer localmente. Cuando el clima lo permite se realizan festivales en donde sólo los más adinerados pueden comprar carne fresca, salchichas caseras o verdura orgánica. Algunas cadenas de supermercados se han sumado a la moda aumentando los productos locales en sus góndolas, pero únicamente la cuarta parte de los productos que venden provienen de la localidad. La realidad es que los panaderos y queseros artesanales sólo pueden suministrar una pequeña parte de lo que se consume en los países desarrollados; por lo tanto el productor artesanal no podrá reemplazar las cantidades necesarias para alimentar el mercado dependiente del petróleo.

En otros tiempos producir era más barato por la vía artesanal, pero la explosión demográfica actual hace inviable este tipo de producción a gran escala. Hoy el trabajo lo realizan grandes tractores, cosechadoras y camiones que utilizan derivados del petróleo. Se transportan a otros países en aviones y furgones, por ello no se vislumbra que los alimentos y la energía se consigan más baratos en el futuro. Concluimos que una economía global no estimula un grado alto de especialización. Cuanto más comerciamos con el resto del mundo más conectados están los productos y los consumidores al mercado global. Los mercados globales hacen exportadores a los productores e importadores a los consumidores. Todo esto puede ser posible gracias a la energía, pero ¿tendremos con qué pagarla?

Otro factor a tomar en cuenta con las economías locales es que las reservas de agua están distribuidas de manera desigual, aunque aparentemente exista suficiente. Para empeorar las cosas, las distancias suelen ser grandes y la densidad poblacional varía. Los grandes centros urbanos están bien abastecidos de electricidad y gas, pero en otras regiones alejadas se carece de estos productos energéticos por su alto costo de conducción. Sumando todos los elementos de la economía local podemos vislumbrar un mundo que integre la producción especializada de pequeña escala como son los huertos familiares, pero no podremos prescindir del comercio internacional para abastecer a los grandes mercados.

Los modelos en crisis

Cuando analizamos la energía la crisis es un tema recurrente por cuanto, en la actualidad, el precio del crudo continúa en ascenso y amenaza la recuperación de la economía mundial. El barril de petróleo superaba los US$100 a principios de 2011, al tiempo que se creaban casi 200 mil nuevas plazas de trabajo en Estados Unidos. Hoy las personas están conduciendo un vehículo para llegar a su trabajo, mientras que los suministros de petróleo, debido a la agitación social en Libia y Oriente Medio, presionan los precios al alza. Con el precio de los combustibles se incrementan los precios de los alimentos, el encarecimiento de la infraestructura y, por tanto, se desacelera el desarrollo industrial dependiente del combustible fósil (Khan, 2011:8-9).

La situación de la energía se complica debido a que no existe un equilibrio entre los intereses de los países productores y consumidores. Se discute todavía la forma de administrar y controlar la transición que permita incrementar la oferta de energía de fuentes renovables y, al mismo tiempo, buscar el uso más eficiente de las energías convencionales.

En el panorama actual la fuente de energía predominante, el petróleo, no será capaz de cubrir sustentablemente la intensidad del consumo derivado de la opulencia de las naciones desarrolladas. La situación se agravará si se produce un incremento del nivel de vida de los países del sur como consecuencia del cumplimiento de las Metas del Milenio de las Naciones Unidas, que buscan reducir la pobreza global a la mitad para el 2015. Por tanto es inevitable que durante la transición los mayores esfuerzos se concentren en el uso eficiente de los combustibles fósiles, pues la sustitución mediante una mayor incorporación de fuentes nuevas y renovables no alcanzaría para garantizar un mayor crecimiento y bienestar. Para lograrlo sería necesario esperar varias décadas, como nos indica Sánchez Albavera (2006).

Los cálculos indican que una persona en un país desarrollado consume 37 veces más energía que una persona de un país subdesarrollado. Esta energía debe provenir entonces de recursos renovables o de nuevas tecnologías por descubrir, pero además es importante que proceda de recursos locales, pues la conducción a larga distancia hace que sea más costosa o se pierda una buena parte en la transmisión. Uno de los mayores problemas del desarrollo es precisamente la presión que los consumidores con mayor poder adquisitivo ejercen sobre los energéticos. La población rural emigra masivamente a las zonas urbanas y demanda más energía porque sus parámetros de consumo cambian con la expansión de los pueblos. Se instalan nuevos negocios, empresas de cable que ofrecen sus servicios y la telefonía celular ha sobrepasado en cantidad de usuarios a la misma población del país. El cambio de paradigmas es el resultado de los movimientos mundiales que afectan la economía familiar, las políticas sociales y los parámetros culturales. Este concepto refuerza nuestra tesis: un crecimiento de los niveles de vida de la población en pobreza únicamente es viable si existen las condiciones económicas que, a su vez, se pueden mejorar mediante un acceso a una energía con costos más accesibles que la proveniente de los combustibles fósiles.

Para el caso que estudiamos la energía proveniente de las minihidroeléctricas localizadas a poca distancia de las poblaciones usuarias puede lograr una sustancial baja en el costo de la energía eléctrica, beneficiando así a un conglomerado pequeño o mediano en las áreas rurales que padecen de pobreza, principalmente por la falta de empleos en ellas. Sin embargo, como veremos, será necesario que la población obtenga mejores empleos para que no se conviertan en consumidores de energía que luego no pueden pagar. Este aspecto, la falta de pago del servicio, está provocando descontento y es un potencial factor de crisis en las poblaciones rurales guatemaltecas porque se adolece de proyectos productivos que generen ingresos a las familias.

La posición de América Latina en el orden energético mundial, a pesar de la importancia de Venezuela dentro de la OPEP, es por ahora débil debido a la concentración de las reservas; parece difícil que pueda jugar un papel relevante como región. Los países latinoamericanos no son significativos en el comercio mundial. Venezuela envía hacia el mercado estadounidense el 90% de sus exportaciones, pero cubre sólo un tercio de los requerimientos de ese país. Al mismo tiempo los Estados Unidos buscan reducir su dependencia del petróleo venezolano, aunque la distancia respecto de los otros proveedores de Oriente Medio es siempre un factor geopolítico a considerar, debido a la vulnerabilidad de las rutas del tráfico petrolero (Sánchez Albavera, 2006).

En ese sentido, los riesgos geopolíticos en medio de combates en Siria, disturbios en Yemen, en Nigeria y las expectativas de mayor demanda estadounidense son las causas de la escalada de los precios que se mantienen en un constante sube y baja, porque dependen del consumo y de las constantes crisis que se desatan en diferentes partes del mundo. Estas crestas y retraimientos se deben también al efecto de la caída de las reservas de productos petroleros en los Estados Unidos y del debilitamiento del dólar norteamericano.

El petróleo es un producto que está siendo utilizado por los inversionistas, quienes colocan dinero en materias primas para protegerse de una caída en la bolsa. Estas noticias contradictorias mantienen en vilo la economía mundial. Los economistas y dirigentes mundiales no encuentran la manera de prevenir la próxima crisis global que amenaza la estabilidad económica y el desarrollo. A la inestabilidad geopolítica se une un acelerado consumo energético que puede aumentar la demanda de crudo, especialmente en los países en desarrollo y con un crecimiento acelerado de la curva demográfica (Klare, 2008).

El gobierno del Reino Unido, siguiendo normas europeas, recientemente decidió implementar normas y regulaciones drásticas para forzar a las empresas a abandonar las energías procedentes del carbón. Esta legislación y los precios elevados de los combustibles fósiles están convenciendo a los empresarios de las grandes compañías para que cambien su matriz energética por tecnología proveniente de energía renovable. Se han percatado de la relación entre los costos de operación y el consumo de energía en la industria. China, por su parte, también está invirtiendo en grandes proyectos de infraestructura energética en África (Fister, 2011:11-13).

El alza de los combustibles encarece los costos de todos los productos, especialmente por el transporte. Ha decaído la demanda de transporte marítimo y, sobre todo, del transporte de carga por vía aérea, afectando también al turismo y los viajes de negocios. Las aerolíneas han debido aumentar los precios en varias ocasiones para compensar sus costos de operación. Los analistas opinan que si los precios aumentan las personas optarán por no viajar haciendo quebrar a las compañías aéreas (Koening, 2012:12).

En la India los observadores predicen más cortes de energía de los acostumbrados y consideran que el precio alto es la barrera más importante para el rápido crecimiento del país. Otro problema son las subidas y bajadas de tensión que afectan la maquinaria utilizada en la industria, especialmente en una región que tiene el más alto crecimiento en el sector de servicios de tecnología de punta, pero con una red eléctrica que está medio siglo por detrás de una gran parte del resto del mundo. Por tal razón se han iniciado proyectos de energía nuclear y han abierto sus importaciones a la tecnología de carbón, turbinas de gas, hidráulicas y de viento, adquiriendo equipos avanzados para suplir sus necesidades (Shapiro, 2008).

En la región centroamericana se están suscitando cambios drásticos en la matriz energética; por ejemplo, el gobierno salvadoreño ha informado que contratará la generación de 350 megavatios de electricidad que serán consumidos en los próximos 15 años a partir de julio de 2016, para lo cual recibirá propuestas que incluyen únicamente plantas nuevas y con fuentes renovables como las hidroeléctricas, los parques eólicos y los solares.

Las opciones energéticas futuras dependerán de diversos factores según los objetivos principales de las políticas. Es importante evaluar las emisiones de carbono con relación al cambio climático y la localización de los suministros en relación con los usuarios. También influyen los precios a futuro de los combustibles fósiles y los objetivos de la política mundial con relación a la dependencia energética de cada país. En Rusia, por ejemplo, el Ministro de Economía ha reconocido que se necesitan muchos recursos para incrementar de forma sustancial las inversiones en petróleo, pero las perspectivas son poco prometedoras. Las compañías rusas no son eficientes ni rentables, por lo que los agricultores, comerciantes e incluso el ejército tendrán que pagar por un petróleo caro.

Indiscutiblemente se están operando cambios en la matriz energética en todo el mundo. El gobierno de China —liderado por el partido comunista — está invirtiendo el doble de su presupuesto en el desarrollo de nuevas tecnologías energéticas. Con una población que sobrepasa los 1,300 millones de habitantes, el Estado está obligado a planificar el futuro de sus ciudadanos. Los chinos han identificado el potencial conflicto social que se produciría en caso de un desabastecimiento de combustibles fósiles o el agotamiento de éstos. El gobierno no quiere lidiar en el futuro con el problema de transporte de los habitantes hacia sus centros de trabajo. Tampoco desea verse obligado a contener las protestas sociales, los alzamientos y las revueltas que se podrían producir por la falta de electricidad o de combustibles para transportar los alimentos. Para el gobierno chino la generación de energía es un problema de seguridad nacional.

En China la economía es controlada en su mayor parte por el gobierno central. La toma de decisiones es centralizada y rápida, lo que hace que las políticas públicas tarden menos en implementarse. Los chinos toman la delantera en materia de generación de impacto neutro mientras los países desarrollados como Estados Unidos, parte de Europa y algunos de los países llamados los Tigres de Asia, dependen de los combustibles fósiles y son los causantes de la mayor contaminación ambiental por las emisiones de CO_2 que aceleran el cambio climático (Siglo 21, 2011a:14).

Además, China y el resto de países se enfrentan a desafíos sanitarios debido al coste de la energía para hacer funcionar los hospitales, la construcción de obra pública y la industria farmacéutica que dependen de ella. La demanda de energía impulsada por la modernización de los países en vías de desarrollo, comprometidos con la globalización y el creciente coste de garantizar el suministro para satisfacer la nueva demanda, han hecho subir los precios del petróleo hasta los 100 dólares por barril y aún más en los últimos años. Existe una creciente preocupación mundial porque los efectos medioambientales por el uso de combustibles fósiles sean irreversibles. Esta preocupación hará que los precios suban o que se dé un racionamiento para reducir las emisiones de carbono y el riesgo de cambios climáticos. La posibilidad de una regulación futura está frenando nuevas inversiones en centrales eléctricas alimentadas con carbón y, dentro de unos años, esta disminución impulsará hacia arriba los precios de la electricidad en todo el mundo. El lado positivo es que estas preocupaciones también alimentan un mayor interés por las fuentes de energía renovable que, según los cálculos, podría absorber el 30% de las nuevas inversiones mundiales en generación (Shapiro, 2008: 404).

La globalización continuará impulsando la demanda de energía a un ritmo más rápido que la oferta disponible al coste actual. Aunque el mundo tiene amplias fuentes de energía para cualquier nivel concebible de demanda, en la próxima década explotar fuentes como arenas bituminosas, esquistos bituminosos, energía solar, biomasa o gas natural de las profundidades oceánicas, será más caro en comparación a lo que estamos acostumbrados. La forma en que esto afectará nuestra vida diaria, nuestras empresas, nuestros hogares y la economía de los países —o su estabilidad política— dependerá de si se producen gradualmente, como sucede cuando el mercado determina un incremento en el precio, o bruscamente, como cuando los acontecimientos políticos aceleran ese proceso (Shapiro, 2008: 431).

El problema principal radica en que las fuentes energéticas no están distribuidas equitativamente entre todos los países. Existe abundancia de unos y de otros en diferentes regiones. Esta inequidad puede hacer cambiar la estructura económica y política mundial que rige en la actualidad. Países que hoy son pobres podrían contener grandes cantidades de estos recursos por descubrir, mientras que otros podrían agotar sus reservas existentes, lo que en el futuro provocará movilidad social por los niveles de bienestar y desarrollo.

Cualquier mejora en la calidad de vida de los habitantes demandará el uso de más electricidad y combustibles. En esas condiciones es posible pensar que las necesidades de China para el 2030 serán equivalentes al producto combinado de todas las centrales eléctricas, refinerías, reactores, presas hidroeléctricas, yacimientos de gas natural y plantas eólicas que existen hoy en la eurozona. Actualmente los países europeos dependen en mucho del gas proveniente de Rusia, lo que los pone en situación de vulnerabilidad. Los europeos ya rastrearon África para detectar materias primas importantes en todas las excolonias que les proporcionaron cobre, hierro, diamantes, caucho, madera, algodón, café, té y otros bienes de consumo básicos. Ahora dirigen la mirada hacia otros países, en especial a Venezuela y la región del Mar Caspio. China también se encuentra a la caza de recursos en otras regiones del orbe, y atrás viene Estados Unidos haciendo sus propuestas para explotar territorios en todas partes del mundo. Ahora la guerra fría se libra en el campo de la energía y los recursos no renovables. La disputa por los recursos energéticos puede producir una conflagración internacional que exigiría la inversión de prodigiosos recursos económicos y dificultaría los esfuerzos por desarrollar alternativas energéticas respetuosas con el medio ambiente. Otros peligros incluyen, como lo hemos mencionado, la expansión mundial del poder del Estado por la búsqueda de seguridad basada en la energía. En ese sentido, a manera de paradoja, los países desarrollados han aumentado sus gastos militares desviando recursos que podrían destinarse a desarrollar sistemas energéticos alternativos.

Muchas de las propuestas para estudiar nuevas fuentes energéticas y usos de las ya existentes se analizan en universidades y laboratorios alrededor del mundo, pero hasta ahora no pueden producir energía a escala industrial. El costo de desarrollar energías alternativas tendrá que ser muy alto en el futuro. Por ahora las economías mundiales dependen a tal punto del petróleo, el gas y el carbón —y el desarrollo de combustibles alternativos va a un ritmo tan lento—, que puede derivar en el desabastecimiento porque resultan más caros que los combustibles fósiles. Las innovaciones son necesarias para hacer de la energía alternativa una mejor opción (Klare, 2008:109).

Abordar los desafíos de la competencia por los recursos, la carestía energética y los cambios climáticos es uno de los mayores problemas que enfrenta la humanidad. Si seguimos extrayendo recursos de manera acelerada como en el pasado, el planeta se transformará en un páramo desolado. Seremos testigos del conflicto por la obtención de los recursos. Eso sólo se puede evitar si los impulsos competitivos de todos los países se canalizan para desarrollar nuevas fuentes de energía y procesos industriales respetuosos con el ambiente, como forma de enfrentar el futuro con confianza sin provocar una catástrofe ecológica. En los países latinoamericanos las condiciones son privilegiadas porque se cuenta con algunas de las reservas hídricas más grandes del planeta. Por aparte, el consumo energético se mantiene relativamente bajo por el menor nivel de desarrollo y de consumo de la población latina.

En síntesis, podemos afirmar que el futuro de la humanidad depende de la generación de energía renovable, que a su vez depende de las políticas públicas de los Estados, así como de los ciudadanos que promueven la inversión en proyectos de desarrollo sustentable y el ahorro de energéticos. En Guatemala existen grupos de interés económico y político que han creado un clima poco propicio para las inversiones energéticas, a pesar de la manifiesta voluntad del gobierno por apoyar estas industrias. Pequeños grupos de pobladores han logrado, en algunos casos, el retiro de las empresas inversionistas y la no participación en las licitaciones de las inversiones en proyectos energéticos. El criterio de sostenibilidad ambiental indica que esta situación debe cambiar por el bien de las generaciones futuras de guatemaltecos (Maldonado, 2011).

Capítulo 4

Factores históricos del desarrollo en Mesoamérica

Para comprender cómo el agua y la energía tuvieron su influencia en la región mesoamericana[19] debemos entender el contexto histórico en que se fundamentó el actual sistema político-jurídico de este territorio geográfico y los factores culturales que influyen en los parámetros culturales que se manifiestan en un proceso civilizatorio de larga duración[20].

La extensión geográfica de Mesoamérica queda contendida desde los ríos Sinaloa y Lerma en México hasta el Golfo de Nicoya en Punta Arenas, entre Nicaragua y Costa Rica. En la actualidad conforma los países centroamericanos y parte del sur de México. Dentro de este territorio se desarrollaron culturas ancestrales que se establecieron en la región por varios siglos hasta su total colapso con la intromisión cultural de la cuenca mediterránea en el siglo XVI d.C. En esta región se instauraron asentamientos primitivos, según se puede inferir de los restos arqueológicos, desde los siglos XV a.C. y se desarrollaron culturas que evolucionaron hasta formar sociedades complejas divididas en clases. Estas civilizaciones lograron avances importantes en los campos de la escritura, la ciencia y las artes, para enumerar algunos. Pero estas civilizaciones que se asentaron en Mesoamérica no sucumbieron por la llegada de los españoles a tierras americanas. Los conquistadores encontraron poblaciones dispersas con cierto nivel de cultura primaria y una organización social de castas de un nivel más bajo que el que llegaron a tener los edificadores de las grandes pirámides y templos del período

---

[19] El primero en acuñar el término "Mesoamérica" fue el arqueólogo Paul Kirchhoff, en 1943.

[20] **"Larga duración"**: es el término con que se designa un nivel del tiempo histórico correspondiente a las estructuras cuya estabilidad es muy grande en el tiempo, para diferenciarlo del nivel de tiempo de la coyuntura, o los períodos de corta duración. La acuñación del término se debe a Fernand Braudel, sobre todo en el clásico estudio *La Méditerranée et le Monde Méditerranéen a l'époque de Philippe II.*

clásico. Las diferentes teorías apuntan al colapso socioeconómico por los desastres naturales y el uso inadecuado del agua y la agricultura.

Época prehispánica

Dentro del complejo cultural de Mesoamérica se asienta la civilización maya. La historia de la sociedad maya se divide en períodos para su estudio. El primer período, llamado agrícola, se inicia aproximadamente en el año 1000 a. C. y termina alrededor del año 320 d.C. Durante este período se crean los primeros símbolos de la escritura jeroglífica; también la arquitectura tiene un avance y surgen las primeras ciudades y centros ceremoniales.

Entre el año 320 y el año 1100, aproximadamente, la sociedad maya logra su máximo desarrollo cultural. Se asientan en el territorio conocido en la actualidad como Petén en el norte de Guatemala y construyen complejos arquitectónicos monumentales. Edifican templos de más de 50 metros de altura y una red vial con más de 1,500 kilómetros de trazado de caminos. Su relación con otros grupos humanos es de comercio o de guerra. Un poderío militar sostiene la sociedad en conjunción con un grupo de científicos denominados sacerdotes quienes, en esencia, dominan el calendario solar para el proceso agrícola (Luján Muñoz, 1990: 22).

Esta sociedad, al igual que muchas otras en la historia, entra en crisis por los energéticos que la sostienen. Según estudios de impacto medioambiental, las grandes ciudades mayas consumieron leña de forma desmedida. La deforestación hizo colapsar la sociedad al no poder abastecerse del recurso. Un proceso que duraría aproximadamente cuatrocientos años hasta su dispersión en pequeños grupos por todo el territorio. Este período de transición, denominado postclásico, comprende desde el año 1000 hasta la llegada de los conquistadores, de 1492 en adelante (Cortina y Miranda, 2007:35). En este período algunos grupos emigraron al norte de Petén, en lo que se conoce como península de Yucatán, y otros se asentaron en el sur del territorio. De allí se explica el origen de las diferentes etnias mayas. Estos grupos se fueron adaptando al mestizaje cultural aunque conservaron algunos rasgos comunes, pero con distintos dialectos del idioma original[21]. También surge el urbanismo

---

[21] A este respecto, Pérez (2004) distingue hasta 31 lenguas mayas, dos de ellas muertas, agrupadas en cuatro ramas lingüísticas: (1) Rama

amurallado en pequeñas ciudades fortificadas y la organización estatal crea pequeños "señoríos" que se desarrollaron en un ambiente estable y prolongado después del colapso de las ciudades importantes como Tikal o el Mirador (Luján Muñoz, 1990).

Una de las tesis más aceptadas sobre la decadencia de la civilización maya es la teoría del colapso ecológico como consecuencia de la destrucción de la selva, por la sobreexplotación agrícola y los métodos de construcción que empleaban. Se cree que un crecimiento en la curva demográfica ejerció presión sobre la tierra y la producción de alimentos. También las contradicciones internas de la sociedad que imponían al pueblo fuertes cargas tributarias en trabajo y especie, hicieron que la población se levantara en rebeliones sangrientas durante un período prolongado hasta que las élites dominantes, depositarias de los conocimientos, no lograron el equilibrio social y abandonaron los grandes centros ceremoniales. Otro aspecto que tuvo una incidencia en el colapso de la sociedad maya fue el cambio climático por los períodos prolongados de sequía, lo que les obligó a emigrar hacia otras tierras. No existe una sola causal en la extinción de la civilización maya, las causas son múltiples y con una duración de varios siglos hasta que los grandes complejos arquitectónicos fueron abandonados e invadidos por la selva (Lane, 2005: 201).

En su proceso civilizatorio las sociedades prehispánicas se definen por el uso y dominio de la piedra pulida, el consumo de la biomasa —leña— como elemento energético, y la tracción humana, en contraposición al proceso civilizatorio de la cuenca mediterránea, que también utiliza la biomasa, pero le agrega la energía eólica para los barcos y el dominio de los metales. Al momento de la irrupción de los conquistadores las sociedades prehispánicas eran sedentarias, con estructuras sociales complejas y jerarquizadas. Esta característica, propia también de la sociedad mediterránea, permitió a los conquistadores crear instituciones como la "encomienda" y el "repartimiento" en el período colonial para aprovechar la fuerza de tracción humana (Girard, 1978).

---

huastecana, formada por el huasteco y el chicomucelteco; (2) Rama yucatecana, que incluye las lenguas yucateca o peninsular, itzá, mopán y lacandón; (3) Rama occidental, que incluye lenguas cholanas, tzeltalanas, chujeanas y kanjobalanas, y (4) Rama oriental que integra las lenguas mameanas y quicheanas.

Época colonial

En una primera interpretación de análisis socio-histórico, Severo Martínez Peláez (1998), académico guatemalteco, en su libro *La Patria del Criollo*, considera que son muchos los cambios que se suceden a partir de la conquista. Los españoles en América instalan un sistema social distinto, basado en la explotación de los recursos y el aprovechamiento de las riquezas a favor de la corona. Si bien la riqueza producida en la región se encauza a la monarquía española, los cambios ocurridos en el contexto social se enlazan en el sentido que tanto los conquistadores como las sociedades conquistadas tienen, en su estructura social, la división de clases o castas.

En el contexto histórico de Guatemala, en la primera etapa la economía colonial se basó en la agricultura, pues no había yacimientos importantes de metales preciosos. Así el trigo, el ganado, el azúcar, el cacao y el añil fueron cultivos producidos en las haciendas de los españoles y los criollos. En las tierras comunales los indios producían maíz, frijol, hortalizas y calabazas, entre otros. Era una economía estacional de subsistencia, propia de las sociedades agrícolas, pero que también surtía al mercado local con productos cárnicos de animales como cerdos, gallinas, ovejas y ganado vacuno. Este sistema de producción subsiste en la actualidad y ocasiona, en parte, los conflictos por la posesión de la tierra y la explotación de los recursos naturales. La economía colonial se apoyó sustancialmente sobre la mano de obra indígena. La tracción humana siguió siendo fundamental para el desarrollo de los medios de producción.

Por aparte se dieron otras situaciones interesantes en la relación social de indios y mestizos, como nos dice Fonseca (1998:112): *"No obstante su condición de dominados, los indígenas no constituían un grupo homogéneo. Durante los años iniciales de la colonización española se respetó el orden jerárquico de los indígenas, táctico para lograr más fácilmente el control político. Caciques y "principales" pasaron a formar parte de los cabildos instaurados en los pueblos de indios y gozaron de ciertas ventajas, como la exención del pago del tributo. Algunos aprovecharon su posición y administraron fraudulentamente los bienes de la comunidad indígena para enriquecerse. Así, en los pueblos había indios ricos e influyentes, e indios pobres y explotados"*. Es de suponer que esta suerte de corrupción tiene una raigambre ancestral que permanece hasta nuestros días.

El sistema colonial tuvo éxito —en su modelo social y económico— por la disminución de la población indígena y la poca población mestiza y española de la época. Sin embargo, en el siglo XVII empezó a dispersarse la población española y mestiza, lo que ocasionó la invasión de tierras comunales indígenas. Se emitieron reales cédulas para legalizar las tierras o denunciar las tierras baldías y yermas, pero se dieron algunos abusos y despojo de tierras comunales. El crecimiento acelerado de la población nativa en muchas regiones aumentó el conflicto y las revueltas por esta causa. La concentración de la tierra quedó en manos de los clérigos y parte de la élite española, que luego se conoce como criolla. Luján Muñoz (1998) explica que: *"El sistema de comunicación era por vía terrestre y en carretas de bueyes o caballos. Los mestizos y mulatos eran quienes manejaban este tipo de transporte, pues los indios nunca los usaron como medio de transporte manteniéndose en el uso de la carga por la espalda por medio del mecapal"*. La tracción humana siguió en uso en las comunidades rurales de nuestro país. Es importante conocer este aspecto de la vida colonial para ilustrar sobre las razones de la conflictividad que se manifiesta hasta nuestros días en las áreas rurales de mayoría indígena. Es usual que los dirigentes campesinos utilicen el argumento de la dominación histórica como elemento de justificación para la resistencia a los proyectos de desarrollo energético en el país. Pero recientemente ha salido a luz el financiamiento internacional que reciben las organizaciones no gubernamentales —ONG — y el mal uso que hacen de los fondos que son desviados para alimentar las protestas.

Antes del inicio del movimiento independentista en el istmo, los tributos sostuvieron el sistema de gobierno. Las exportaciones de añil y el comercio permitían cobrar las alcabalas. A finales del siglo XVIII algunos tributos fueron suprimidos porque había disminuido la productividad por las interrupciones comerciales causadas por las guerras y el contrabando. Al final del período colonial la institución conocida como Real Hacienda, empezó a ser deficitaria. Con recursos limitados y un clima de crisis y de pesimismo finalmente se alcanzó la emancipación. Las élites criollas, luego de casi trescientos años, propiciaron la declaración de independencia como un proceso de recomposición económica en la región centroamericana. Es importante resaltar que el desarrollo tecnológico en el período colonial fue escaso. Aunque se sumaron otros medios de transporte como las carretas haladas por semovientes y algunos aperos de labranza sencillos, por mucho continuaron siendo la tracción humana y la leña el motor de un escaso desarrollo (Girard, 1978).

Época independiente

En la región centroamericana, como en el resto de países hispanos, las corrientes independentistas se afianzaron. En la ciudad de Guatemala, sede de la Capitanía General que abarcaba a Centroamérica, la Sociedad Económica de Amigos del País se centró en discutir medidas para reformar la sociedad, tales como mejorar la economía, ayudar a los indígenas y resolver los problemas sociales. Este ambiente de conflictos sociales es el que predomina como acelerador del proceso de emancipación que se da hasta 1821, con una transición negociada (Estrada Monroy, 1973:357).

Luego de un breve proceso de recomposición en el poder local, conflictos de intereses y una breve anexión al imperio de Iturbide, la región centroamericana logra la separación definitiva del imperio mexicano en 1825 y se establece la Asamblea Nacional Constituyente para crear la Federación de Repúblicas de Centro América. Uno de los primeros decretos de aquella constituyente fue declarar la independencia absoluta de España y México.

A mediados de siglo XIX el comercio de los colorantes naturales como el añil y la grana había decaído. Al reducirse las exportaciones los ingresos del Estado disminuyeron. En la lógica productiva de las agroexportaciones, en el último cuarto del siglo XIX se innova el café como cultivo, dando excelentes resultados en el balance comercial. Durante todo el siglo XX el cultivo se desarrolló hasta convertirse en el principal producto de exportación del país (Luján Muñoz, 1998:95).

Dentro de esta productividad que impuso el café, los energéticos fundamentales del sistema son, otra vez, la tracción humana para el corte del grano y la biomasa como combustible. Sin embargo, por el volumen de las exportaciones y dentro de la industrialización de la región, la tecnología del vapor empezó a jugar un papel protagónico. En consecuencia la economía y productividad de finales del siglo XIX creó una revolución en las comunicaciones al desarrollar los ferrocarriles.

En el contexto de la producción de energéticos, a finales del siglo XIX se crea la electricidad y se socializa su consumo. Con este nuevo balance energético el país entra a la denominada modernidad. En el plano político los guatemaltecos se ven afectados por dos largas dictaduras. Los años de la Gran Depresión de la década de 1930 hicieron crecer la animadversión hacia el liberalismo. Los países industrializados estaban convencidos que sólo la regulación de la economía y del mercado podía impedir otra catástrofe económica.

América Latina adoptó esta solución mediante la participación directa del Estado en la economía. Por esta época se enarbola la bandera de la descolonización y la industrialización. Pero en Guatemala estábamos lejos de alcanzar ese modelo. Los esfuerzos llegaron tarde y el país se quedó estancado en un modelo de exportación primaria, heredado del siglo XIX (Guerra-Borges, 2006:23).

Después de 1945 se sucedieron eventos histórico-políticos bien documentados. Cabe destacar que se inicia el movimiento de reforma agraria que culmina con el derrocamiento del presidente Arbenz y la instauración de un gobierno liberal anticomunista. A partir de la contra revolución de 1954, los cambios se suceden rápidamente y se instauran gobiernos de derecha que harán lo posible por construir obras de infraestructura, muchas veces monumentales. La economía estuvo dominada por dos hechos importantes: un intento de integración centroamericana y la diversificación agrícola. Su mayor proyección estuvo en el desarrollo industrial para las llamadas "industrias de integración", las cuales tenían el objetivo de satisfacer los requerimientos del área centroamericana. Se establecieron muchas empresas que pronto pasaron a manos de las multinacionales. Guatemala logró desarrollo en el cultivo de frutas y verduras, el algodón y la caña de azúcar; también el cardamomo en las verapaces y las flores en el altiplano. Se recibió ayuda del gobierno norteamericano del presidente Kennedy, con el programa "Alianza para el Progreso", que apoyó a la agricultura con maquinaria y mejoras en infraestructura. A pesar de los problemas con el sistema tributario existía optimismo entre la población, pero luego se sucedieron eventos que desataron una cadena de dificultades por la llamada crisis internacional del petróleo, la cual tendría efectos profundos —de largo plazo— en los países en desarrollo.

Desarrollo energético regional

En los años 60, la Organización de Países Exportadores de Petróleo (OPEP) concertó una escalada de precios sin precedentes para este recurso, lo que provocó la crisis. Esto promovió que los gobiernos buscaran otras formas para sustituir el consumo de hidrocarburos de origen fósil (Luján Muñoz, 1998:328-331).

Un informe del Centro Mesoamericano de Estudios sobre Tecnología Aplicada —CEMAT— manifiesta que los estudios presentados por la Conferencia de las Naciones Unidas sobre Nuevos Recursos Renovables, en Nairobi, Kenya, en agosto de 1981, predicen que **el incremento de la demanda de energía generaría gran dependencia de los hidrocarburos**. La perspectiva era que la sustitución de madera y carbón por kerosene y gas natural dejaría de lado los recursos renovables (Asturias, 1989).

Por otra parte, se previó el incremento de la generación hidroeléctrica que rápidamente fue absorbida por la industria y los centros urbanos. Los recursos renovables empezaron a escasear debido al mal uso del suelo, el agua, la flora y otros elementos bióticos. El informe indica que *"los suelos se degradan y se vuelven improductivos, el agua se consume por el uso doméstico, el riego o la minería, la restauración de estos elementos tiene un costo imposible de calcular y existen pocos inversionistas dispuestos a invertir capital en proyectos para la recuperación de estos recursos. La destrucción causada por los seres humanos sobre los suelos, la flora y la fauna se consolida como el mayor proceso de autodestrucción"*.

Para entonces se decía que el estilo de vida moderno había minado la capacidad de la tierra para producir suficiente alimento para todos. Se acrecentaban las importaciones de artículos de primera necesidad como consecuencia de la incapacidad creciente de los países de ser autosuficientes. Las pequeñas parcelas agrícolas en Guatemala se concentraban básicamente en la producción para el autoconsumo. La falta de créditos, insumos y asistencia técnica aportaban a la degradación. La dependencia de los fertilizantes químicos incrementaba los costos, y el crecimiento demográfico tenía incidencia en la sobreutilización de la tierra para la producción de alimentos.

Se propone en ese informe que la autonomía energética juegue un papel importante en la ecuación del desarrollo y que la identificación, explotación y manejo de los recursos renovables se haga en solidaridad tanto con los diferentes actores como con las generaciones futuras. Por ello la organización comunitaria debe tomarse en cuenta para que los recursos sean renovables y no se pierdan o se consuman hasta el agotamiento (Cáceres y Cáceres, 1981-1983).

En resumen, según el informe de CEMAT los componentes de la crisis energética rural en Guatemala son causados por la creciente demanda de energía, la pérdida de los recursos naturales, el déficit en la producción de alimentos y la vulnerabilidad de la producción y distribución, debido a los desastres naturales. También inciden la degradación y contaminación debidas a la mala disposición de los residuos producidos por la industria, los animales domésticos, las excretas humanas, la acumulación de basura y el uso de químicos en la agricultura. La estrategia propuesta en 1983 era la de generar y diseminar tecnologías que permitieran racionalizar el uso de los recursos forestales, la sustitución de las energías fósiles por bioenergía, el desarrollo de tecnologías no convencionales para producción de energía y el uso de especies forestales de rápido crecimiento. El informe indicaba que las soluciones propuestas podían servir para la conservación de recursos, mejorar la producción del área rural o como alternativa para el uso doméstico que se transformaría en ahorro para las familias del campo (Cáceres y Cáceres, 1981-1983: 18-19).

Pero resulta evidente que al hacer estas investigaciones el CEMAT no previó la transformación de las zonas rurales guatemaltecas, las cuales se fueron modificando por cuanto, a raíz de la guerra civil y el incremento de los cultivos agroindustriales, los pobladores del área rural se desplazaron a los centros urbanos, incrementando la demanda de agua potable y servicios eléctricos proporcionados por las municipalidades o la Empresa Eléctrica de Guatemala. Pero, por una peculiaridad cultural de los guatemaltecos y la falta de recursos económicos, se continuó con el uso de leña para la preparación de los alimentos.

Todo esto pone en evidencia que el sector agrícola no es capaz de absorber el excedente de mano de obra no calificada que busca ocuparse por un salario en el campo o como obrero en la ciudad. En la práctica el resultado de este crecimiento de población es el agotamiento de la poca tierra productiva, la contaminación y el sobreuso de los recursos acuíferos.

El análisis de los hechos históricos nos permite colegir que, con el afán de homogenizar el conocimiento y las formas de cultura, se hacen esfuerzos por medio de las instituciones del Estado —en diferentes épocas y regímenes— para llevar el desarrollo a las áreas rurales, en donde se encuentra la mayor cantidad de población indígena. Estos esfuerzos no siempre consiguen el objetivo de contribuir con la integración cultural.

Por aparte, el crecimiento económico mundial se ha estancado y con ello se agudiza la crisis de pobreza en los países menos desarrollados. Los tratados internacionales como el Tratado de Libre Comercio de América del Norte (TLCAN), y el Área de Libre Comercio para las Américas (ALCA) no han tenido el impacto esperado. Las exportaciones hacia México han crecido, pero no en volumen suficiente para nivelar las importaciones. El Plan Puebla Panamá surge como propuesta a finales de los 90 y se concreta como una forma de integración entre la región centroamericana y la parte sur de México. Su objetivo es la facilitación del comercio, la integración vial, la interconexión eléctrica y las telecomunicaciones. La interconexión eléctrica con México es la parte medular, así como la modernización y ampliación de la carretera que une Guatemala con Panamá; es precisamente esta iniciativa la que pone en movimiento el sistema de interconexión de energía del que hablaremos más adelante (Guerra-Borges, 1998:228).

Capítulo 5

Energía y desarrollo

En el universo existen diversas clases de energía, entre las que podemos enumerar la **energía potencial**, que puede compararse con la energía gravitacional, es decir, la posición de un cuerpo que cae libremente hacia otro punto. La **energía cinética** es la resistencia por la gravedad inversa, aplicada a un objeto en movimiento. El sonido es un caso especial de **energía mecánica** transmitida como vibración de partículas en una sustancia, transformándose cada partícula de energía cinética en energía potencial y viceversa. El calor es una forma de **energía contenida en los cuerpos** con movimiento molecular y se manifiesta en la materia al variar su temperatura. La **energía química** de los compuestos es idéntica a la energía necesaria para producir estos compuestos, a partir de sus elementos básicos. Estos componentes químicos liberan, por medio de la combustión u oxidación, la energía que se mide en valor calorífico. La **energía eléctrica** se puede producir por aplicación de energía mecánica —generadores o dinamos— o por la liberación de energía química —baterías— y se puede convertir en prácticamente cualquier otra forma de energía (Szokolay, 1978:14-15).

La **energía radiante** es un término aplicado a las formas de radiación electro-magnética, desde las ondas eléctricas de radio de baja frecuencia —onda larga— pasando por calor, luz y rayos X, hasta radiaciones gamma y cósmicas de muy alta frecuencia y de onda corta.

En términos simples, la primera ley de la termodinámica es la conservación de la energía. La energía no puede crearse ni destruirse, sino únicamente transformarse de una forma en otra. La **energía nuclear por fisión** transforma pequeñas partes de materia usada para ser convertida en **potencia**[22] energética. La segunda ley de la termodinámica establece que

---

[22] **Potencia:** La capacidad de realizar trabajo, medida en julios/seg o en vatios.

la transferencia de energía se produce espontáneamente sólo en una dirección: de un cuerpo más caliente a uno más frío. También actúa de forma circular convirtiendo calor en acción mecánica, pero siempre es necesaria una fuente y un receptor (Castañeda y Gálvez, 2010).

Todas las energías anteriormente descritas, y otras por descubrir, son un recurso vital que requiere, para su explotación industrial y beneficio económico, una aplicación asociada. En el mercado la energía en sí misma nunca es un bien para el consumo final, sino un paso intermedio para satisfacer necesidades en la producción de bienes y servicios. En el proceso industrial de la humanidad se han desarrollado diversas fuentes energéticas, pero éstas se han convertido en un recurso escaso en ciertas partes del planeta y crean, en algunos lugares, conflictos en el orden social.

En esta dinámica de producción energética actual, la electricidad se puede almacenar en forma química en un acumulador. La energía mecánica se puede recolectar en un volante. La energía eléctrica excedente se puede emplear para bombear agua a embalses de almacenamiento, la cual se suelta posteriormente para impulsar turbogeneradores. Los acumuladores térmicos permiten utilizar durante el día una electricidad más barata que las tarifas nocturnas. El anterior es un breve ejemplo de la eficiencia tecnológica —a nivel energético— para satisfacer las necesidades humanas en su conjunto.

Se pueden clasificar las fuentes de energía según el uso de materias primas generadoras de forma reversible o irreversible. Según este criterio, se divide en dos grandes grupos de fuentes de energía explotables tecnológicamente: **la energía renovable** (eólica, hídrica, solar y otras) y **los combustibles no renovables** (fósiles o materiales radiactivos). En Guatemala se han utilizado tradicionalmente los combustibles fósiles (carbón, leña y derivados del petróleo) como fuentes de energía domiciliar e industrial. La matriz energética actual persigue dar un giro en dirección de las energías renovables. Más adelante veremos cómo influyen las fuentes de energía en los precios de la factura eléctrica; además estudiaremos todas las fuentes de energía que la humanidad ha utilizado a través de la historia para desarrollar unos medios de vida que le generen mayor bienestar.

Historia energética mundial

En el modelo de producción de la comunidad primitiva, la sociedad prehistórica se fue desarrollando en la medida en que los humanos fueron capaces de utilizar los recursos energéticos para su sobrevivencia. Es importante recalcar que la primera fuerza motriz utilizada en épocas prehistóricas y hasta la actualidad es la **tracción humana**. En el proceso civilizatorio de la humanidad, para su existencia fue necesaria la adaptación y transformación del medio ambiente para la obtención de los alimentos, y todo lo que fuese necesario para la vida humana. En este proceso se da una migración permanente en función de la continuidad de la especie. De los restos fósiles, la antropología física ha logrado deducir cómo la humanidad evolucionó. Algunos cráneos prehistóricos demuestran que se produjo un cambio en la forma del cerebro, lo que se relaciona con la fabricación de instrumentos de piedra y el incremento constante de la carne en la dieta. La historia demuestra que somos una especie sorprendente, capaz de superar los retos más complejos para nuestra adaptación (Cotterell, 2000:14-32).

Con este energético inicial que es la tracción humana, las sociedades tuvieron su principal potencia para el surgimiento de las grandes civilizaciones. Inicialmente fue la fuerza esclava, luego los siervos de la gleba y por último los obreros del sistema capitalista. La tracción humana es la principal fuente energética de la humanidad. Es la energía que da el impulso vital para la sobrevivencia como especie.

En ese aspecto podemos comprender cómo el dominio de los gobernantes sobre la población —cada vez más numerosa— permitió el desarrollo de las grandes civilizaciones que construyeron las enormes ciudades con la fuerza motriz de los hombres. Un ejemplo de los alcances de la tracción humana es la forma en que se edificaron las pirámides mayas. La extracción de la piedra caliza y su transporte exigió la utilización de una numerosa mano de obra bien organizada, que también fue necesaria para colocar los bloques en el lugar apropiado. Un trabajo arquitectónico monumental, con principios científicos y técnicos que permitió la edificación de estas ciudades y la organización social de la fuerza de trabajo para lograr estas obras. La historia está repleta de ejemplos en los que la fuerza humana fue la base para el desarrollo de grandes imperios, la conquista de vastos territorios y la acumulación de riqueza. En ese proceso de adaptación el ser humano ha utilizado la fuerza eólica en las velas de los barcos o hídrica para los molinos de harina y, en la era industrial, energías tan complejas como la fisión nuclear.

También se encontraron nuevos usos para la rueda hidráulica, como los molinos de harina o los que se utilizan para la fabricación de pólvora y de papel. Las corrientes de agua fueron decisivas a la hora de elegir la localización de las fábricas. Las técnicas hidráulicas fueron perfeccionadas y luego usadas en la minería. La rueda de agua reversible era capaz de bombear, girando en ambos sentidos, el agua de las minas desde 200 metros de profundidad. A menudo escaseaban las corrientes de agua, por lo que se utilizó la tracción humana y animal. El drenaje con tracción humana era posible, pero sólo hasta una profundidad de 20 metros. Luego surgen los aperos para animales con el fin de potenciar la fuerza de estos. Las ruedas movidas por hombres se utilizaban cuando la mano de obra era barata. Allí donde los salarios eran altos, se hicieron esfuerzos por inventar máquinas motrices (Schultz, 2001:59-61).

El estudio de la evolución de las civilizaciones del planeta revela que la organización social y el desarrollo de las fuerzas productivas condicionan el bienestar a la capacidad de absorción y utilización, de un modo cada vez más eficiente, de las fuerzas energéticas. Toda civilización tiene un *orden energético*, que implica una articulación entre productores y consumidores y que tiene como eje central de acción, conciliación y conflicto, una fuente energética dominante. El orden predominante, en la primera década del siglo XXI, se ha ido transformando. Y aunque los combustibles fósiles siguen siendo la principal fuente de energía, con el tiempo ha variado la coalición de intereses (Sánchez Albavera, 2006).

Cuando analizamos los avances de la humanidad por los descubrimientos en ciencia y tecnología, encontramos que el síntoma del cambio es la innovación y la introducción de nuevos productos o procesos de producción; comprendemos que la evolución humana deviene de las formas simples en la tecnología hasta los procesos más complejos. Además, en su momento muchos de los avances en ciencia fueron poco comprendidos en su época; luego resultan fundamentales en períodos posteriores. En ocasiones las invenciones resultan muy onerosas o se vuelven obsoletas rápidamente, pero el espíritu de innovación es permanente en la humanidad, y las formas energéticas, un recurso vital para la continuidad de la vida en el planeta.

A continuación se hará un análisis de cuáles son los tipos de energía más utilizada para comprender las ventajas y desventajas de cada recurso. Debemos encontrar y desarrollar nuevas fuentes de energía con la finalidad de soportar la demanda energética mundial ocasionada por el crecimiento poblacional que tiene nuevas pautas de consumo, propias de las sociedades industrializadas.

Modelos de desarrollo tradicionales con energía fósil

El petróleo

Las energías **no renovables** son recursos formados durante muchos millones de años, están almacenados en el globo terrestre, y una vez consumidos por el hombre no vuelven a regenerarse, por lo que tienden a su agotamiento progresivo (Villarrubia, 2004).

Desde las culturas prehispánicas hasta la actualidad el ser humano ha utilizado combustibles fósiles como leña y carbón para proveerse de calor y combustión. Cuando el uso de la energía de biomasa no excede el potencial de regeneración del recurso se puede catalogar como un recurso sustentable. Sin embargo, cuando el ritmo extractivo se acelera se convierte en un recurso no renovable. En los inicios del siglo XX se descubren grandes yacimientos de petróleo que cambian la configuración de las fuentes energéticas mundiales. Es a partir de ese momento en que surgen las sociedades industriales que dependen esencialmente, hasta nuestros días, de los combustibles fósiles. La industria del petróleo se ha convertido en una de las industrias más poderosas del mundo. La sociedad humana pasó a depender de este recurso para el sostenimiento de su modo de vida.

El petróleo se utilizó como aceite para alumbrado en forma de parafina o queroseno, pero fue hacia finales del siglo XIX que se descubrió su aplicación en diésel, gasolina y lubricantes. Desde ese momento y en menos de 40 años se creó una vasta red de distribución basada en buques cisterna en alta mar, oleoductos y camiones cisterna en tierra, en combinación con las inversiones en desarrollo de enormes compañías internacionales. El petróleo cambió todo el estilo de vida de la humanidad. Con este energético se lograron solventar grandes carencias y se obtuvo un confort nunca antes visto en la historia de la civilización. Además popularizó estándares de vida en grandes segmentos de la población. Sin lugar a duda su aplicación —como fuente de energía— tuvo grandes beneficios y creó una revolución social a nivel mundial.

El uso de la energía fósil obedece a las necesidades globales. Por ejemplo, hacia 1950 un tercio de los buques mercantes de todo el mundo eran propulsados por motores diésel. El creciente empleo del petróleo disminuyó de forma proporcional la demanda de carbón. Algunos países que dependían de este combustible importado se pasaron al petróleo, gracias al uso de buques cisternas. A principios del siglo XX el carbón era utilizado para el alumbrado, pero fue sustituido rápidamente por el surgimiento del alumbrado eléctrico (Derry y Williams, 1990: 47-50).

Este cambio tan drástico en la vida de los habitantes del planeta por el uso de combustibles fósiles, en menos de cien años tiene graves contradicciones. El petróleo es un recurso energético de carácter estratégico para continuar con la lógica industrial de producción. Esto motiva a las grandes industrias detrás de los países a invadir y tratar de controlar las reservas en otras partes del mundo para darle continuidad a todo el sistema industrial. Además los factores ambientales, como el efecto invernadero por las emisiones de CO_2, produjeron una serie de cambios adicionales que tienen en balance crítico a este tipo de recurso no renovable.

El significado estratégico del petróleo quedó aún más subrayado por los masivos aumentos de precios impuestos por la Organización de Países Productores de Petróleo (OPEP), en 1973. La crisis energética resultante tuvo consecuencias de gran alcance, entre ellas que se implementaran medidas para la conservación del combustible y se le prestara mayor atención al desarrollo de fuentes alternativas de energía, como reacción lógica a la escasez y la necesidad de mantener el suministro. En primer lugar, se prestó más atención a la explotación de campos petrolíferos y de gas natural fuera del área de la OPEP. Además de los campos nuevos, el fuerte aumento del precio del petróleo hizo factible la reapertura de campos existentes que se habían vuelto poco rentables. Los campos petrolíferos de Alaska y el del mar del Norte —dos desarrollos importantes a nivel mundial— fueron explotados. En segundo lugar, hubo un interés renovado por el carbón, utilizado como combustible primario y por otras fuentes de gas fabricado mediante procesos mucho más eficientes que el viejo método de la carbonización. En tercer lugar, se estudiaron de nuevo otras fuentes naturales de energía —el Sol, las mareas, el viento, el calor disponible en las profundidades de la tierra, etc.— con vistas a su empleo como fuentes de energía eléctrica en vez de sólo mecánica. Al finalizar la II Guerra Mundial las expectativas del petróleo eran halagüeñas, pero pronto se supo de otro tipo de energía —la nuclear— que se creyó sustituiría al petróleo cuando se agotaran los yacimientos. Resulta interesante señalar que la fuerte presión sobre los recursos fósiles, el agotamiento de los yacimientos más accesibles y el brusco aumento de los precios, fueron factores que parecieron apuntar inexorablemente hacia una creciente dependencia de la energía nuclear.

A raíz del reciente accidente de la plataforma petrolera BP Deepwater Horizon, en el Golfo de México, la científica marina Samantha Joyce volcó su atención a los derrames petroleros. Ella, en una entrevista publicada en *The New York Times*, dice: *"Nadie puede prevenir los terremotos. Pero construir plantas de energía nuclear en una isla adyacente a una zona tectónica activa, es inherentemente peligroso. De igual manera la perforación en aguas profundas sobre sedimentos cargados de gas es inconveniente. Ambos desastres son una petición muy enérgica a la energía ecológica"* (Dreyfus, 2011:8).

Sin embargo, el petróleo sigue siendo el pilar de los recursos energéticos mundiales. Las guerras recientes en Oriente Medio han sido relacionadas directamente con la necesidad de asegurar el suministro para los países industrializados, los cuales dependen en gran parte de este recurso. Se han iniciado nuevos emprendimientos con el fin de explotar otras áreas que por su baja rentabilidad no habían sido exploradas. En el mercado petrolero manda la economía política, y eso implica consideraciones que tienen que ver con el dominio de espacios geográficos, tanto de reservas como de explotación, así como de rutas para el tráfico comercial. Por ser un bien estratégico ligado a la seguridad nacional, el petróleo no está sujeto solamente a las fuerzas del mercado. Su comercio involucra una compleja articulación de intereses, tanto de países como de empresas, para controlar la disponibilidad, el abastecimiento y poder apropiarse de las rentas de la explotación. La distribución de esta renta es motivo de permanente negociación, pero también de una presión que no está libre del poder militar. Al mismo tiempo los juegos de poder son muy asimétricos, ya que la distribución de las reservas hace que los países más grandes del mundo dependan de otros de pequeña dimensión (Sánchez Albavera, 2006: 38-49).

Existen muchas críticas y grupos opuestos a la explotación petrolera en Guatemala. Sin embargo, para los países desarrollados este recurso tiene una alta demanda y en el mediano plazo puede proporcionar ingresos adicionales a los gobiernos para paliar, en parte, el déficit fiscal que actualmente les agobia. El principal problema para el desarrollo de esta industria es que las áreas en donde existen reservas de petróleo coinciden con las grandes extensiones ocupadas antiguamente por asentamientos mayas. También existe la preocupación por los daños ambientales ocasionados por la apertura de vías de comunicación que enlazan las regiones de exploración y explotación. Pero hay una preocupación adicional que ha surgido con respecto a los sismos que se están produciendo en lugares como Oklahoma y otros sitios en donde se registra fracturación hidráulica para extraer petróleo y gas. Este proceso, consistente en lanzar chorros de agua, arena y sustancias químicas a altas presiones en las profundidades de las formaciones rocosas, produce millones de litros de agua residual que son enviados a los pozos de inyección. Los científicos investigan si estas inyecciones están causando los movimientos telúricos. Sin embargo, los sismólogos y los industriales dicen que sólo un pequeño porcentaje de éstos son vinculados a los pozos de inyección. Estas y otras preocupaciones son estudiadas para encontrar un balance adecuado entre explotación y conservación; esto es fundamental para paliar la crisis energética que se avecina, pero comprendemos que los hidrocarburos son y, al menos en los próximos 20 años, continuarán siendo el eje de la matriz energética mundial (AP, 2014).

Energía nuclear

La energía nuclear procede de reacciones de **fisión** o **fusión** de átomos en las que se liberan gigantescas cantidades de potencia que se usan para producir electricidad.

El aprovechamiento de la energía nuclear tuvo sus inicios en las décadas de 1950 y 1960. La primera planta fue construida en 1954. A fines de la década de 1950 había seis plantas nucleares en el mundo; 20 años más tarde su número ascendía a varios cientos. En 1956 se puso en marcha en Inglaterra la primera planta generadora de electricidad para uso comercial. En 1990 había 420 reactores comerciales en 25 países que producían el 17% de la electricidad del mundo.

En pocos años la energía nuclear se transformó en un pilar principal de la matriz energética en muchos países industrializados. Esto cambió a raíz de los accidentes de Three Mile Island, en Estados Unidos, y Chernóbil, en la Unión Soviética y Ucrania. Estas catástrofes pusieron en tela de juicio la seguridad de dichas plantas. Hay una oposición creciente a la instalación de nuevos reactores por parte de las comunidades locales y nacionales de los países que producen energía nuclear. En los últimos años se han construido pocos reactores y está en duda el papel futuro de este tipo de energía. La energía nuclear es cara y peligrosa debido a que no ha resuelto el problema de la disposición de los residuos. Se han propuesto soluciones a dicho problema, pero se discute la viabilidad de las mismas (Antón, 1999: 174-175).

En los años cincuenta y sesenta esta forma de generar energía fue acogida con entusiasmo, dado el poco combustible que consumía (con un solo kilo de uranio se podía producir tanta energía como con 1,000 toneladas de carbón). Pero en las décadas de los 70 y de los 80 hubo más voces que alertaron sobre los peligros de la radiación. El riesgo de accidentes graves en una central nuclear bien construida y manejada eficientemente es muy bajo, pero algunos de estos accidentes han hecho que una parte de la opinión pública se oponga a la continuación o ampliación de los programas nucleares.

Para generar energía eléctrica se requiere de una central nuclear que consta de cuatro partes:
1. El **reactor** en el que se produce la fisión.
2. El **generador de vapor** donde el calor producido por la fisión se usa para hacer hervir agua.
3. La **turbina** que produce electricidad con la energía contenida en el vapor.
4. El **condensador**[23] en el cual se enfría el vapor, convirtiéndolo en agua líquida.

El problema suscitado en Japón por el terremoto del 11 de marzo de 2011 y posterior maremoto que afectó la costa produjo consecuencias graves en la planta nuclear de energía de Fukushima. Esto provocó protestas airadas de grupos ambientalistas en todo el mundo, quienes se oponen a la generación eléctrica por medio de energía nuclear. Esta energía fue vista como una alternativa para resolver el problema del calentamiento global. Era considerada una fuente de electricidad segura y sin emisiones que podría reducir la dependencia de los combustibles fósiles. Ahora, después de los acontecimientos en Japón, eso está en tela de juicio. Los líderes mundiales se han visto obligados a repensar la expansión nuclear. Sin embargo, países como China e India, por el crecimiento poblacional, siguen invirtiendo en energía nuclear. El viceministro de ambiente chino advirtió que los problemas de Japón no detendrán los planes nucleares de

---

[23] **Condensador:** Dispositivo dieléctrico que absorbe y almacena momentáneamente energía eléctrica.

su país. Actualmente China e India lideran la expansión nuclear junto a otros países de Asia, Países de Europa Central y Oriental (PECO) y Oriente Medio, por lo que los 443 reactores nucleares existentes en el mundo podrían duplicarse en los próximos quince años, según la Asociación Nuclear Mundial (Timmons y Bajaj, 2011:1 y 4).

En la India el crecimiento económico acelerado y la industria exigen que se duplique la generación eléctrica. Está previsto que la energía nuclear cubra aproximadamente la cuarta parte de las necesidades del país para 2050, lo que supone una proporción diez veces superior a la actual. El carbón, el petróleo y la energía nuclear han experimentado accidentes lamentables en menos de un año. El accidente en Japón redujo el creciente apoyo de la comunidad ecológica a la energía nuclear en el marco de una amplia negociación sobre políticas de energía y clima. En Oriente Medio algunos países han impulsado la energía nuclear debido a que el crecimiento y el aumento de la población generaron demandas de energía sin precedentes (Timmons y Bajaj, 2011:1 y 4).

Se conocían los riesgos de las plantas de energía nuclear, pero los desastres recientes evidencian la vulnerabilidad y los factores de riesgo para la salud y el medio ambiente. Los encargados de la seguridad de las instalaciones nucleares se han visto en la necesidad de revaluar y reforzar dichas medidas para resistir los desastres. Esto conduce a que los proyectos de energía nuclear sean mucho más caros. Estudios más recientes demuestran que hace treinta años existía una retórica sobre el desarrollo sostenible para que esta energía se convirtiera en una solución. Hoy los científicos aconsejan no prolongar demasiado la vida de las centrales en funcionamiento ni construir otras nuevas debido a que la tecnología ha demostrado que su implementación fue prematura cuando se puso en marcha en los años 50. Las investigaciones en curso podrían resolver los enormes problemas pendientes de manera que acaso, si las cosas van bien, hacia 2025 ó 2035 podríamos tener una generación eléctrica a partir de energía nuclear de fisión con perspectivas aceptables (Coderch y Almiron, 2008).

Los científicos de la energía nuclear están conscientes de las limitaciones de la industria nuclear y aceptan que no puede resolver por sí sola el problema energético. Algunos incluso creen que, en lugar de ser parte de la solución, en realidad es parte del problema. La energía nuclear no ha resuelto sus dificultades de seguridad, costo y proliferación de residuos. Tampoco se pueden construir los reactores necesarios en el plazo requerido, ni puede compensar la progresiva escasez de petróleo. Además persiste el problema de los riesgos armamentistas. Estas y otras razones son las que impiden que la energía nuclear sea vista como la mejor alternativa; para colmo, puede desatar conflictos y tensiones geopolíticas por los daños que ocasionaría una catástrofe nuclear en todo el orbe.

Sin embargo, el consumo de energía tiene un crecimiento al ritmo de la curva demográfica. Según estimaciones del PIB, los habitantes de todo el planeta demandan cada vez más energía. La presión sobre los recursos energéticos se tendrá que resolver con la sumatoria de muchas fuentes energéticas pero, cada vez más, los gobiernos se alejan de la posibilidad de seguir invirtiendo y subsidiando proyectos de energía nuclear, y los inversores privados no están dispuestos a pagar por el aseguramiento de las plantas y los daños que causarían a la humanidad en caso de fallos y derrames contaminantes. El alza en los precios del crudo puede ser el único estímulo para retomar un programa de incentivos a este tipo de energía. Pero la técnica de fracturación de esquisto puede hacer que los precios bajen y el estímulo disminuya.

Gas natural, gas de esquisto y carbón

La escasez de combustibles fósiles, sumada al aumento de la demanda mundial de energía, hace que muchos empresarios se vuelvan creativos para buscar nuevas fuentes de energía alternativas, lo que incrementa, en algunos rubros, la investigación y explotación de recursos. Por ejemplo, a comienzos de los años 80, George P. Mitchell, un productor independiente de energía de Houston, se percató que su empresa pronto se quedaría sin gas porque los yacimientos cercanos estaban próximos a agotarse. Después de muchos años de esfuerzo los resultados obtenidos están cambiando el panorama de la energía en Estados Unidos y los cálculos de los analistas de todo el mundo. En esa época la empresa de Mitchell transportaba gas natural desde Texas a Chicago. Sin embargo, Mitchell leyó un informe geológico sobre el gas natural que estaba atrapado en *esquisto*[24] y que podría liberarse y fluir. Casi todos sus colaboradores se mostraron escépticos por los altos costos extractivos. Pero con el uso de la técnica llamada **fracturación hidráulica**, el equipo de Mitchell encontró una forma económica de crear o expandir las fracturas en la roca y lograr que el gas atrapado fluyera. Se utiliza la presión concentrada del agua,

---

[24] El **esquisto** es una densa roca sedimentaria que se encuentra en las profundidades de la tierra.

arena y una pequeña cantidad de químicos para suscitar el flujo de crudo y gas en un yacimiento.

Hoy el avance de Mitchell ha abierto la puerta a un cambio potencialmente profundo en la energía global. La revolución del gas natural no convencional ha transformado el negocio del gas convirtiendo la escasez en un superávit. Esta revolución se produce en momentos en que los precios del petróleo, afectados por la violencia de la invasión en Medio Oriente y la crisis nuclear en Japón, han intensificado el nerviosismo sobre la seguridad energética mundial.

En 2000 el **gas de esquisto** representaba apenas 1% de los suministros de gas natural de EE.UU. Hoy es casi 25% y podría elevarse a 50% en dos décadas. El potencial equivale a más de 100 años de suministro de gas natural usado, entre otras cosas, para cocinar, generar electricidad, en procesos industriales y productos petroquímicos semielaborados.

El gas de esquisto cambió la dirección estratégica de la industria. Su precio es tres veces menor que antes y se han identificado reservas potenciales fuera de Estados Unidos en países como México, Argentina y Argelia. El gobierno chino está especialmente interesado en este recurso y otra forma no convencional de gas natural, el **metano de yacimientos carboníferos**. La abundancia y el bajo precio del gas lo convierten en una fuente alternativa de energía altamente competitiva frente a la energía eólica y nuclear e, incluso, a la generación de electricidad con carbón. Pero, al igual que el petróleo, el gas de esquisto es un energético no renovable que requiere, además, grandes cantidades de agua para su extracción. El potencial para contaminar el agua dulce del planeta está en estudio, pero la urgente necesidad de energéticos en los países industrializados los hace ciegos ante los daños medioambientales.

Existe también la opción de fabricar automóviles más eficientes en el consumo de combustible a base de gas natural. El sector con mayor potencial de crecimiento es el transporte público en los centros urbanos, los cuales tienen acceso a estaciones de reabastecimiento. Sin embargo, existe preocupación por la posible contaminación de acuíferos con el sistema de fracturación hidráulica, aunque la misma ocurra por debajo de estas reservas de agua. La revolución del gas de esquisto es tanto una innovación como una adición extraordinaria al suministro de energía (Yergin, 2011:4).

Recientemente han surgido algunos detractores del gas natural, quienes le atribuyen potencial para contribuir con el calentamiento global por la liberación de metano a la atmósfera. Según estudios que están por salir a luz, el gas contribuye tanto o más que la minería o la quema de carbón a incrementar las emisiones de CO_2. Se creía que el gas emitía solamente la mitad de dióxido de carbono que el carbón y 30% menos que el petróleo, pero el metano que atrapa el calor de la atmósfera es un serio problema (Zeller, 2011:7).

El uso de los residuos para la combustión libera a la atmósfera gases de efecto invernadero como el dióxido de carbono (CO_2), óxido nitroso (N_2O) y metano (CH_4) entre otros. Se hace un estimado de éstos porque guardan vínculos estrechos con procesos como el calentamiento global y el cambio climático (World Research Institute, 2004).

De momento el gas natural continúa siendo una alternativa especialmente atractiva, dado que su uso libera menos dióxido de carbono a la atmósfera que el petróleo o el carbón por unidad de energía. Además este elemento puede convertirse en una amplia gama de otros productos, incluyendo combustibles líquidos, fertilizantes artificiales e hidrógeno para usar en pilas de combustible. El gas natural se encuentra en un estadio anterior al petróleo en el ciclo de vida de la extracción, de modo que su producción neta debería seguir aumentando después de la decadencia del petróleo. Por supuesto que también existe el problema de transporte del gas de un continente al otro. El petróleo es relativamente fácil de transportar por ser líquido, mientras que el gas es más voluminoso y transportarlo en forma licuada es mucho más costoso.

Entre los combustibles fósiles **el carbón** es el más abundante y muchos países poseen grandes reservas de este mineral en forma de antracita y carbón bituminoso, así como otras formas menos deseables como el lignito subbituminoso y la hulla. El hecho que el carbón sea tan abundante ha llevado a muchos expertos en energía a considerarlo no sólo un combustible primario que puede usarse para generar calor y electricidad, sino también como materia prima susceptible de transformación química en líquidos y gases sintéticos, definidos en términos generales como carbón (convertido) en combustible (líquido) o "sygas" (Klare, 2008: 80).

El carbón conlleva riesgos porque al ser retirado deja grande huecos que son susceptibles de derrumbe y causan temblores cuando la tierra se asienta. Las nuevas vetas son más difíciles de explotar y están a gran profundidad. Este problema se ha resuelto con las minas a cielo abierto que utilizan dinamita para hacer explotar las montañas y encontrar el carbón debajo. Pero el problema fundamental del carbón es el grado de contaminación que produce y su incidencia en el calentamiento global.

Alternativas energéticas de fuentes renovables

Se definen como fuentes renovables de energía aquellas que tienen la característica de ser inagotables, amigables con el ambiente y pueden ser utilizadas en el mismo lugar en que se producen. Son recursos que continuamente se están renovando al mismo ritmo de su consumo por el hombre. Las energías renovables más conocidas son: hidroenergía, geotermia, energía eólica, solar y energía mareomotriz. La energía biomásica o bioenergía, en conjunto con la energía nuclear, son una fuente de **energía sustentable, pero no renovable**. Entre las principales ventajas de estas energías destacan la reducción de la factura petrolera, el ahorro de divisas, la protección al ambiente y su uso en áreas rurales remotas.

La competitividad de las fuentes de energía renovables está determinada por los altos precios de los combustibles fósiles, así como por las políticas gubernamentales de apoyo a las energías alternativas. A esto se suman los desastres de las plantas nucleares. En consecuencia, Estados Unidos —el principal consumidor de energía en el mundo— sigue empeñado en depender menos del crudo extranjero y en impulsar la producción de etanol (FAO, 2008). Sin embargo, estas políticas cambian constantemente; en días recientes ha salido a luz pública que los países de América del Norte están apostando a nuevas tecnologías para extraer petróleo de subsuelos profundos. El gas de esquisto se ha convertido en una promesa para la no dependencia del petróleo árabe aun con los problemas de contaminación del agua que acarrea. En el futuro estos yacimientos potencialmente explotables pueden cambiar drásticamente la situación geopolítica del mundo. En Guatemala una situación similar está dando lugar a la exploración de mantos profundos para extracción de petróleo y gas, hazaña casi imposible hasta hace unos años cuando no se contaba con la tecnología y la maquinaria de que hoy se dispone.

Los acontecimientos mundiales recientes parecen favorecer a la energía renovable que se deriva de fuentes como el Sol, el viento y la biomasa. Se pueden citar como ejemplo las declaraciones del Doctor en Ciencias Ambientales, Walter Leal Filho, quien recientemente visitó Guatemala y recomendó a los gobiernos no depender de energías sucias como el petróleo, sino hacer un cambio hacia la nueva tecnología de las energías limpias y disfrutar de sus beneficios. Este tipo de energía, según Filho, tiene al inicio un costo más alto, pero a largo plazo se pueden aprovechar incentivos como los créditos tributarios que podrían reducir los costos en educación y salud para los gobiernos. Las energías limpias producen menos emisiones de dióxido de carbono e implican menos dependencia hacia fuentes de energía más sucias, contaminantes y peligrosas como la nuclear y la térmica. Además, éstas reducen el impacto sobre el cambio climático. El único inconveniente en este momento es que los automóviles y los electrodomésticos que utilizan energía limpia son más caros, pero ese costo se diluye con el tiempo produciendo ahorros financieros y contribuyendo a garantizar la sobrevivencia de las generaciones futuras y el equilibrio del planeta. Filho expone: *"las energías limpias crean más puestos de trabajo, dan poder a las comunidades locales y pueden utilizarse a gran escala. La clave está en que los gobiernos exijan el aumento de la oferta de recursos renovables"* (Sanchinelli, 2011:28).

El sector energético ha crecido en los últimos años atrayendo a inversionistas del más alto nivel y ha fomentado cadenas de suministro que se extienden por distintos continentes. Las tecnologías han mejorado y los costos han disminuido. Sin embargo, la energía renovable aún no supera las críticas que la persiguen desde hace años: es demasiado costosa para competir con los combustibles fósiles y depende demasiado de subsidios gubernamentales. La energía renovable enfrenta otro obstáculo significativo: su generación sigue siendo intermitente y los avances técnicos que la podrían volver una fuente confiable siguen siendo elusivos.

Es preciso agregar que, de extenderse a gran escala esas energías llamadas limpias, destinadas a salvar el planeta de la contaminación por las emanaciones de los combustibles fósiles —principalmente la energía solar fotovoltaica y la del viento— habrá paisajes con enormes superficies terrestres invadidas por millares de espejos, requeridos para atender la generación de electricidad para poblaciones de más de cien mil habitantes o, dado el caso, miles de turbinas de viento a lo largo de las cordilleras o las playas en donde el viento sopla con más fuerza (Rinze, 2011a:13).

El reciente incremento en la perforación de rocas para la extracción del gas de esquisto promete mantener bajos los precios de este recurso, lo que complica la competitividad de la energía renovable. Ni el viento ni el Sol pueden generar energía a voluntad, una parte crucial del negocio del suministro. La electricidad fluye sólo cuando el viento sopla y el Sol brilla. El almacenamiento de electricidad para uso futuro es una tarea difícil y requeriría de algún avance tecnológico. Entre tanto, la búsqueda de una fuente de combustible para reemplazar al crudo sigue floreciendo. Convertir maíz y caña de azúcar en etanol sin duda funciona, pero cuando los precios globales de los alimentos están en aumento, usar tierras cultivables para granos comestibles es prioritario. Los intentos por convertir en combustible restos de madera, residuos municipales sólidos y cultivos energéticos —biocombustibles avanzados derivados de algas y pasto—, han sido una lucha titánica que no es redituable ni sostenible en el largo plazo.

Las empresas no han dejado de lado la búsqueda de alternativas para el petróleo, el gas natural y el carbón. El mercado energético es tan amplio que asegurarse tan sólo una pequeña tajada significa un enorme potencial de ganancias. "Los chinos esperan que en 2015 la industria estratégica aporte 8% del PIB": con esta noticia se anuncia que China desarrollará nuevas industrias según su plan quinquenal 2011-2015, propuesto en la sesión plenaria de la Asamblea Nacional Popular. Se pretende impulsar industrias que incluyen energías alternativas, tecnología biológica y tecnología de información de nueva generación; además equipos de alta categoría, materiales avanzados y vehículos con combustibles alternativos para el ahorro energético y la protección ambiental, entre otros (Siglo 21, 2011a:13).

Incluso algunas empresas privadas están tratando de mejorar sus productos enfocándose hacia tecnologías alternativas. En el pasado se desecharon estas opciones por su alto costo, pero actualmente es parte de su estrategia de ventas. En ese sentido, General Motors está lanzando al mercado los automóviles híbridos como el Chevrolet Volt, su primer vehículo con motor eléctrico de última generación y gasolina. Dentro del precio también se ha incluido un impuesto destinado a alentar el uso de tecnologías "verdes". Lo mismo está sucediendo en la Unión Europea con la venta de vehículos híbridos movidos por electricidad, con consumos de apenas 1 litro de gasolina por cada 100 kilómetros (El Periódico, 2010:11).

El alto costo de la energía renovable sigue siendo el mayor obstáculo. "*La pregunta es*", dice Frank Wolak, director del Programa sobre Energía y Desarrollo Sostenible de la Universidad de Stanford, "*si la sociedad está dispuesta a pagar por ella*". El investigador explica que *"las personas no sienten la necesidad de pagar costos más altos considerando la gran cantidad de combustibles fósiles que aún está disponible y lo relativamente asequibles que son"*. También la pregunta puede ser: ¿lo podrán pagar las sociedades en desarrollo?

Otros aducen que el precio de depender demasiado de la energía renovable es muy alto y eso podría tener graves consecuencias económicas. *"Usted genera energía que es más cara y cuyos costos de producción se elevan. De esta forma está reduciendo el ingreso de los consumidores porque tienen que gastar más en electricidad o combustible"*, explica David W. Kreutzer, investigador del Heritage Foundation, una institución de tendencia conservadora en Washington. Esto está cambiando a medida que la tecnología renovable se abarata y se vuelve más eficiente. El Secretario de Energía de EE.UU., Stephen Chu, dijo recientemente que la energía eólica y solar no necesitará de subsidios para competir dentro de una década. Aunque la energía renovable es hoy en día más cara, el precio puede parecer sensato en dos décadas. *"Puede que llegue el momento en que miremos atrás y digamos 'qué buen negocio hicimos con estos renovables'"*, dijo Marc L. Ulrich, subdirector general de energía renovable de la empresa eléctrica Southern California Edison (Gold, 2011:1).

Por otra parte, el Ministro de Medio Ambiente de Suecia, Andreas Carlgren, dice estar convencido que la basura puede ser un gran negocio y una alternativa para la escasez energética, y Lord Mark Malloch Brown, consultor y Vicesecretario General de Naciones Unidas, expone: *"Reconocemos la urgencia impuesta por las Metas de Desarrollo del Milenio, aprobadas por la Asamblea del Milenio de las Naciones Unidas en septiembre de 2000, incluyendo la erradicación del hambre y la pobreza extremas y asegurar la sostenibilidad ambiental. Afirmamos nuestra convicción de que estos objetivos humanos y ambientales deben integrarse en el tejido de la vida. Nosotros no podemos proteger los ecosistemas del abuso sin hacer responsables de sus acciones a quienes poseen riqueza y poder, sin reconocer las necesidades legítimas de los pobres y los desposeídos. Ese es el equilibrio que nosotros debemos lograr en todas nuestras decisiones para la Tierra."* (World Research Institute, 2004).

Se percibe que la mayoría de gobiernos están interesados en ponerse al frente de una nueva industria global, lo que podría significar crear un motor para la generación de empleos y producción económica para las próximas generaciones. A estas acotaciones podemos añadir un artículo de publicación reciente, escrito por el consultor en energía Otto Rinze De León, quien advierte que *"la Tierra constituye la mayor limitación para la imparable imaginación humana —la especie más adaptable y a la vez más destructiva— en el sentido de que compite por el espacio terrestre, la agricultura y los artefactos actuales de nuevas fuentes de generación de energía, para el caso los paneles solares de gran escala para atender poblaciones enteras*". Según Rinze, a los problemas mencionados como son las áreas terrestres en conflicto, los subsidios gubernamentales y los efectos fiscales, se suma un conflicto mayor: la dimensión espacial por su relación con la **potencia eléctrica**[25] de los medios generadores. Este aspecto resulta ser clave para entender las limitaciones de la transición de los combustibles fósiles hacia fuentes renovables como los biocombustibles, el agua, la energía solar o el viento. Implica que para generar la energía necesaria para poblaciones de gran tamaño se tendrían que utilizar vastas extensiones de tierra para instalar paneles fotovoltaicos o parques eólicos. Las áreas de cultivo para producir energía a través de bioenergéticos harían colapsar la producción de alimentos. Por tanto, es necesario repensar los modelos de matriz energética alternativa porque las formas de generación de energía eléctrica tienen que ser necesariamente distintas, dependiendo de las condiciones geográficas, geológicas, bióticas y sociales de cada región en particular. Como expresa Rinze, "*el desarrollo económico, siempre de la mano con el crecimiento poblacional, se asocia necesariamente, para el tema que nos ocupa, al incremento en la generación y consumo de la energía que atiende las demandas del funcionamiento de la compleja civilización moderna*" (Rinze, 2011b:13).

En relación al consumo de energéticos Latinoamérica enfrenta muchos desafíos. Algunos cálculos sostienen que el petróleo y el gas alcanzarán sólo para 40 años. Esta estimación puede ser conservadora si pensamos que Venezuela dispone de muchas reservas de *orimulsión* que, sumadas a las arenas de petróleo de Alberta, en Canadá, es probable que alcancen para un poco más. Por ahora Venezuela, con sus reservas, es el centro de la política petrolera de la región, pero en el futuro Brasil puede convertirse en exportador al extraer petróleo en aguas abiertas. Linkhor (2006) advierte: "*De todos modos, incluso suponiendo que se lograran utilizar de manera más intensiva las reservas de combustibles fósiles y las centrales hidroeléctricas, está claro que, a más tardar para la segunda mitad del siglo XXI, comenzarán los problemas de abastecimiento. En esta perspectiva no hay que olvidar que la población latinoamericana sigue creciendo y que buena parte de ella aún no tiene acceso al suministro de energía*". El desarrollo de tecnologías para producir energía renovable, a lo largo de la historia ha enfrentado retos de todo tipo, especialmente políticos, como explica Roberto Kozulj (2006), cuando asegura que en 1990 pocos vaticinaban que los precios subirían nuevamente a nivel de las anteriores crisis. Pero estos *shocks* se siguen

---

[25] **Potencia eléctrica**: es la cantidad de energía entregada o absorbida por un elemento en un tiempo determinado.

sucediendo cada cierto tiempo y los precios no han vuelto a los niveles anteriores.

Años antes, entre los especialistas y teóricos se había alcanzado un consenso acerca de los parámetros usuales para definir la banda de precios del petróleo en el mercado internacional: el piso estaba determinado por el costo de producción en condiciones rentables para los productores marginales estadounidenses (de campos pequeños), mientras que el límite superior estaba dado por un precio que no amenazara la extracción del crudo de Arabia Saudita en lo que restara del siglo XX y en las primeras décadas del siglo XXI. Para entonces la sustitución de petróleo por gas en Estados Unidos y Europa, en un escenario de precios elevados, generaba reticencia entre los árabes sauditas porque temían que sus abundantes reservas perdieran valor con el tiempo como consecuencia de los incentivos que ofrecen los escenarios de precios elevados para la introducción de sustitutos y el desarrollo de tecnologías alternativas. Pero ahora el auge de China, la caída del muro de Berlín y la guerra de Irak impactaron en los precios. Las proyecciones de aumento de precios se confirmaron con un aumento del consumo industrial de China y la India, además por el incremento de la población y un mayor crecimiento del parque vehicular en los países en desarrollo. El escenario de precios elevados por un período prolongado multiplica las opciones tecnológicas que permiten una mayor valorización de las otras fuentes de energía. De vital importancia es el gas para Latinoamérica porque los países andinos poseen grandes reservas de ese recurso.

El cambio climático también podría afectar a la ecuación energética mundial de otras maneras significativas, por ejemplo los países situados en zonas tropicales y templadas que dependen de la energía hidráulica como es el caso de Guatemala. Las hidroeléctricas podrían sufrir un descenso brusco de la producción debido a la disminución de lluvias anuales. Es posible que los países en vías de desarrollo que han construido grandes represas para aprovechar este potencial energético vean cómo sus costosas inversiones se queden ociosas durante amplios lapsos, cuando se sequen los canales que las alimentan.

Es necesario recalcar que el cambio climático también afectará a la lucha mundial por otros recursos vitales, sobre todo el agua y la tierra cultivable. El cambio en los patrones del clima podría incrementar las precipitaciones en algunas latitudes boreales, pero las reducirá en otras situadas en los trópicos y zonas templadas. El agua podría escasear en donde es utilizada para extraer el gas de esquisto, el carbón y los minerales raros, lo que afectaría toda la cadena de producción a nivel mundial (Klare, 2008).

En la medida en que se multipliquen los efectos catastróficos del cambio climático habrá que destinar grandes cantidades de energía a labores tan costosas como construir presas y malecones, reconstruir pueblos y ciudades anegadas, y reubicar a cientos de millones de refugiados, entre otras tareas de reconstrucción y mitigación de desastres.

Con este panorama de un futuro poco prometedor basado en el consumo de energía fósil, las alternativas para la expansión del desarrollo mundial se reducen a la generación por recursos renovables; sin embargo, éstos también están sujetos a serios cuestionamientos en materia ambiental, social y económica. Estudiaremos las más utilizadas para conocer sus ventajas, desventajas o posibilidades de utilización y expansión futura.

Energía por biomasa

Hace más de un siglo que el petróleo se empezó a utilizar en sustitución de la madera como fuente de energía para el ser humano. Se cree que en el futuro la madera puede ocupar nuevamente un lugar relevante como recurso energético en algunos países. La bioenergía derivada de la madera y de fuentes agrícolas podría tener importancia si la tendencia hacia las fuentes renovables continúa. En muchos países pobres la madera sigue siendo la fuente de energía esencial para la calefacción y la cocción de los alimentos; sin embargo, el recurso de la biomasa, como lo hemos indicado, no es un recurso renovable por la degradación de la tierra cultivable (FAO, 2008).

El término "bioenergía" se refiere a todos los derivados de los biocombustibles. Su procedencia es de origen biológico. Estos biocombustibles se originan de los bosques (madera, leña, carbón vegetal), de la agricultura (bagazo de caña de azúcar, semillas, plantas oleaginosas), o la biomasa urbana (basura, desechos sólidos).

La biomasa es una energía producida de forma sostenible. Guatemala cuenta con una gran cantidad de recursos naturales de este tipo, los cuales tienen potencial energético. La fuente energética de mayor demanda en el país es la leña. El balance energético nacional muestra que la leña constituye el 63% del consumo final de energía. La biomasa se utiliza en diversas formas como la cogeneración con bagazo de caña o el uso de desechos para biodigestión.

El alto consumo de leña obedece a que la mayor parte de la población vive en el área rural, siendo en su mayoría de escasos recursos económicos, lo que les impide tener acceso y disponibilidad a otras fuentes energéticas. También existe una tradición cultural que se refleja en los hábitos alimenticios: la utilización del tipo de estufa denominada "Tres Piedras" para cocinar, las ollas de barro adecuadas para este fuego abierto, el sabor de los alimentos y la relativa disponibilidad del recurso.

En materia de **_biodigestión anaeróbica_**[26] se han construido algunos biodigestores de tipo familiar en el área rural, pero éstos no han sido operados correctamente. Se ha aprovechado de manera extendida el **_bioabono_**[27] más que los productos propiamente energéticos. La única fuente biomásica utilizada para la producción de energía eléctrica en Guatemala ha sido el bagazo de caña de azúcar.

Otra forma de energía es la que se extrae de los desechos sólidos, que pueden ser quemados para producir electricidad, y con ella se puede calentar o refrigerar las viviendas. En países como Suecia el 90% de la calefacción es suministrada por esa vía. La transformación de los residuos, sean domiciliarios o industriales, podría ser la solución para un futuro sin petróleo que se vislumbra inevitable. Una tonelada de petróleo es equivalente, en contenido energético, a cuatro toneladas de basura. Existen otros conceptos que podrían ayudar a convertir los residuos en un recurso rentable y que permitirían, al mismo tiempo, reducir la contaminación en las ciudades. Además del cuidado ambiental, se pueden generar ganancias en unos cinco años. El ahorro se incrementa en relación con el aumento del precio de la energía eléctrica. En una etapa con más competitividad tecnológica se puede producir biogás, que se elabora con la fermentación de los residuos orgánicos que producen el gas metano. Se puede elegir entre quemarlo directamente para crear energía y calefacción o quitarle el óxido de carbono y emplearlo como combustible para los autos.

---

[26] **Biodigestión anaeróbica:** es toda energía a base de biogás producida por la descomposición de desechos humanos y animales.
[27] **Bioabono:** es el abono orgánico proveniente del estiércol del ganado, las lombrices o los desechos agrícolas.

Existen otros usos para el biogás que deben ser explorados. Para esto hay que organizar muy bien la cadena productiva y la cadena de comercialización. Todo lo que se produce debe ser reaprovechable y la compra-venta de todo tipo de productos debe contemplar las compensaciones económicas correspondientes. Lo mismo hay que hacer con los deshechos cloacales, que deben ser adecuadamente conducidos por ductos a plantas separadoras, depuradoras y generadoras de energía (La Nación, s.f.).

La mayor parte de estudios predice que los biocombustibles líquidos de segunda generación, provenientes de cultivos perennes y residuos leñosos y agrícolas, podrían reducir el ciclo de vida de las emisiones de gases de efecto invernadero. Para ello es importante la reducción en el uso de fertilizantes y otros procedimientos contaminantes en el proceso de producción. La materia prima agrícola más promisoria, desde el punto de vista económico, es la caña de azúcar, mientras que el maíz, los cereales y otras oleaginosas son menos apreciados por los costos actuales. El etanol celulósico ha tenido importante actuación en el surgimiento de Brasil como potencia mundial. En parte este auge se debe a sus políticas de sustentabilidad energética proveniente de los biocombustibles, y al desarrollo de grandes proyectos hidroeléctricos que convierten al país en energéticamente sustentable frente a las demás potencias que no asumieron compromisos a futuro en los años previos. La seguridad energética tiene consecuencias estratégicas para los países desarrollados que dependen del suministro de petróleo proveniente en mayor parte de los países árabes. Los conflictos sociales y religiosos en estos países ponen en peligro la paz mundial y el acceso a las fuentes de combustión fósil (FAO, 2008:41).

La principal preocupación por la producción de bioenergía a nivel industrial es el uso de la tierra fértil destinada a grandes plantaciones que alimenten las instalaciones centralizadas. La competencia por la tierra podría dar lugar al aumento en los precios de los alimentos, puesto que los cultivos energéticos, al ser más rentables, son preferidos por los agricultores en comparación con los cultivos para consumo humano. El otro problema es que los países con más población disponen de menos tierras cultivables para la producción de bioenergía. En países con tierras fértiles para cultivos la biodiversidad se ha visto amenazada por la explotación en gran escala de los monocultivos. Se ha reducido la producción de ***piensos***[28] para alimentar animales, lo que reduce la oferta de alimentos cárnicos. Los estudiosos se debaten entre la necesidad de encontrar fuentes de energía sustentables que alimenten el potencial de desarrollo en los países con mayor rezago, y el deterioro al ambiente que puede generar desbalances irreversibles en el sistema ecológico del planeta. Ni siquiera destinando todo el suelo agrícola del mundo a la producción de cultivos energéticos —suponiendo que las tierras de secano fueran productivas— llegaríamos a cubrir la mitad de nuestro gasto anual de gasolina, gasóleo y otros combustibles líquidos (Coderch y Allmiron, 2008).

Ballesteros escribe: *"Partimos (en el debate sobre los biocombustibles) de una realidad muy concreta. Cientos de millones de coches se mueven en el mundo con derivados del petróleo y, nos guste o no, lo van a seguir haciendo durante los próximos años. Por lo tanto es imprescindible que el análisis de los aspectos positivos y negativos de los biocombustibles lo hagamos comparándolos, punto por punto, con los de los derivados del petróleo"* (Cit. por Coderch y Almirón, 2008: 18).

Rubin (2009) concluye que *"Los biocombustibles son un mito muy arraigado que acaba por ser más destructivo que la ilusión de que la eficiencia (energética) nos vaya a sacar del apuro. Los biocombustibles alimentan los mitos de la autosuficiencia energética y de la energía verde —y nos adormecen con la reconfortante creencia de que las cosas pueden seguir más o menos como hasta ahora—. Y no hay mitos más peligrosos en todo el paradigma del biocombustible que los que rodean el biocombustible favorito de Estados Unidos: el etanol obtenido del maíz. Se debe, como ya expresamos, a que el maíz no es una planta silvestre. Ésta consume el 40% de todos los fertilizantes que se usan en Estados Unidos. Los fertilizantes provienen del amoníaco y éste a su vez del gas natural. Cuando el gas se termine se acabará también el etanol y, junto a éste, la agricultura extensiva como la conocemos hoy en día. Pero si creemos que el etanol es una forma más ecológica de llenar el tanque de combustible de nuestro auto, estaremos más que equivocados. El etanol desde una perspectiva ambiental no sólo proviene de una fuente contaminante sino también las destilerías funcionan con carbón, por lo cual tendrán una incidencia en el cambio climático. Adicionalmente y para concluir, el nitrógeno que contienen los fertilizantes al ser expuestos a las*

---

[28] **Pienso:** es la porción de alimento seco que se da al ganado. Generalmente pastos o granos.

condiciones meteorológicas generan óxido de nitrógeno que es un gas de efecto invernadero".

En ese sentido, tanto el maíz como el aceite de palma, utilizados como biocombustibles, plantean más problemas de los que pretenden solucionar; éstos provocarán a largo plazo un incremento en los precios de los alimentos, la escasez y el agotamiento de las tierras agrícolas. Un incremento en los precios del maíz trae como consecuencia una inflación que se transmite a toda la cadena alimentaria, pues los productos de procedencia animal como la leche, los huevos, la carne bovina, el pollo, quesos, yogurt, se verán afectados como consecuencia del alto precio de los forrajes para alimentar a los animales. Sin embargo, no debemos perder de vista que, para algunas regiones, no existen otras alternativas más que la biomasa. Se ha planteado, por ejemplo, cultivar ciertas plantas como la "Jatrofa" en lugares desérticos para ser utilizados como combustible en tractores o transporte de personas. En estas zonas sin recursos hídricos ni acceso a los combustibles fósiles esa puede ser una alternativa viable usada en pequeña escala y transformada de manera artesanal. Es razonable no descartar todas las opciones sino adecuarlas a las circunstancias de cada región. En 2012 la FAO advirtió que Estados Unidos debía frenar la producción de etanol a base de maíz porque las sequías amenazan la seguridad alimentaria global. El maíz es utilizado en toda la cadena alimenticia, por lo que su uso como combustible representa un problema cuando la escasez de lluvia hace que la producción disminuya a niveles por debajo de la demanda mundial. En conclusión, la biomasa usada como energético podría causar mayores problemas al medio ambiente que los beneficios esperados. Sin embargo, se sigue investigando esta fuente para usos diversos en todos los campos de la ciencia y tecnología por ser un recurso renovable con evidentes limitaciones de sustentabilidad.

Energía geotérmica

Se llama energía geotérmica a la que se encuentra en el interior de la Tierra en forma de calor, como resultado de la desintegración de elementos radiactivos y la temperatura permanente que se originó en los primeros momentos de formación del planeta. Esta energía se manifiesta por medio de procesos geológicos como volcanes en sus fases póstumas, los géiseres que expulsan agua caliente y las aguas termales.

La conversión de la energía geotérmica en electricidad consiste en la utilización del vapor que pasa a través de una turbina conectada a un generador, produciendo electricidad. La energía geotérmica tiene el inconveniente de encontrarse en lugares dispersos del planeta. El principal problema es la corrosión de las tuberías que transportan el agua caliente. Para minimizarlo se han utilizado distintos tipos de pintura y aceites que hacen menos propensa la estructura a la corrosión. También se han usado resinas alquídicas o sintéticas y luego aleaciones de metales que resisten la corrosión (Pous y Jutglar, 2004).

Una de sus mayores ventajas es que los residuos que produce son mínimos y ocasionan poco impacto ambiental. Entre las desventajas tenemos:

1. Emisión de ácido sulfhídrico que se detecta por un olor a huevo podrido que, en grandes cantidades, es letal.
2. Emisión de CO_2, con aumento de efecto invernadero.
3. Contaminación de aguas próximas con sustancias como arsénico, amoniaco, etc.
4. Contaminación térmica.
5. Deterioro del paisaje.
6. No se puede transportar para producir la energía en otro sitio.

Existen usos alternativos para la energía geotérmica; como ejemplo, en Guatemala se ha adaptado una máquina deshidratadora de limones que funciona con calor extraído de la tierra, es decir, con energía geotérmica. La planta de secado de cítricos "Lemonex" es un ejemplo de estos usos alternativos. El encargado asegura que con ese sistema "*no contaminamos, producimos más en menos tiempo y, por lo tanto, logramos reducir costos*". La instalación parece el tendido de una petrolera a escala, "*de hecho se utiliza la misma tecnología porque el calor que extraemos a través de vapor es altamente corrosivo por los materiales que contiene el agua (sulfato y ácido sulfhídrico)*", "*de aquí, de donde estamos parados, extraemos calor del manto magmático (lava) del volcán de Agua a través del vapor emanado del manto freático (agua) que lo antecede. Lo conducimos a través de las tuberías que llegan a un gran radiador, que a través de un ventilador impulsa ese calor hacia la cámara secadora*". Es la versión corta del proceso que se produce en la tubería que viene desde el subsuelo hasta el interior de la planta (Valdés, 2007). Otra empresa de ese tipo es Agroindustrias La Laguna, que ganó el Premio a la Innovación Ambiental en 2002 y maneja una planta similar a la de Lemonex. En un lugar cercano a esta última se encuentra una fábrica de blocks que seca su producto con energía geotérmica.

Existen otras aplicaciones para el uso de la energía geotérmica; no obstante, las únicas cifras recolectadas por el MEM de su aprovechamiento son las de generación de energía eléctrica, que representan el 2.1 por ciento de la producción total del país. En Guatemala se producían para el año 2000 alrededor de 33.4 megavatios con energía geotérmica, que representaban un 3.69% del total de energía nacional, aunque según estudios del MEM podrían explotarse hasta 1,000 megavatios. El país contiene una zona volcánica extensa con enorme potencial geotérmico, pero el aprovechamiento actual es mínimo. En el panorama mundial la energía geotérmica ha tenido una evolución y proyección futura en sentido positivo, pero poco ambiciosa.

Energía solar

En la búsqueda de alternativas a los combustibles fósiles la energía solar ha emergido como un rival prometedor debido a su posible aplicación directa en edificios y servicios conexos. El aprovechamiento de esta energía tiene un doble objetivo: por un lado el ahorro en energías no renovables, sobre todo en energía fósil y energía nuclear y, por otro, amortiguar el impacto ambiental generado por ellas.

La investigación de la energía solar es única en ciertos aspectos. En primer lugar atraviesa diferentes ciencias y ramas de la ingeniería: física, química, meteorología, astronomía, ingeniería química, mecánica y eléctrica. En segundo lugar promete conducir pronto hacia resultados positivos para el bienestar humano, y en tercer lugar puede realizarse en pequeños laboratorios con instalaciones baratas (Daniels, 1977).
La energía solar se desarrolló en zonas rurales después de la II Guerra Mundial. En principio se crearon estructuras cóncavas en forma de parabólica para concentrar los rayos del Sol en un punto, se utilizó en cocinas, también para encender fuego y posteriormente se inventaron los paneles solares para alumbrado y para calentar agua. Su uso más importante como ahorrador de energía es como aislamiento térmico en casas e industrias. Esto llevó al desarrollo de pilas solares con celdas basadas en silicio. Pero la generación más eficaz de electricidad de baja tensión se obtuvo con células de sulfuro de cadmio. En la energía solar se pueden diferenciar tres aplicaciones:

1. **Solar térmica:** cuando la radiación solar se concentra y transmite a un determinado fluido, mediante elementos mecánicos (solar técnica activa).

2. **Solar fotovoltaica:** cuando la radiación se transforma en electricidad mediante el denominado "efecto fotovoltaico", que se produce al incidir la luz sobre determinados semiconductores.
3. **Solar termoeléctrica:** la que permite producir electricidad a partir de fluidos a alta temperatura calentados por la radiación solar tras una concentración elevada (Ahedo y Becerra, 2008).

El Sol es un inmenso reactor de fusión nuclear que proporciona la energía para mantener la temperatura ambiente de la Tierra, en un intervalo dentro del cual una gran variedad de organismos —entre ellos la especie humana— ha logrado desarrollarse y sobrevivir (Coderch y Almiron, 2008).

La energía solar ha tenido algunos problemas de implementación a gran escala. Los factores primordiales para su lento desarrollo son los altos costos, la poca disponibilidad de algunos materiales transmisores y almacenadores de la energía, pero principalmente la disponibilidad reducida para las horas luz de cada lugar. Su uso más extendido es como sistema de calentamiento de agua para residencias, edificios, universidades y laboratorios.

En época reciente los fabricantes chinos, fuertemente subsidiados por su gobierno y auxiliados por vastas economías de escala, han contribuido con el desplome del precio de los paneles solares convencionales y acaparan el mercado con mucha mayor rapidez que los veteranos fabricantes de Silicon Valley. Los chinos proveen el 40 por ciento del mercado de California y la mayor parte del mercado europeo. La eficiencia en la construcción de las plantas ha creado una competitividad a las compañías estadounidenses que luchan por mantenerse en el mercado. Las celdas fotovoltaicas más eficientes se fabrican a partir de seleniuro de galio, indio y cobre, mientras que las convencionales están hechas de obleas de silicio. Las inversiones con la nueva tecnología son altas. Los chinos se apresuraron a fabricar con silicio aprovechando los bajos precios. La compañía Innovalight desarrolló una tinta de silicio y decidió otorgar la licencia patentada de ésta a los chinos en vez de competir con ellos, porque no pueden luchar contra los enormes subsidios, los préstamos con bajo interés, la mano de obra barata y la estrategia gubernamental china (Woody, 2010:7).

En otras partes del mundo se siguen desarrollando nuevos modelos para el aprovechamiento de la radiación solar. En la actualidad se investigan nuevos materiales tales como telas que captan la luz solar y la transmiten para iluminación. La venta de paneles solares tiene potencial de crecimiento en los países en desarrollo porque pueden instalarse en los hogares alejados y guardar la energía para ser usada en horas nocturnas. Algunos proyectos financiados por organizaciones de ayuda internacional enseñan a los pobladores de lugares remotos a instalar sus propios sistemas de energía solar. Estas iniciativas han conseguido llevar bienestar a las familias de escasos recursos. En Guatemala es evidente la penetración de este tipo de energía, debido a nuestra posición geográfica que recibe buenas dosis de horas luz la mayor parte del año; sin embargo, esta ventaja disminuye en las regiones montañosas y el altiplano que permanece con cielos nubosos la mayor parte del tiempo. Pero varias empresas han entrado al mercado y están proporcionando soluciones efectivas con mayor incidencia en las áreas rurales remotas que no cuentan con redes eléctricas cercanas.

Energía eólica

Es la energía que se obtiene del viento, es decir la energía cinética, generada por efecto de las corrientes de aire que es transformada en otras formas útiles para las actividades humanas (Villarrubia, 2004).

La energía **eólica**[29] ha sido aprovechada desde la antigüedad para mover los barcos impulsados por velas o para hacer funcionar la maquinaria de molinos al mover sus aspas. Los molinos de viento antiguos eran rústicos aparatos de madera y su capacidad de generación era pobre. También fueron utilizados para bombear y transportar agua con fines domésticos y luego para cargar baterías de acumuladores. El eje giratorio puede conectarse a varios tipos de maquinaria para moler grano, bombear agua o generar electricidad. Cuando el eje se conecta a una carga, como una bomba, recibe el nombre de molino de viento. Si se usa para producir electricidad se le denomina generador de turbina de viento o aerogenerador.

La energía eólica es una de las energías más antiguas junto a la energía térmica. El viento como fuerza motriz existe desde la antigüedad y en todos los tiempos ha sido utilizado como tal. Fue hasta los años ochenta

---

[29] El término **"eólico"** viene del latín *Aeolicus*, perteneciente o relativo a Eolo, dios de los vientos en la mitología griega.

del siglo pasado, cuando este tipo de energía limpia sufrió un verdadero impulso.

En Estados Unidos el desarrollo de molinos de bombeo, reconocibles por sus múltiples velas metálicas, fue el factor principal que desarrolló la agricultura y la ganadería a lo largo de vastas áreas de Norteamérica en lugares con poco acceso al agua. Además, estos molinos contribuyeron a la expansión del ferrocarril alrededor del mundo, supliendo las necesidades de agua de las locomotoras a vapor. Las turbinas modernas fueron rediseñadas a comienzos de 1980 y continúan evolucionando.

La energía del viento está relacionada con el movimiento de las masas de aire que se desplazan de las áreas de alta presión atmosférica hacia áreas adyacentes de baja presión, con velocidades proporcionales al gradiente de presión. Los vientos son generados a causa del calentamiento no uniforme de la superficie terrestre por parte de la radiación solar. Los continentes absorben una menor cantidad de luz solar, por lo tanto el aire que se encuentra sobre la tierra se expande, se hace más liviano y se eleva. El aire más frío y más pesado, que proviene de los mares, océanos y grandes lagos, se pone en movimiento para ocupar el lugar dejado por el aire caliente.

Para poder aprovechar la energía eólica es importante conocer las variaciones diurnas, nocturnas y estacionales de los vientos, además de la variación de la velocidad del aire con la altura sobre el suelo, la cantidad de las ráfagas en espacios de tiempo breves y los valores máximos ocurridos en series históricas de datos con una duración mínima de 20 años. Es también importante conocer la velocidad máxima del viento.

La energía del viento es aprovechada mediante el uso de máquinas eólicas también llamadas *aeromotores*, capaces de transformar la energía eólica en energía mecánica de rotación utilizable para operar directamente las máquinas o para la producción de energía eléctrica. En estos, la energía eólica mueve una hélice y mediante un sistema mecánico se hace girar el rotor de un generador (normalmente un alternador) que produce energía eléctrica. Para que su instalación resulte rentable, suelen agruparse en concentraciones denominadas *parques eólicos*[30].

La energía eólica es un recurso abundante, renovable, limpio y que ayuda a disminuir las emisiones de gases de efecto invernadero al reemplazar termoeléctricas a base de combustibles fósiles, lo que la convierte en un tipo de energía verde.

Las ventajas de la energía eólica son muchas. La principal es que no produce emisiones atmosféricas ni residuos contaminantes, ni requiere una combustión que produzca dióxido de carbono (CO_2); puede instalarse en espacios no aptos para otros fines, por ejemplo en zonas desérticas, próximas a la costa y en laderas áridas o muy empinadas para ser cultivables; puede convivir con otros usos del suelo, por ejemplo prados para uso ganadero o cultivos bajos como trigo, maíz o patatas. Además su instalación es rápida, entre cuatro y nueve meses.

Su inclusión en un sistema ínterligado permite, cuando las condiciones del viento son adecuadas, ahorrar combustible en las centrales térmicas y/o agua en los embalses de las centrales hidroeléctricas. Su utilización combinada con otros tipos de energía, habitualmente la solar, permite la auto alimentación de viviendas, terminando así con la necesidad de conectarse a redes de suministro, pudiendo lograrse autonomías superiores a las 82 horas sin alimentación desde ninguno de los dos sistemas. Existe la posibilidad de construir parques eólicos en el mar, donde el viento es más fuerte, más constante y el impacto social es menor, aunque aumentan los costes de instalación y mantenimiento. Enumeraremos algunas desventajas de este tipo de generación:

- Como consecuencia de las variaciones del viento la energía eólica no puede ser utilizada como única fuente de energía eléctrica. Es indispensable un respaldo con otras energías. Al subir y bajar su producción cada vez que cambia la velocidad del viento, se desgasta más la maquinaria.

- Para conducir la electricidad desde un parque eólico es necesario construir líneas de alta tensión que transfieran el máximo de

---

[30] **Parque eólico** se denomina al grupo de aerogeneradores que transforman la energía eólica en energía eléctrica.

electricidad que sea capaz de producir la instalación. Esto significa poner cables cuatro veces más gruesos y, a menudo, torres más altas, para acomodar correctamente los picos de viento.

- Es necesario suplir las bajadas de tensión eólicas "instantáneamente", pues en caso contrario se producen apagones generalizados. Este problema podría solucionarse mediante dispositivos de almacenamiento de energía eléctrica.

- Además de la evidente necesidad de una velocidad mínima en el viento para poder mover las aspas, existe también una limitación superior: una máquina puede estar generando al máximo de su potencia, pero si el viento aumenta lo justo para sobrepasar las especificaciones del aerogenerador, es obligatorio desconectar ese circuito de la red o cambiar la inclinación de las aspas para que dejen de girar, puesto que con vientos de altas velocidades la estructura del eje puede resultar dañada.

- Genera problemas medioambientales porque generalmente se combina con centrales térmicas. Existen personas que critican que no se ahorran demasiadas emisiones de dióxido de carbono.

- Al comienzo de su instalación, los lugares seleccionados para ello coincidieron con las rutas de las aves migratorias, o zonas donde las aves aprovechan vientos de ladera, lo que hace que entren en conflicto los aerogeneradores con aves y murciélagos.

- El impacto paisajístico es una nota importante debido a la disposición de los elementos horizontales que lo componen y la aparición de un elemento vertical como es el aerogenerador. El ruido puede llevar a la gente hasta un alto nivel de estrés, con efectos de consideración para la salud. No obstante, la mejora del diseño de los aerogeneradores ha permitido la reducción del ruido que producen.

- También hay un temor creciente por el agotamiento de las tierras raras cuya materia prima es útil para fabricar piezas de los aerogeneradores que los hacen más eficientes.

En otro sentido, la energía eólica, la fuente de energía renovable más grande y más barata, atrae en la actualidad una inversión mayor que la energía solar, los biocombustibles y la basada en las olas del mar, según los analistas. Aspas de mayor tamaño, torres más altas y programas informáticos más afinados han mejorado la eficiencia de las enormes turbinas que ahora son parte del paisaje en lugares como Alemania, España e India. La incertidumbre de la energía nuclear tras el desastre de Japón debería impulsar el atractivo de los proyectos eólicos. Sin embargo, el viento sigue siendo una pequeña fracción del sector de energía. En todo el mundo se generó alrededor de 1% de electricidad con energía eólica en 2008, según la Agencia Internacional de Energía. Algún día, según los analistas, el viento podría producir 20% de la electricidad en EE.UU. Aproximadamente la misma proporción que ahora suministra a Dinamarca. Pero ello requeriría la construcción de una línea de transmisión enorme y costosa para transportar la electricidad desde el Medio Oeste, donde soplan los vientos más fuertes, hasta las costas, donde están las grandes ciudades (Wapa, 2011).

Durante años los gobiernos en buena parte del mundo han ofrecido exenciones tributarias a compañías de desarrollo de energía eólica y han requerido que las empresas de servicios públicos compren la electricidad a precios superiores a los del mercado. El motivo principal era alentar la producción interna de energía eólica, tanto para contrarrestar los precios volátiles del gas natural como para generar más empleos. Pero los nuevos hallazgos de gas natural en EE.UU. redujeron el precio de este combustible, principal competidor del viento. La recesión moderó la demanda de nuevas plantas eléctricas de cualquier clase, con lo cual una mayor cantidad de políticos cuestionó los subsidios a la energía renovable. El Congreso de Estados Unidos, por ejemplo, se ha negado —hasta ahora— a aprobar normas para el requerimiento de energía renovable en todo el país (Ball, 2011). Por eso grandes fabricantes de turbinas eólicas están reduciendo la producción en sus fábricas, comenzaron a despedir trabajadores y están operando apenas a un tercio de su capacidad. Debido a la ausencia de una exigencia gubernamental en EE.UU. sobre recursos renovables, los planes para la construcción de nuevas fábricas en ese país fueron aplazados.

Tras años de crecimiento pujante la energía eólica encara vientos en contra en algunos de sus mayores mercados. Una demanda de electricidad débil en muchas economías maduras, precios bajos del gas natural en EE.UU., y la incertidumbre en buena parte del mundo acerca de subsidios gubernamentales, ha hecho que el sector se tambalee. Las compañías que fabrican turbinas eólicas están reduciendo la producción en algunas plantas y reconsiderando expansiones previamente planeadas (WWEA, 2010). Por ejemplo, la mayor fábrica de aerogeneradores del mundo,

Iberdrola de España, anunció que está reduciendo a la mitad sus planes de construcción de parques eólicos para 2012. Las compañías que aún están construyendo parques eólicos lo están haciendo no sólo donde los vientos soplan fuerte, sino donde los subsidios son holgados. Sin embargo, la compañía Google anunció recientemente que invertirá 400 millones de dólares en el proyecto del parque eólico Edison del Sur, en California. El objetivo es el suministro de 1,550 megavatios de electricidad, igual a la que consumen más de un millón quinientos mil hogares en Estados Unidos. Las empresas Google y Citi pretenden contribuir a que el Estado de California se acerque a la meta del 2020 de consumir un tercio de toda la electricidad proveniente de fuentes alternativas limpias de impacto neutro (Prensa Libre, 2011d). En tanto, un informe de la CEPAL indica que la energía eólica generada en Centroamérica tuvo un crecimiento del 120 por ciento entre los años 2009 y 2010 (Castrillo, 2011:7).

Energía hídrica y oceánica

La energía hídrica procede del aprovechamiento de la energía potencial de un curso de agua mediante la instalación de una central hidroeléctrica encargada de transformarla en energía.

Cuando el Sol calienta la Tierra, además de generar corrientes de aire, hace que el agua del mar se evapore y ascienda por el aire moviéndose hacia las regiones montañosas, para luego caer en forma de lluvia. Luego, el agua se puede colectar y retener mediante presas. Parte del agua almacenada se libera para mover los *álabes*[31] de una turbina engranada con un generador de energía eléctrica. Desde hace siglos existen pequeñas explotaciones en que la corriente de un río mueve un rotor de palas que es aplicado en molinos rurales. Sin embargo, la utilización más significativa la constituyen las grandes centrales hidroeléctricas a base de represas. El número de emplazamientos grandes es limitado, pero actualmente se proyectan pequeñas hidroeléctricas que no requieren embalses de gran tamaño.

Hacia 1940 el 40% de la energía eléctrica mundial se generaba por agua. Una década más tarde ese porcentaje cayó al 25%. Es un tipo de energía verde porque su impacto ambiental es mínimo y usa la fuerza hídrica sin

---

[31] Se les llama **álabes** a las curvaturas, partes combas o aspas.

represarla; en caso contrario es considerada sólo una forma de energía renovable. Su utilidad es significativa en regiones donde existe una combinación adecuada de lluvias, desniveles geológicos y orografía favorable para la construcción de represas.

La energía hidráulica se obtiene a partir de la energía potencial y cinética contenida en las masas de agua que transportan los ríos que se forman por la lluvia y el deshielo. El agua en su caída entre dos niveles del cauce, se hace pasar por una turbina hidráulica la cual trasmite la energía a un alternador que la convierte en energía eléctrica. Se trata de una energía renovable y limpia de alto rendimiento energético.

La gran ventaja de la energía hidráulica o hidroeléctrica es la eliminación parcial de los costos de combustible. El costo de operar una planta hidráulica es casi inmune a la volatilidad de los combustibles fósiles como la gasolina, el carbón o el gas natural. Además, no hay necesidad de importar combustibles de otros países.

Las plantas hidráulicas también tienden a tener vidas económicas más duraderas que las plantas eléctricas que utilizan combustibles. Hay plantas hidráulicas que siguen operando después de 50 a 100 años. Los costos de operación son bajos porque las instalaciones están automatizadas y son un recurso de impacto neutro que resulta beneficioso para la salud. Con este sistema no se queman combustibles, por tanto no producen directamente dióxido de carbono.

La mayor desventaja de las **grandes hidroeléctricas** es la construcción de los embalses que pueden inundar importantes extensiones de terreno, lo que significa pérdida de tierras del valle, generalmente las más fértiles. En el pasado se han construido embalses que han inundado pueblos enteros. Presas y embalses pueden dañar los ecosistemas acuáticos; por ejemplo: estudios han mostrado que las presas en las costas de Norteamérica han reducido las poblaciones de trucha septentrional común, que necesita migrar a ciertos lugares para reproducirse. Actualmente se hacen estudios en busca de soluciones a este tipo de problema. Un ejemplo es la invención de un tipo de escalera para los peces, pero en ocasiones no han proporcionado una solución viable.

Las presas también cambian los ecosistemas en el río aguas abajo. El agua que sale de las turbinas prácticamente no tiene sedimento. Esto puede resultar en la erosión de las márgenes de los ríos. Cuando las turbinas se abren y cierran repetidas veces, el caudal del río se puede modificar drásticamente causando una dramática alteración en los ecosistemas. En algunos lugares las personas que se bañan en las riberas o los animales que abrevan en las orillas han sido arrastradas por las corrientes súbitas.

La resistencia a las grandes hidroeléctricas ha creado un movimiento ambientalista de oposición que se ha llevado por delante a las pequeñas hidroeléctricas de bajo impacto ambiental, convirtiéndolas en el blanco de las protestas, como nos explica Rolf Linkohr (2006) sobre la situación en Brasil: *"En primer lugar, el desarrollo de la energía hidráulica enfrenta una resistencia cada vez mayor: no todos son partidarios de inundar los valles andinos ni de crear grandes lagos en la llanura brasileña para poder aprovechar el potencial de los cursos fluviales. A todo esto hay que añadir algo que a menudo se olvida: Los grandes embalses de Brasil emiten en forma de metano una cantidad de equivalentes de dióxido de carbono similar a la que produciría una central de carbón, por el simple hecho de que se olvidaron de eliminar los árboles y arbustos de los fondos de los embalses. Aunque quitar la madera antes de inundar los embalses incrementa los costos de inversión, los proyectos de todos modos serían factibles".*

Recientemente se creó la Comisión Mundial de Presas (WDC,[32] por sus siglas en inglés) para estudiar los posibles daños causados por las hidroeléctricas y la forma de compensar estos daños. En un informe publicado por esta comisión se destaca que *"En 1996 había fuertes polémicas generadas por la construcción de presas en el mundo y su efecto sobre el medio ambiente y las personas, y numerosos diálogos infructuosos entre las Ong's, el sector privado, los gobiernos, personas afectadas por estas obras y las organizaciones internacionales. En abril de 1997, el Banco Mundial y el IUCN - World Conservation Union financiaron una reunión con estos sectores en la ciudad de Gland, Suiza, para discutir el papel de estas obras en el desarrollo. El resultado: crear la Comisión Mundial de Presas (WCD), cuya misión fue revisar la eficacia y efectos de la construcción de grandes presas, y desarrollar criterios, pautas y estándares internacionalmente aceptables para su construcción. Se comenzó en 1998 y el informe final fue entregado en noviembre del 2000 bajo el patrocinio de Nelson Mandela* (Alegría, 2001).

*La comisión determinó cinco puntos básicos de consenso mundial, uno de ellos el que **las presas han contribuido de un modo importante al desarrollo humano**, con beneficios considerables derivados de ellas; otra*

---

[32] **WCD:** World Comission on Dams. Véase IUCN: International Union for Conservation of Nature en: http://www.iucn.org/

conclusión fue que, en demasiados casos, para obtener estos beneficios se ha pagado un precio altísimo e innecesario, especialmente en términos sociales y ambientales, por parte de las personas desplazadas, las comunidades aguas abajo, los contribuyentes y el medio ambiente".

Según la Comisión Internacional de Grandes Represas (ICOLD), una gran presa tiene una altura mínima de 15 metros desde los cimientos. Igualmente presas de 10 a 15 metros de altura con un embalse de más de 3 millones de m^3 también son clasificadas como grandes presas. Utilizando estas definiciones, existen más de 45,000 grandes represas en el mundo. Los cinco países con más presas suman más de las tres cuartas partes de todas las grandes presas del mundo, y aproximadamente dos tercios de ellas se encuentran en países en desarrollo.

La energía hidroeléctrica suministra más del 90% de la electricidad a 24 países, entre los que se encuentran Brasil y Noruega. La mitad de estas obras se construyen exclusivamente para riego, y se calcula que contribuyen con un 12% a un 16% de la producción mundial de alimentos. Además, en al menos 75 países se han construido para controlar inundaciones. Para muchas naciones continúan siendo las mayores inversiones individuales existentes.

Antes se consideraba que la generación hidroeléctrica, el riego, el suministro de agua y el control de inundaciones eran suficientes para justificar las importantes inversiones que se realizaban en presas. A menudo se citaban también otros beneficios, como el impacto de la prosperidad económica en una región debido a las nuevas posibilidades de cosechas múltiples, de electrificación rural y de expansión de infraestructuras como carreteras o escuelas. Los beneficios se consideraban evidentes, sobre todo cuando se los comparaba con los costos de construcción y operación en términos económico-financieros; éstos parecían justificar que las presas eran la alternativa más competitiva.

Sin embargo, estas obras han tenido un impacto social y económico en el mundo, lo que ha generado luchas y movimientos de presión por parte de la sociedad civil para definir normas globales acerca de la gestión del agua y las normas para el estudio de los proyectos en este tipo de obras. El tema de los costos versus los beneficios obtenidos se convirtió en una preocupación pública debido a la creciente experiencia y conocimiento de los resultados y las consecuencias de estas obras. La oposición comenzó a crecer, motivada por la investigación y la información respecto a los impactos de las presas sobre la gente, las cuencas y los ecosistemas, así como por los datos sobre sus resultados económicos. En una primera fase el debate y la polémica se centraron en presas específicas y sus impactos a nivel local, pero gradualmente estos conflictos locales se convirtieron en un debate más general que acabó siendo global.

Las disputas que se plantean en torno a las represas son las mismas que se plantean en torno al agua, a la manera en que se toman decisiones y a como se evalúa la contribución que un proyecto hidroeléctrico hace al desarrollo. La polémica pública se genera cuando se cuestiona el impacto que tendrá la presa sobre el curso del río, con la posibilidad de que la presa desarraigue los asentamientos existentes, afecte la cultura y los medios de subsistencia de las comunidades locales y reduzca o degrade los recursos ambientales. También se evalúa si la presa representa la mejor inversión económica de fondos y recursos públicos. No se sabe con certeza en qué medida las alternativas a las presas son viables para alcanzar diversos objetivos en materia de desarrollo, y si dichas alternativas son complementarias o mutuamente excluyentes; tampoco se sabe en qué medida los impactos ambientales y sociales adversos pueden considerarse aceptables, o el grado en que se pueden mitigar los mismos; o en qué medida contar con el consentimiento local debería determinar las decisiones futuras en materia de desarrollo. La decisión de construir una gran represa ya no es hoy una decisión local o nacional. El debate ha pasado de un proceso local de evaluación de costo-beneficio, a un proceso en el que las presas son el foco de un debate global sobre las estrategias y las alternativas del desarrollo.

La frecuencia y la intensidad de cuestionamientos acerca de la viabilidad económica y los costos sociales, culturales y ambientales de las grandes presas han aumentado. Estas protestas se transformaron en movimientos sociales sostenidos que han retrasado, parcial o definitivamente, cualquier trabajo acerca de las presas existentes o proyectadas. Existen muchos ejemplos en el mundo de obras existentes, y también de presas proyectadas, en donde la movilización nacional y las campañas globales intensivas han conducido a la cancelación de estos proyectos. Incluso en el mundo industrializado, como en Estados Unidos, Europa o Japón, la oposición pública y la evidencia cada vez mayor de los impactos económicos y ecológicos adversos de este tipo de presas, han conducido a una revisión acerca de si constituyen una auténtica opción para el riego y la energía. Además, la sociedad civil ha criticado el papel de las agencias internacionales de financiamiento como el Banco Mundial por la legitimación de la construcción de grandes presas.

Un ejemplo de esta historia de la protesta es el movimiento contra las presas en el río Narmada, de India. La disensión local a este proyecto hizo que el Banco Mundial designara una comisión independiente para estudiarlas, además de un panel de inspección también independiente para estudiar proyectos polémicos. La lucha contra el proyecto de Sardar Sarovar (SSP) en el valle de Narmada alcanzó notoriedad mundial. El Banco Mundial revisó su compromiso con las grandes presas y sus políticas relacionadas con las comunidades indígenas y de reasentamiento, pero la discusión aún sigue. Los habitantes de Madhya Pradesh y Maharashtra han vaticinaron que la presa ocasionaría desastres y destrucción, una tragedia humana para los miles de habitantes y tribus que enfrentarían las inundaciones con la llegada los monzones. Se han reasentado 3,700 familias de 51 pueblos en nuevas tierras, pero, para reinstalar a las faltantes 33,000 familias que serán desplazadas, no hay más tierras disponibles y el Estado ofrece a cambio una compensación monetaria. En junio de 1994 una coalición de 326 movimientos sociales y Ong's de 44 países del mundo firmaron una declaración llamando a una moratoria en el financiamiento del Banco Mundial para las grandes presas. Esta declaración se conoció como la **Declaración de Manibeli,** nombre de una de las primeras aldeas tribales perjudicadas por la presa de Sardar Sarovar en el río de Narmada y uno de los lugares de mayor resistencia a la presa. Una de las condiciones fundamentales para levantar la moratoria propuesta era que el Banco Mundial efectuara una revisión comprensiva e independiente de los proyectos de grandes presas financiados por éste, a fin de establecer los costos reales directos e indirectos, económicos, ambientales, sociales, y las ventajas reales observadas en cada proyecto. Además se indicó que era crucial evaluar en qué grado los proyectos se habían equivocado al estimar los costos y beneficios, y también los costos de oportunidad de proyectos alternativos.

Otra desventaja encontrada en la implementación de las "grandes presas" es que se puede alterar el régimen hidrológico utilizado como base para diseñar los desagües de las represas. La sedimentación y la consecuente pérdida —en el largo plazo— del volumen de agua almacenado es una preocupación mundial y sus efectos se harán notar, en particular, en cuencas con un alto índice de erosión natural o de *erosión antrópica,*[33] especialmente en las presas que se encuentran en las cuencas bajas de los ríos o con reducidos volúmenes de agua.

---

[33] **Erosión antrópica:** Destrucción de la cubierta vegetal de los suelos por efecto de la inundación o el uso inapropiado del suelo.

En cuanto al efecto de las grandes presas cada vez se conoce mejor la naturaleza de los impactos que tienen estas obras sobre los ecosistemas, la biodiversidad y los medios de subsistencia río abajo, los que han provocado la pérdida de bosques, de hábitats naturales, de poblaciones, de especies y la degradación de las cuencas río arriba debido a la inundación de la zona de los embalses. La pérdida de la biodiversidad acuática de las pesquerías río arriba y abajo; de los servicios brindados por las planicies de inundación río abajo por los humedales; y por los ecosistemas de las riberas y estuarios adyacentes, más los impactos acumulativos en la calidad del agua, en las inundaciones naturales y en la composición de las especies, son otras desventajas de las grandes represas, especialmente cuando en el mismo río se construyen varias. En términos de los impactos sociales existe una gran variedad de ellos que abarcan los medios de subsistencia y la salud de las comunidades que dependen de los ambientes ribereños. Muchas personas que habitan aguas abajo de las presas han sido afectadas, en particular aquellas que dependen de las planicies de inundación naturales y de la pesca. Las consecuencias se resumen en que:

- Muchos de los desplazados no fueron reconocidos (o registrados como tales) y por lo tanto no fueron reasentados o indemnizados.
- En los casos en los que se entregó una indemnización, ésta fue con frecuencia insuficiente, y entre los desplazados reconocidos como tales muchos no fueron incluidos en programas de reasentamiento.
- A los que fueron reasentados rara vez se les restituyó sus medios de subsistencia, ya que los programas de reasentamiento se han centrado en el traslado físico y no en el desarrollo económico y social de los afectados.
- Cuanto mayor es el número de los desplazados, menos probable es que los medios de vida de las comunidades afectadas puedan ser restaurados.

En otro orden de ideas, también se han revisado las opciones para satisfacer las necesidades de energía, agua y alimentos en las circunstancias actuales del planeta. Entre las opciones se incluyen el manejo de la demanda, aumentar la eficiencia de la oferta, y nuevas opciones de suministro. Todas ellas pueden mejorar o expandir los servicios de agua y energía y satisfacer las necesidades en materia de desarrollo de todos los segmentos de la sociedad. Considerar estas opciones de un modo integrado, en lugar de sector por sector, sugiere las siguientes conclusiones generales y lecciones aprendidas:

- El manejo de la demanda incluye la reducción del consumo, el reciclaje y las tecnologías y políticas que promueven un uso más eficiente del agua y la energía por parte del usuario final.
- Dichas opciones poseen un considerable potencial sin explotar y ofrecen una gran oportunidad para reducir la demanda de agua y energía y obtener otros beneficios como la reducción de las emisiones de gases invernadero.
- Mejoras en la gestión del sistema pueden aplazar la necesidad de nuevas fuentes de suministro, al mejorar la eficiencia en la producción y transporte de los sistemas existentes. Pérdida innecesaria de agua y energía se puede evitar reduciendo las fugas del sistema con mantenimiento adecuado, y mejorando la tecnología de control, transmisión y distribución del sector energético.
- El manejo de las cuencas mediante acciones forestales y estructurales ofrece la oportunidad de reducir la sedimentación de embalses y canales, de regular el calendario y el volumen de flujos máximos, estacionales y anuales, así como de recargar los acuíferos subterráneos.
- Ha surgido un número de opciones relativas al suministro de agua y energía que son adecuadas localmente y, desde el punto de vista ambiental, viables económicamente y aceptables para el público, incluido el reciclaje, el almacenamiento del agua de lluvia y la energía eólica.

El debate sobre las represas es acerca del propio significado, la finalidad y los caminos del desarrollo. También acerca de las decisiones que se toman sobre ellas y, por tanto, sus alternativas deben responder a una gran variedad de necesidades, expectativas, objetivos y limitaciones. Se manifiestan en función de las preferencias de los funcionarios de turno y sus políticas públicas. Para resolver los conflictos subyacentes en relación a la eficacia de las represas y sus alternativas es necesario un amplio consenso sobre las normas que guían la selección de alternativas para el desarrollo y sobre los criterios que deben guiar el proceso de negociación y de toma de decisiones.

Para mejorar la eficiencia y aceptación de futuros desarrollos es necesario considerar las propuestas de aprovechamiento de agua y energía en un contexto de pleno conocimiento y comprensión de los beneficios e impactos de las grandes represas y de sus alternativas para todos los involucrados, incorporando nuevas opiniones, perspectivas y criterios al proceso de toma de decisiones. También desarrollar un consenso alrededor las decisiones alcanzadas, lo que generará cambios fundamentales en la forma en que se toman las decisiones. Este proceso debe iniciarse sobre la base de valores compartidos, de objetivos y metas del desarrollo como: equidad, eficiencia, toma de decisiones participativa, sustentabilidad y responsabilidad, que coinciden también con la Declaración Universal de los Derechos Humanos en 1948 y los acuerdos relacionados aprobados posteriormente, hasta la Declaración del Derecho al Desarrollo, aprobada por la Asamblea General de las Naciones Unidas en 1986, y los principios de Río acordados en la Conferencia de las Naciones Unidas sobre el Medio Ambiente y Desarrollo, en 1992.

En cuanto a las prioridades estratégicas para la toma de decisiones es fundamental obtener la aceptación pública para el desarrollo equitativo y sustentable de los recursos de agua y energía, la que surgirá del reconocimiento de los derechos tomando en cuenta los riesgos y la protección de los derechos de todos los grupos de personas afectadas, en particular de los grupos indígenas y tribales, de las mujeres y de otros grupos vulnerables. En consecuencia, los procesos y mecanismos de toma de decisiones que se utilicen deben facilitar la participación e información de todos los grupos. Este mecanismo puede facilitar la aceptación de los proyectos.

La alternativa más adecuada para el desarrollo se identifica a partir de una variedad de opciones posibles, y la elección se basa en una evaluación comprehensiva y participativa del conjunto de opciones institucionales, técnicas y políticas. En el proceso de evaluación los aspectos sociales y ambientales son tan importantes como los factores económicos y financieros. El proceso de evaluación de opciones debe continuar en todas las fases de planificación, desarrollo y operaciones del proyecto.

Existen oportunidades para optimizar los beneficios de muchas represas existentes, solucionar cuestiones sociales pendientes y reforzar medidas de mitigación y recuperación ambiental. Las represas y el entorno en el que funcionan no se consideran estáticos en el tiempo. Los beneficios y los impactos pueden transformarse debido a cambios en las prioridades de utilización del agua, cambios en el uso y las características físicas del suelo en la cuenca, desarrollos tecnológicos y cambios en las políticas públicas sobre medio ambiente, seguridad, economía y tecnología. Las prácticas de gestión y de funcionamiento deben adaptarse continuamente a las circunstancias cambiantes a lo largo de la vida del proyecto para dar respuesta a los problemas sociales pendientes.

Los ríos, cuencas y ecosistemas acuáticos son el motor biológico del planeta. Constituyen la base de la vida y el medio de subsistencia de las comunidades locales. Las represas transforman los paisajes. También crean riesgos de impactos irreversibles. La evaluación de las opciones y la toma de decisiones relativas al desarrollo de los ríos debe dar prioridad a medidas que eviten los impactos, seguidas por la minimización y mitigación de los daños ocasionados en la salud e integridad del sistema acuático. Es prioritario evitar impactos mediante una apropiada selección de sitios y un buen diseño de proyecto. La descarga de caudales, ambientalmente apropiados, puede contribuir a mantener los ecosistemas río abajo y las comunidades que dependen de los mismos. De esa forma se puede seguir apoyando aquellas presas que sean económica, social y ambientalmente rentables.

En su **Estrategia sobre Recursos Hídricos,** lanzada en marzo de 2003, el Banco Mundial estableció que *"Proveer de seguridad contra la variabilidad climática es una de las razones principales por las que los países industrializados han invertido en infraestructura hidráulica significativa como las presas, canales, embalses y traspasos de agua intercuencas. Muchos países en vías de desarrollo tienen el 0.001% de la infraestructura hidráulica de los países desarrollados con variabilidad climática comparable. Mientras que los países industrializados utilizan gran parte del potencial hidroeléctrico disponible como fuente de la energía renovable, la mayoría de los países en vías de desarrollo utilizan solamente una fracción pequeña de ese potencial, porque la mayoría de los países en vías de desarrollo han implementado una acción inadecuada de la infraestructura hidráulica".* El Banco Mundial ha visto la necesidad de asistirlos para desarrollar y mantener apropiadamente la infraestructura hidráulica, y en la obtención del financiamiento público y privado, al mismo tiempo que resuelve estándares ambientales y sociales.

Finalmente, en el tema agua y energía, el **Tercer Foro Mundial del Agua,** desarrollado en Kioto, Japón, en marzo de 2003, estableció que este recurso es la base de la vida y que la energía es esencial para el desarrollo social y económico. En consecuencia, un buen manejo que permita asegurar fuentes de agua sostenibles, sin limitar la generación de energía, es una preocupación crucial para el siglo XXI, por lo cual las recomendaciones y compromisos adoptados fueron que el agua y la energía se deben integrar tanto como se pueda en los proyectos; que la infraestructura multipropósito ofrece las ventajas de costos y beneficios compartidos, y que la hidroelectricidad contribuye a resolver las necesidades energéticas y de aguas. El sector está comprometido a trabajar con un mayor número de disciplinas para maximizar su contribución al desarrollo sustentable.

Esta experiencia demuestra que se pueden encontrar bases compartibles sin comprometer valores individuales o perspectivas. También demuestra que todas las partes interesadas deben participar en el proceso de buena fe, a fin de resolver las cuestiones que afectan el desarrollo del agua y la energía. Es un proceso con múltiples involucrados que deben avanzar juntos. En el futuro se producirán otros desacuerdos sobre estas cuestiones, pero un debate dinámico conduce con frecuencia a mejores resultados. Lo que sigue a continuación, como estrategia viable, es hacer un llamamiento a la acción mundial.

El enfoque analizado y los resultados del informe aumentarán la importancia de las dimensiones sociales, culturales y ambientales de las presas a un nivel que antes estaba reservado sólo a la dimensión económica. Este extraordinario ejemplo de participación ciudadana demuestra la importancia de los consensos y de la toma de decisiones informada y participativa en la gestión integrada de los recursos hídricos en el mundo (Alegría, 2001).

Hasta ahora la Comisión Mundial de Presas únicamente se pronuncia sobre las grandes y medianas represas en todo el mundo; en cambio no existen informes sobre los efectos de las pequeñas hidroeléctricas en la ecología. Es de suponer que los efectos pueden ser, de acuerdo con su tamaño, poco perjudiciales. Así mismo, las ventajas para la generación eléctrica se deben maximizar. La tendencia actual es un tipo especial de central hidroeléctrica llamada **central minihidráulica** o **minihidroeléctrica,** utilizada para la generación de energía eléctrica, a partir de la energía potencial o cinética del agua.

Existen dos tipos diferentes de **centrales minihidráulicas**. Las denominadas de **"agua fluyente"** y las llamadas **"a pie de presa"**. En el primer caso lo que se hace es desviar el agua de un río por un canal y tuberías hasta alcanzar una turbina, la cual genera electricidad. Posteriormente el agua es devuelta a su cauce. El tipo de minicentral "a pie de presa" basa su funcionamiento en el almacenamiento del agua en un embalse, vaciándose por una tubería ubicada en la base de la presa que va a desembocar en una turbina.

La hidroenergía es, quizás, la forma más antigua de aprovechamiento de energía para el desarrollo de las actividades productivas del hombre. Las ruedas hidráulicas se utilizaron desde el tiempo de los romanos para actividades como la molienda de granos, los aserraderos o simplemente como fuerza mecánica. A principios del siglo XX las turbinas modernas tipo Pelton, Francis, Kaplan y Banki proliferaron en Europa. Principalmente se utilizaron en las centrales hidroeléctricas "pequeñas" con capacidades instaladas de varias decenas o centenas de kilovatios.

Después de la II Guerra Mundial se dio un gran auge al desarrollo de la hidroelectricidad de gran capacidad, con centrales de varios megavatios. No obstante lo anterior, la construcción de estas minicentrales continuó principalmente en varios países de Europa y en algunos de Asia.

Con relación a la clasificación de las pequeñas centrales, aún no existe una convención mundial aceptada respecto a nombres y rangos de potencia. En algunos países una "pequeña central" puede ser aquella cuya potencia instalada no rebase los 10 MW; en algunos otros esta denominación es para centrales de no más de 2 ó 5 MW. Otras denominaciones son "mini" y "micro" centrales (CONAE, 1995). En Guatemala las minihidroeléctricas han sido construidas para generar energía utilizada en empresas y fincas para mover molinos de nixtamal, motores para beneficiado de café, maquinaria de los ingenios azucareros y para alumbrado, entre otros. En el país existen numerosos tipos de generadores que van desde la antigua rueda "Pelton" hasta generadores de turbina modernos. La tendencia es hacia el rescate de este recurso para poner en funcionamiento las viejas turbinas y así proveer de energía a la pequeña y mediana industria y para las poblaciones aisladas de baja demografía.

Hemos mencionado que las minihidroeléctricas no tienen un impacto negativo sobre el medio ambiente. Esta aclaración es necesaria porque los grupos opuestos a esta fuente de energía limpia realizan acciones en contra de todas las generadoras, ocasionando que las inversiones en pequeñas centrales también se retraigan. En Guatemala se construyen actualmente embalses pequeños que sirven únicamente para elevar el nivel del agua y utilizar así la fuerza gravitacional de la caída por el sistema de agua fluyente o a pie de presa, dependiendo de la factibilidad de su diseño y el caudal.

Las hidroeléctricas son caras en su implementación, pero una vez en funcionamiento sus costos de mantenimiento son reducidos y los altos precios de la energía los hacen ver como la mejor alternativa. Pero esto sólo aplica a países como Guatemala y en general Latinoamérica, que cuentan con recursos hídricos de importancia. Otros países ya han echado mano de este recurso y tienen menos probabilidades de crecer por esta vía.

Por aparte, siguiendo nuestro análisis sobre recursos hídricos, la **energía de las mareas** es otra fuente que ha sido aprovechada durante siglos. El 70% de la superficie de la Tierra está cubierta por agua. Los mares y los océanos son inmensos colectores, de los cuales se puede extraer energía de orígenes diversos. La alteración de los vientos y las aguas son responsables del oleaje y de las corrientes marinas.

El método consiste en llenar un estanque durante la marea alta y cuando ésta baja se suelta el agua para impulsar una rueda hidráulica o una turbina que genera energía eléctrica. Hoy se investiga la posibilidad de instalar molinos impulsados por la fuerza de las olas y también el agua del mar se está utilizando en la generación geotérmica, haciendo que el agua fría de las profundidades suba a la superficie; al calentarse se convierte en vapor que luego es utilizado como fuerza motriz de las turbinas que generan electricidad. El agua vuelve a las profundidades y de esta forma no se desaprovecha ningún recurso.

Otro método consiste en la utilización de la energía potencial del agua que se almacena en un estuario, el cual se separa del mar abierto mediante un dique con el propósito de constituir un depósito de almacenamiento durante la marea baja. En este caso, de igual manera que las centrales hidroeléctricas, el agua se hace pasar a través de unas turbinas para generar electricidad. Sin embargo, estas centrales pueden operar de diversas formas, dependiendo del número de embalses o depósitos utilizados y de los sentidos del movimiento del agua que se aprovechen. Además este tipo de instalaciones pueden completarse mediante la utilización de sistemas de almacenamiento con bombeo de agua de mar. Las turbinas hidráulicas utilizadas pueden ser de diversos tipos, pero han de cumplir ciertos requisitos debido a los pequeños saltos hidráulicos que utilizan las centrales mareomotrices.

También puede aprovecharse la energía cinética de las corrientes marinas de la misma forma que una turbina eólica extrae la energía del viento. En este caso se utilizan turbinas sumergidas en el mar, que convierten la energía cinética del agua en energía mecánica de rotación en un eje, el cual está conectado a un generador eléctrico que produce electricidad. Es evidente que la energía hidráulica y la energía mareomotriz tienen una importancia primordial para la generación sustentable. Sin embargo, por ahora, no pueden suplir por sí solas las necesidades de energía mundial.

Para el caso de Guatemala, las minihidroeléctricas representan un recurso de importancia para el desarrollo de comunidades aisladas que se encuentran fuera del rango de las líneas de transmisión nacional. Además existen caudales de importancia en regiones urbanas que pueden utilizar todo el potencial de las minihidroeléctricas para generar suficiente energía que permita alimentar el consumo humano y que provean de energía a las industrias. Dar energía de calidad y a buen precio resulta de gran importancia para que los proyectos energéticos sean sustentables. Este aspecto es el de mayor relevancia, dado que una comunidad consumidora no puede pagar su consumo si no cuenta con empleos bien remunerados que les permitan sostener un nivel de vida alcanzado. Este aspecto cobra relevancia en Guatemala porque la población de escasos ingresos y las municipalidades han dejado de pagar a las empresas generadoras y distribuidoras, lo que puede hacer colapsar los proyectos hidroeléctricos.

La cogeneración

El término cogeneración significa, en su versión más utilizada: la producción de energía eléctrica a través de subproductos obtenidos de un proceso de una planta industrial o manufacturera que dispone de una fuente de energía eléctrica. Los subproductos más comunes pueden ser: desechos de madera (aserrín), bagazo de caña de azúcar y otros que permitan ser usados como combustible. La cogeneración industrial incluye sistemas de utilización del calor residual de los procesos, además de los sistemas de energía total. Varios países industrializados y en vías de desarrollo están promoviendo actualmente la participación de la empresa privada en la generación de energía eléctrica, la cual ha sido tradicionalmente administrada por el sector estatal.

La cogeneración a partir de biomasa procedente del bagazo de caña presenta una alternativa de mayor rendimiento energético y económico, que tiene beneficios ambientales y es de mayor confiabilidad, lo que permite descentralizar las plantas de generación eléctrica. Además, siendo el bagazo de la caña un material desechable, éste se convierte en renovable al ser un subproducto de la industria azucarera que permite el ahorro de divisas para la importación de las gasolinas y otros derivados del petróleo.

Una desventaja es que la caña sólo puede aprovecharse durante los meses de noviembre a mayo en que se realiza la zafra. Pero el país necesita la generación de energía eléctrica de manera estable y de forma ampliada.

Por lo que la biomasa de la caña de azúcar cubre una pequeña porción de todo el mercado energético.

En ese sentido, la viabilidad en el uso de los recursos debe ser analizada con detenimiento como lo afirma Rubin (2009): *"Cuando se habla de energía no podemos ignorar que los recursos son finitos y requieren de un costo para su explotación. El concepto de índice de rentabilidad energética es esencial para determinar si una fuente de energía resulta económicamente viable, en especial cuando se trata de yacimientos de petróleo no convencionales. El índice de rentabilidad energética mide la energía que se obtiene de la que gasta. El único común denominador de todos los yacimientos no convencionales, como las arenas petrolíferas canadienses hacia los que hoy dirige la atención el mundo, es que habrá que quemar mucha energía para sacar ese petróleo del suelo. En otras palabras, tienen un índice de rentabilidad energética decreciente o bajo".*

De aquí se desprende que antes de iniciar proyectos de biomasa, energía eólica o tratar de explorar petróleo en nuestros suelos, se debe determinar si su extracción tendrá un coste tan elevado que lo convertirá en un proyecto inviable. Esta referencia también es útil cuando se realizan proyectos de factibilidad para las hidroeléctricas. Se requieren estudios previos para determinar cómo sacarle mayor provecho a las inversiones.

Nuevos modelos de desarrollo social sustentable

La tecnología tiene tantos aspectos a considerar que es difícil planificar una secuencia por períodos históricos. Muchos inventos se dan en forma simultánea y producen cambios excepcionalmente rápidos en la evolución o estancamiento del desarrollo humano en temas tan diversos como la química industrial, fuente del origen de los fertilizantes artificiales, los insecticidas y los herbicidas; el motor de combustión interna, que sustituye en parte la tracción humana y animal; el desarrollo de la navegación con buques refrigerados que permitieron el traslado de alimentos de un país a otro y el desarrollo de los alimentos enlatados; estos son algunos que cambiaron las relaciones de producción y consumo. Hacia el año 1900 se dieron innovaciones en las ciencias que se basan esencialmente en una visión mecanicista del funcionamiento de la naturaleza. Principalmente se dan avances en el campo eléctrico que reflejan un cambio en la dirección del pensamiento. La primera mitad del siglo XX fue un período de transición en la civilización occidental, la economía esencialmente rural se transformó en urbana por los procesos tecnológicos motivados por la Revolución Industrial.

El potencial de la industria para generar grandes riquezas es evidente, pero al mismo tiempo no se tiene conciencia clara de los problemas que puede ocasionar. Se pensó que la tecnología tendría las respuestas a todos los males de la sociedad, pero no se comprendió entonces que la industrialización desenfrenada podría tener consecuencias en el orden social, ambiental o económico. Sin embargo, para 1958 los marxistas habían intentado explicar tal situación, como lo sugiere Leonardo Acosta (s.f.) en su ensayo *"Medios masivos e ideología imperialista"*. Acosta afirma que *"la tecnología es la que impulsa el incremento constante de la producción y hace obsoletos los productos de un año para otro; la publicidad y los medios masivos constituyen la actividad paralela superestructural para elevar el consumo a tono con la producción. Pero, a su vez, los medios masivos dependen de la tecnología (electrónica principalmente). Por eso la tecnología, que actúa paralelamente como palanca tanto en la base como en la superestructura, ha llegado a constituir el centro de una nueva ideología: el factor tecnológico es el que ha absorbido y fundido en sí los viejos mitos capitalistas dándoles una nueva presentación"*. La tecnología y el consumo son vistos por Acosta como los dos nuevos valores del capitalismo.

También la televisión y otros medios como la radio y más recientemente el Internet son percibidos como los nuevos sistemas educativos mundiales que empezaron por adaptarse a las necesidades del nuevo modelo industrial. En los inicios de la era tecnológica surge la electricidad como nuevo factor de desarrollo, especialmente por el acceso a la iluminación y, lo más importante, la ciencia ligada a la electrónica que allana el camino para el transistor (radio) y el microprocesador, por lo que se produce un cambio en la distribución geográfica de la industria. Los países como Estados Unidos, Alemania y Gran Bretaña eran los centros más importantes, pero se agregan Rusia y Japón en campos como la electrónica, el transporte y la producción de alimentos. Se desarrollan máquinas que son operadas en forma manual o mecánica por mano de obra mejor calificada, con mayor énfasis en las ciencias, la ingeniería y las matemáticas. El proceso de transferencia de tecnología no se produce en la misma escala en los países menos desarrollados.

A mediados del siglo XX surge una nueva clase directiva de profesionales y se generalizan los sindicatos que parten de los viejos gremios de artesanos especializados, que luego penetran entre los grupos de obreros no cualificados. Esto genera la polarización entre empresas y sindicatos, lo que da pie a la creación de una compleja maquinaria de negociadores. Estas disputas permiten el desarrollo de legislaciones enmarañadas e inestables, algunas veces basadas en motivos políticos para el control de salarios y el control de huelgas. Pero luego los intereses se polarizaron cada vez más con resultados críticos para la industria. El sindicalismo en algunos casos ocasionó la quiebra o el cierre de grandes empresas. Los trabajadores quedaron cesantes y el resultado fue un saldo negativo para todos.

La humanidad continuó su avance hacia lo que hoy llamamos desarrollo o progreso. El descubrimiento de procesos productivos a partir de la química hace posibles nuevos usos para los derivados del petróleo. Estos hallazgos y su utilización sin regulación rigurosa hacen que los descubrimientos produzcan daños al medio ambiente que la humanidad empieza a vislumbrar. Ante los acontecimientos acelerados por la tecnología los gobiernos reaccionan tardíamente y, en consecuencia, las crisis energéticas se suceden como en el caso de la eliminación del plomo en la gasolina que llegó a causar serios daños a la salud. También los insecticidas y pesticidas sintéticos basados en hidrocarburo clorado tenían propiedades tóxicas imprevistas. No logramos, como humanidad, prever los daños ocasionados por los nuevos descubrimientos y la revolución petroquímica (Derry y Williams, 1990).

En muchos países los gobiernos se han esforzado por establecer centros para fomentar algunos campos de investigación considerados estratégicos. Hay una tendencia a que las empresas se amplíen de forma continua, lanzándose a nuevos territorios. Las adquisiciones y fusiones a gran escala están de moda como forma de innovación, aunque éstas no sean necesariamente rentables. La ventaja de las fusiones es estratégica, como lo observamos en las inversiones de las grandes empresas en proyectos de generación eléctrica de impacto neutro.

Las preguntas son ¿cómo podemos moderar la explotación de los ecosistemas sin privar de los derechos de uso a la gente que depende de ellos para su subsistencia? y ¿cómo podemos incorporar la ecología y la sociología a las decisiones sobre el uso de los recursos naturales, de forma que se reduzcan los riesgos para las personas y los ecosistemas y se identifiquen nuevas oportunidades? El agotamiento de los recursos es un resultado evidente del fracaso de las entidades estatales y privadas para manejar eficientemente los recursos y, más allá de las formas políticas, la contradicción es irresoluble entre la humanidad y el ecosistema con el proceso de industrialización actual.

Ya hemos mencionado el problema de las tierras raras que, en conjunto con la escasez de combustibles fósiles, representa un grave inconveniente para la seguridad geopolítica así como para la seguridad alimentaria. Hasta ahora China controla la mayor cantidad de estas tierras raras, pero las potencias tecnológicas no se han quedado de brazos cruzados frente al problema. Han denunciado las restricciones chinas para obtener estas materias primas porque, según ellos, se está violando el derecho internacional. Estas restricciones tienen como objetivo limitar el acceso a estos materiales a las industrias foráneas para favorecer a la industria china. Las grandes potencias, por su parte, dejaron de producir estos "minerales estratégicos" porque su producción generaba mucha contaminación, un tema especialmente sensible en Europa. Hoy algunas de las minas abandonadas por falta de competitividad en Estados Unidos, como la de Mountain Pass, en California, se están reabriendo gracias a los subsidios federales.

"China, entretanto, creó la Asociación Nacional de Tierras Raras y amplió en 10 mil 680 toneladas la cuota de exportación, que se suman a las 10 mil 546 toneladas aprobadas en noviembre de 2011. La demanda mundial de tierras raras es de 134 mil toneladas, pero sólo se extraen 124 mil, lo que empuja el precio al alza" (Tarano, 2012:5).

La importancia de estos elementos estriba en que son claves para desarrollar energías renovables. Algunos materiales son utilizados para hacer más eficientes las turbinas de los generadores para la construcción de reactores nucleares o para refinar petróleo. Se utilizan también para producir motores de los autos híbridos, lámparas láser, fibra óptica, bombillas ahorradoras y otras tecnologías que sirven para disminuir el consumo de energía y combustibles. La tecnología para producir energía renovable tiene sustento en el uso de las tierras raras; de allí su importancia estratégica. China alberga apenas el 43% de las reservas de esos 17 minerales, pero produce del 93% al 95% del total mundial de esos insumos. Pero en los últimos años China ha reducido hasta en 40% la producción debido a que teme quedarse sin este recurso en el futuro para su propio consumo.

La paradoja en el tema de los recursos renovables resulta interesante. Es necesario estudiar más a fondo el problema porque nos ayuda a comprender el panorama actual de la industria extractiva y la oposición de ciertos grupos a la explotación o sobreexplotación de la tierra. Por una parte las grandes potencias están a la caza de todos los recursos mundiales para asegurarse la provisión futura. Por otra parte existe una clara amenaza a la seguridad alimentaria. Los ambientalistas se oponen de tajo y no permiten que estos recursos sirvan para mejorar las condiciones de vida de las naciones pobres, pero los industriales se niegan a pagar los impuestos y regalías justas para compensar la pérdida del recurso y los daños causados para la recuperación del ambiente.

El agua es otro de los grandes factores de riesgo. Es necesaria para la agricultura sostenible y también se usa en la industria extractiva que, en ocasiones, contamina el recurso haciendo imposible su uso para la agricultura o el consumo humano. El uso de fertilizantes también contamina las aguas y, en última instancia, los seres humanos al utilizarla para el consumo también contribuyen al deterioro ambiental. A esto debemos agregar el factor de los residuos sólidos que se vierten en los ríos, lagos y que llegan al mar convirtiéndose en una amenaza para el ecosistema marino.

En Guatemala, desde hace varios años se espera una reglamentación en el uso del agua, como instrumento para ordenar el sector. Los diversos actores, hasta ahora enfrentados por el tema, no están ayudando en la sostenibilidad. Se necesitan incentivos para quienes ayuden a reforestar las cuencas y penalización para quienes hagan mal uso del agua. Carlos Salvatierra, de Redmanglar Internacional, expone: *"en la región del Pacífico de Guatemala existen 18 cuencas hidrográficas e importantes zonas de recarga hídrica. Muchas fuentes de agua nacen en la cadena volcánica, por lo que tiene un importante papel en el ciclo hidrológico. Los bosques y la cobertura vegetal contribuyen a la protección de las cuencas en una zona con altas y fuertes pendientes"* (Salvatierra, 2012: 7).

Como ejemplo, en esta zona del Pacífico se encuentra ubicado el municipio de Chicacao, en el departamento de Suchitepéquez, que obtiene su recarga hídrica de las montañas y volcanes que rodean el lago de Atitlán. Además los afluentes se abastecen por medio del manto freático que recibe recargas por las filtraciones. El agua brota de pequeños y medianos nacimientos que alimentan los riachuelos y ríos hasta llegar a la boca costa. Es allí donde empieza el problema. La mayor contaminación se produce cuando las corrientes atraviesan las comunidades, las cuales no cuentan con drenajes ni con tratamiento de desechos. Cuando el agua llega a las planicies costeras lleva residuos y basura de todo tipo, y allí es desviada hacia las plantaciones industriales para regar grandes extensiones. En verano las poblaciones costeras sufren por la falta de lluvias, pero al llegar el invierno las bordas y canales provocan inundaciones inesperadas. Los sedimentos y la basura plástica producen azolvamiento, lo que termina afectando a las comunidades pesqueras y en especial a las reservas de mangle. Los manglares de las reservas en la costa del Pacífico están desapareciendo de manera acelerada y provocando un cambio en la configuración de las playas.

Existe una marcada tendencia a culpar únicamente a las industrias agrícolas y a minimizar el problema de la contaminación debida a la población urbana y rural que expulsan los desechos en las cuencas. Balsells (2012), de Consult Centroamérica, expone: *"A pesar del carácter estratégico y vital del agua, el país no cuenta con una regulación específica que operativice lo mencionado en la constitución política, en los artículos 125 y 127, en donde se establece la necesidad de explorar y explotar racionalmente los recursos naturales"* (Constitución Política de Guatemala, 1985). Balsells dice que para la gestión del agua existen modelos que han dado frutos, por ejemplo, en Santa Catarina Pinula, donde los vecinos de uno de los condominios pioneros se agruparon bajo comités, fortalecieron su proceso organizativo con vecinos que son ingenieros, abogados y financistas para efectuar reparaciones, mantenimientos y controlar las acometidas ilegales de otras urbanizaciones. Otro caso exitoso es el de una urbanización que se ocupa, incluso, de la gestión del agua, la limpieza y de dictar diversas disposiciones de **arbitraje** por el caos inmobiliario que afronta la ciudad de Guatemala.

Pero estos modelos casi siempre tienen un costo muy alto, por lo que sólo las urbanizaciones de alto valor pueden involucrarse. Se puede replicar en barrios bajos si su costo no excede el monto que los vecinos estén dispuestos a pagar por el agua y su administración.

El problema de la tierra y del agua son apenas dos de los más importantes actores involucrados en el conflicto. A la vez son el origen de esta conflictividad que se ha derramado hacia otras áreas de acción. El uso de la tierra para las extracciones mineras y la canalización del agua para las hidroeléctricas son vistos por las comunidades rurales como amenazas a su seguridad alimentaria y su sistema de vida. En tanto, en las medianas y grandes ciudades la población urbana ha comenzado a percibir la importancia de utilizar el espacio al máximo. El costo de los combustibles para el transporte de los alimentos hacia las zonas más pobladas promueve que la agricultura se transfiera a localidades cercanas con menos tierra para cultivos y menor acceso a fuentes de agua baratas.

Volviendo en la historia al problema de la tenencia de la tierra, el período colonial introdujo los ejidos de propiedad privada y estatal en muchos países de América Latina y esas prácticas se extendieron entre los Estados independientes. Luego surge la disyuntiva entre el control local *de facto* y la propiedad estatal oficial que crea conflictos y deja a los residentes inseguros, abriendo la vía hacia el uso incorrecto e insostenible de la tierra. La seguridad de poseer la propiedad es fundamental para cualquiera que dependa de ella o de los recursos naturales para su sustento. La tenencia segura se relaciona, normalmente, con el reconocimiento oficial de los derechos de la propiedad o de su uso por parte de las autoridades y de la comunidad. Constituye un factor decisivo en cómo la gente usa o abusa de la tierra y los recursos. Cuando las personas no confían en sus derechos de propiedad suelen abusar porque tienen pocos incentivos para invertir en el recurso y mejorarlo (WRI, 2004).

La certeza jurídica les permite realizar mejoras, nuevas inversiones y obtener préstamos hipotecarios; esta es una forma de fomentar la adopción de decisiones sostenibles. Se sabe que las tierras comunales regidas por el derecho consuetudinario suelen ser sobreexplotadas. La poca regulación y la falta de sanciones contra su uso excesivo han vaciado las reservas de recursos en estas tierras. Los diversos estudios sobre el buen manejo de la propiedad colectiva instruyen para que la comunidad comprenda el valor y escasez de la misma. Debe existir, además, la buena comunicación entre los miembros de la comunidad; es necesario un sistema de supervisión de las normas impuestas, un sistema eficaz de sanciones y un mecanismo para resolver las controversias.

En Guatemala, como en el resto del mundo, el crecimiento en el PIB *per cápita* va acompañado de un aumento en las emisiones de CO_2. La deforestación también avanza con el crecimiento económico de manera alarmante. Antes los bosques conformaban el 50% de la tierra, pero ahora tenemos sólo el 30%, lo que reduce la producción de oxígeno y la reducción de CO_2 en el medio ambiente. El país pierde 68 mil hectáreas de bosque anualmente y se estima que perderá su área selvática en 55 años si continúa la tasa del 95% de tala ilícita.

Lo significativo del reto al que se enfrenta la gestión ambiental es que éste se origina en un contexto mundial que cambia rápidamente. Esos cambios van más allá del acelerado deterioro de los ecosistemas, porque las tendencias económicas, políticas y tecnológicas están redefiniendo nuestras relaciones con los ecosistemas, por lo general en crisis.

La globalización, el aumento de los intercambios comerciales y las inversiones internacionales demandan una buena gestión ambiental. La globalización económica, es decir, la creciente integración e interdependencia entre las economías nacionales, ha redefinido nuestra relación con los ecosistemas y extendido el alcance de nuestras decisiones en materia ambiental. La globalización se define hoy como el acceso creciente a los bienes y servicios provenientes de todo el mundo. Los grandes flujos de capital que circulan entre los países y los avances tecnológicos hacen que las enormes distancias, además de otros elementos, sean un factor sin importancia aparente, en tanto no se añada el factor del costo de los combustibles.

Beck (2009), en su obra *La sociedad del cambio global*, define dos tipos de modernidad. La primera, tal como la conocemos, está basada en sociedades de Estados-nación en las que las relaciones, las redes sociales y las comunidades se entienden esencialmente en un sentido territorial. Las pautas colectivas de vida, progreso, pleno empleo y explotación de la naturaleza, típicas de esta primera modernidad, han quedado ahora socavadas por cinco procesos interrelacionados: la globalización, la individualización, la revolución de los géneros, el subempleo y los riesgos globales como la crisis ecológica y el colapso de los mercados financieros globales. El auténtico reto teórico y político de la segunda modernidad es que la sociedad responda simultáneamente a todos estos retos (Beck, 2009: 2).

Para el caso que nos ocupa en esta investigación es importante remarcar los puntos de conflictividad que vienen dados por las mismas perspectivas globales. Uno de los problemas en que no han reparado los analistas políticos es que el mundo se vuelve cada vez más democrático. Los votantes de hoy tienen la tendencia a votar en contra de las políticas que les dañan. No están dispuestos a esperar plazos largos para recibir los beneficios de las políticas implementadas. Los ciudadanos no están anuentes a ceder su bienestar para corregir problemas de largo plazo, en cambio prefieren hipotecar el futuro de las nuevas generaciones. Los riesgos financieros, las quiebras y el desempleo que azotan a los países de Europa y Asia son un peligro constante que se desborda y se trasforma en una amenaza global, especialmente para la clase media, los pobres y, más recientemente, para las élites políticas que no pueden enfrentar el problema porque la única solución es una recesión generalizada que pocos están dispuestos a apoyar.

Podemos apreciar que los conflictos en la sociedad actual están surgiendo por diversos factores. No es de extrañar que se enarbolen todo tipo de causas sociales, que surjan grupos de presión y de oposición a toda clase de proyectos, con justificación o sin ella. El factor de conflictividad *per se*, es decir, sin causa aparente, tiene raíces más profundas de las que podemos analizar por simple apariencia. La información superficial nos permite tener un parámetro del origen del conflicto, pero las verdaderas causas sólo las encontraremos con un análisis basado en la investigación de campo.

El punto de partida está dado por los riesgos de explosividad social generados por los riesgos financieros globales. El movimiento de los "indignados", como ejemplo, surge porque la economía familiar ha sido golpeada hasta sus cimientos por la crisis financiera global. Es decir que, cualquiera sea el motivo, la sociedad en su conjunto está siendo presa de la desesperación al ver coartados sus derechos ciudadanos, colapsado su estilo de vida y truncados sus anhelos de bienestar actual y futuro.

La solidaridad es otro factor que ha perdido fuerza ante la perspectiva de la desgracia individual. Este tema puede proporcionarnos una oportunidad de negociación si los actores aprovechan los beneficios de explicar el bien común como forma de obtener el permiso y aceptación para los proyectos energéticos. El bienestar de un grupo mayoritario es siempre un objetivo de la política estatal, por tanto, el bienestar individual o de las minorías tendrá una valoración inferior. Sin embargo, una buena negociación con esos grupos minoritarios alejará los conflictos y minimizará los riesgos de los inversionistas. Pero un modelo de negociación no puede ser homogéneo porque la población y los problemas que afronta cada comunidad son variables. Por ello se debe proponer una metodología que pueda adaptarse a cada caso en particular. La metodología deberá ser susceptible de cambios acordes con las necesidades de los diferentes actores en conflicto. Los participantes de la negociación serán los representantes de los pobladores rurales, pobladores urbanos, ambientalistas, autoridades del gobierno, empresarios locales, inversionistas transnacionales y miembros del sector académico, así como técnicos y profesionales a cargo de las obras. En conclusión podemos afirmar que la humanidad se enfrenta a grandes cambios y retos. Estos cambios vienen cada vez más rápido y requieren de acciones inmediatas. El agua y la energía son factores determinantes que mueven al mundo entero, por eso debemos entender la necesidad de enfrentar los retos de la conservación y el uso adecuado de los recursos.

Cambio de paradigma en los patrones de generación energética

En junio de 1992 los jefes de Estado que asistieron a la Cumbre de la Tierra, en Río de Janeiro, Brasil, reconocieron, por primera vez, la gravedad de las amenazas del cambio climático y la importancia del desarrollo sostenible. El evento sirvió de estímulo al convertirlos en la guía fundamental para la continuación de la civilización humana sobre el planeta. Esto implicó tomar acciones preventivas para evitar el daño irreparable del hábitat planetario.

En los primeros años el esfuerzo se centró en la conservación de la naturaleza, pero gradualmente fue evolucionando para incluir temas sociales, económicos e institucionales. Uno de los resultados concretos de la "Cumbre de la Tierra" fue la Convención Marco de las Naciones Unidas sobre el Cambio Climático, con el objetivo de reducir las emisiones de gases que provocan el efecto invernadero, la cual entró en vigencia en 1994 y fue aceptada por casi todas las naciones del planeta.

Sin embargo, el mundo ha seguido funcionando como siempre. Las economías consumistas, impulsadas por la disponibilidad de energía barata, dieron paso a una bonanza económica sin precedentes. Como resultado del cambio climático hoy estamos viviendo en un medio ambiente deteriorado. Esta crisis es causada en gran medida por la acción del ser humano. Todos los días nuevos consumidores se incorporan a la economía global, por lo que se prevé un incremento en la demanda de energía que continuará elevándose en forma exponencial y que pronto viviremos en un mundo condicionado por la escasez de recursos.

La forma de enfrentar el problema es reducir el consumo o utilizarlo de manera eficiente, distribuir equitativamente los recursos o emplear otras fuerzas energéticas para asegurar el propio abastecimiento. Los combustibles fósiles, al sobre utilizarse, generan un deterioro en el resto de la humanidad. El cambio climático tiene la connotación de un desafío existencial por lo que debemos tomar conciencia e involucrarnos en las soluciones.

Como muchos científicos afirman, la historia nos demuestra que todos los imperios terminan por colapsar tarde o temprano. Se debe a causas naturales como las sequías, inundaciones, terremotos y otras catástrofes climáticas, pero también sucumben ante la corrupción, las malas prácticas agrícolas o, en nuestros tiempos, las crisis económicas mundiales. El analista Nathan Hagans (2012) explicaba en una entrevista que el tamaño del país y de su economía no es garantía de crecimiento continuo. La humanidad no cuenta con suficientes botes salvavidas, por tanto sólo algunos lograrán sobrevivir porque el sistema económico actual no es sustentable. Por ejemplo, no existen sustitutos para el agua y el petróleo.

Se cree que la falta de agua fue la causa del declive del imperio mesopotámico. El uso intensivo de la irrigación hizo mermar los afluentes causando el colapso de la región. Es posible que lo mismo haya sucedido con los mayas y otras civilizaciones antiguas como las tribus que habitaron los desiertos del sur de Estados Unidos. Las propuestas que más se escuchan para enfrentar estos cambios es un reajuste paulatino de nuestras actividades, porque el cénit de la curva de Hubbert[34] sobre las reservas de petróleo está ahora en declive.

Para el caso de Guatemala, la Mesa Nacional de Cambio Climático ha considerado, incluso, promover un modo de vida más sencillo, alejado de gastos innecesarios y aprovechar los aspectos perdidos de la vida cotidiana. Proponen la reducción del consumo de comida rápida y retomar los patrones de alimentación antiguos. Recomiendan reducir los desperdicios porque el planeta ha comenzado a pasarnos la factura. Sequías, inundaciones, deforestación son algunos de los problemas a los que se enfrenta el país. Uno de los aspectos que este grupo sugiere presentar a los secretarios generales de los partidos políticos es la gestión de recursos naturales en beneficio máximo de las poblaciones y no en su detrimento (Herrera, 2011a:19).

Un retorno al pasado es lo que menos desean los habitantes de cualquier país. Los resultados pueden ser los mismos obtenidos por CEMAT en la década de los 80. Las ecoaldeas autosustentables siguen siendo una solución utópica. Mientras en Guatemala se debate sobre la consulta popular, la oposición a la minería, la industria hidroeléctrica y los bloqueos constantes en las carreteras, en otros países se toman medidas para incentivar la generación basada en energía alternativa, proveniente de recursos renovables de impacto neutro.

Los gobiernos están multiplicando esfuerzos para impulsar el uso de recursos renovables. Por ejemplo, La Ventosa, en el Estado mexicano de Oaxaca, es un lugar de mucho viento. Esta fuerza está siendo aprovechada

---

[34] **Curva de Hubbert**, también conocida como cénit del petróleo o pico agotamiento del petróleo, es una teoría acerca de la tasa de agotamiento a largo plazo del petróleo, así como de otros combustibles fósiles. Predice que la producción mundial de petróleo llegará a su cénit y después declinará tan rápido como creció, resaltando el hecho de que el factor limitador de la extracción de petróleo es la energía requerida y no su coste económico.

por 167 aerogeneradores; la potencia alcanza 250 megavatios. Eurus es el mayor parque eólico de América Latina, un proyecto conjunto con la empresa española Acciona y la cementera mexicana Cemex, que se beneficia con el 25 por ciento de su consumo. Pese a su potencial, este tipo de energía representa apenas el 3% de la matriz energética mexicana, según la Secretaría de Energía (SENER).

Las autoridades mexicanas trabajan para que en el año 2024 el 35% de la capacidad de generación eléctrica provenga de energías limpias. No es el único gobierno latinoamericano que hace cuentas limpias. Perú prevé cubrir el 5% de su suministro con energías limpias y para el 2020 cubrir el 20%. Se requiere de incentivos para que el sector privado participe, lo que supone un fuerte impulso de los gobiernos. La energía alternativa en este momento es muy cara y comparativamente muy costosa, por lo que no es atractiva para los empresarios.

Las inversiones son subsidiadas por los gobiernos con el objeto cubrir la demanda presente y futura de energía. Para eso se deben modificar los marcos regulatorios, los gobiernos deberán implementar tarifas fijas o subsidios específicos que hagan más competitivas las energías renovables desde el punto de vista financiero. Estos subsidios han sido la base para el desarrollo de energía renovable en el mundo, principalmente en Europa. Fue el caso de España que, bajo esa lógica, ha logrado aumentar la capacidad instalada de la energía fotovoltaica en más de cuatro mil megavatios.

Sin embargo, América Latina parte de una base distinta. Europa utilizaba carbón y combustibles fósiles, por lo que era imperativo disminuir las emisiones de CO_2. En cambio la matriz energética de América Latina es bastante limpia, con un 70% de capacidad energética proveniente de fuentes hídricas y la generación de electricidad sólo produce 10% de emisiones de gases de efecto invernadero de la región. Tampoco los gobiernos cuentan con recursos para dar subsidios, por lo que se está promoviendo que los industriales y empresarios se hagan cargo de la inversión en proyectos energéticos (Zvaighaft, 2010:13).

En Europa, España es el país que va a la delantera en el desarrollo de energías limpias. Como ejemplo, la empresa Iberdrola Renovables, filial del gigante español Iberdrola, anunció la construcción de un parque eólico en el sureste de Rumania que será el más grande del mundo. Con capacidad para generar 1,500 megavatios (MW), es el proyecto más ambicioso y suministrará energía eléctrica para un millón de hogares, reduciendo las emisiones de CO_2 en 25 millones de toneladas. Rumania es uno de los países que tiene una posición privilegiada por los vientos y dispone de una potencia instalada de energía eólica de menos de 500 megavatios, aunque su potencial es de unos 14 mil megavatios (Prensa Libre, 2011b).

En Guatemala se realizan esfuerzos por subirse al carro de la energía renovable. En abril de 2011 se llevó a cabo el XVII Foro Regional de la Alianza en Energía y Ambiente con Centroamérica (AEA, 2011). Ese foro nace de la Cumbre Mundial de Desarrollo Sostenible de las Naciones Unidas, en Johannesburgo, en 2002. La Alianza en Energía y Ambiente con Centroamérica ha venido apoyando a los países de la región centroamericana en la promoción de las energías renovables con el propósito de contribuir al desarrollo sostenible de sus pueblos y de mitigar los efectos del cambio climático a nivel mundial. El proyecto se inició con el apoyo del Ministerio para Asuntos Exteriores de Finlandia, en coordinación con la Secretaría General del Sistema de Integración Centroamericana (SG-SICA) y la Comisión Centroamericana de Ambiente y Desarrollo (CCAD). A partir del año 2007 la AEA se fortaleció con la incorporación de la Agencia Austríaca para el Desarrollo, y en el año 2010 la Unión Europea también se adhirió a este esfuerzo. Este proceso de reconversión a principios del siglo XXI nos permite plantear el cambio en los paradigmas de la matriz energética. Sin embargo, algunos países como Dinamarca, Noruega y Suecia han sido señalados de boicotear la puesta en marcha de proyectos hidroeléctricos por medio de la injerencia de activistas financiados por la cooperación internacional. Analizaremos este aspecto en otro apartado porque es, en apariencia, el origen de los conflictos sociales y el estancamiento de los proyectos de inversión en energías renovables.

Capítulo 6

El consumo y la energía

La energía es un factor de importancia estratégica para América Latina. Al examinar el panorama regional es innegable una pugna entre dos enfoques. Quienes lo ven como un recurso de poder político, y la visión que vincula la energía como un recurso sociopolítico que sugiere aprovecharla para crear condiciones de seguridad y desarrollo humano, más allá de lo económico. Ahora la cuestión energética emerge con enorme fuerza en la agenda mundial ligada a distintos ámbitos de alta sensibilidad internacional: comerciales, financieros, ambientales, socioculturales, políticos, estratégicos e institucionales. Las interdependencias energéticas —simetrías y asimetrías— vinculan, como nunca antes, al mundo entero. Esta dimensión de las relaciones internacionales contiene tanto oportunidades como riesgos en cada uno de los ámbitos en que se encuentra vinculada. La riqueza energética posiciona a Latinoamérica como una región de enorme potencial de complementación entre productores y consumidores, como afirma Carlos Henrique Cardozo, expresidente de Brasil: *"Más allá de las posibilidades que se abren para los países mejor dotados, la interacción energética del conjunto se presenta como una oportunidad para mejorar no sólo las condiciones del desarrollo y la proyección económica, sino también la convivencia social y la organización política"* (Cardozo, 2006:2).

Es razonable pensar que la demanda de energía se seguirá incrementando a pesar de las crisis que hacen retroceder los precios para luego repuntar de nuevo. Sabemos además que la actividad económica va de la mano con el uso de la energía. Si se quiere que la economía crezca es necesario quemar más energía. La reducción de las reservas mundiales de petróleo es una amenaza para la economía y la estabilidad política, si ocurre que éstas se tambalean o se contrae el crecimiento. Al contraerse el crecimiento los precios de los energéticos caen momentáneamente para luego subir, debido, principalmente, a que también se contraen las inversiones en la industria energética, provocando un nuevo desabastecimiento. Este movimiento se vuelve cíclico. Los gobiernos de todo el mundo están recurriendo al rescate de los bancos para paliar los estragos causados por la debacle. Éstos toman el dinero de los contribuyentes para ayudar a las empresas y evitar que la economía los hunda, pero no se puede contar con un rescate para la energía. La vida, tal como la conocemos, no cabe en un mundo con combustibles fósiles caros. Significa que debemos acostumbrarnos a decir adiós a los productos baratos elaborados o fabricados en otra parte del planeta. El transporte de estos productos se encarece, por lo que es ineludible que entremos en un período de desglobalización. Esto significa que las empresas locales volverán a tener auge en el futuro. Rubin (2009) expone: *"Con cada dólar de aumento del precio del carburante para calderas que usan los barcos contenedores que surcan el Pacífico, las ventajas salariales de China van disminuyendo y los trabajadores occidentales vuelven a ser competitivos"*. Hoy los cinturones industriales de Estados Unidos y del Reino Unido están resurgiendo, al igual que la maquila en Guatemala ha vuelto a ser una opción competitiva. *"Preparémonos para un mundo más pequeño. Muy pronto nuestros alimentos procederán de un campo mucho más próximo a nuestra residencia, y las cosas que compremos probablemente provengan de alguna fábrica de los alrededores, y no de una de la otra parte del globo"*, afirma Rubin.

El localismo también posee detractores, aquellos que lo ven como una moda que no puede aplicarse en todas partes. Se está evolucionando en pequeña escala hacia los cultivos cerrados, es decir, bajo control, como la **hidroponía** y los huertos familiares. La agricultura protegida tiene muchas ventajas, entre ellas la productividad en áreas reducidas, el uso eficiente del agua y menores gastos en plaguicidas, pesticidas y abonos. La agricultura bajo techo permite también controlar los cambios de temperatura y no requiere gastos adicionales de insumos y mano de obra (Muñoz, 2012: 2).

Ciertamente las grandes urbes contaminadas no son precisamente el mejor ambiente para el cultivo de hortalizas en huertos familiares ubicados en las azoteas. Tampoco pueden proveer las cantidades adecuadas para abastecer a los pobladores urbanos, los restaurantes o a los grandes supermercados (Patil, 2012: 5).

En ocasiones algunos remedios resultan peores que la enfermedad. Las fuentes de energía disponibles son un buen ejemplo. Rubín (2009: 83) sintetiza que *"La energía es el alma del progreso. Más que cualquier otra cosa el consumo de energía per cápita es lo que separa a las familias de India y China de un modo de vida que los occidentales dan por supuesto"*. Pero tampoco debemos desestimar la teoría que sostiene que *"las mejoras en la eficiencia energética producen un efecto inesperado y poco grato: el incremento del consumo de energía"*.

Tener acceso a más energía significa un incremento en la actividad económica. Más autos, más construcción, más fábricas e, inevitablemente, más consumo. Es decir, si una economía puede consumir más energía al mismo precio, también se produce un mayor crecimiento económico por el mismo precio. Se produce un estímulo a la demanda de energía por parte de una economía más fuerte. De forma circular la energía hace que crezca la economía y ésta necesitará cada vez más energía. Pero cuando el crecimiento económico sobrepasa el índice de mejora en eficiencia, el resultado es un efecto de rebote muy fuerte.

Los obstinados patrones entre la eficiencia en el uso del combustible se repiten en el sector transporte; al tener automóviles más eficientes, las personas compran vehículos más grandes. Cuando los electrodomésticos empezaron a fabricarse con mejores aislantes térmicos y se aumentó su eficiencia energética, más personas compraron aparatos eléctricos, instalaron aire acondicionado o refrigeradores más grandes. Todas las mejoras en la eficiencia sólo han contribuido a incrementar el consumo de energía porque más personas han generalizado su uso. La casa media de un estadounidense en la década de 1950 era de 93 metros cuadrados, mientras que ahora llega a casi 230 metros cuadrados. Estas casas ahora consumen lo que se ahorraba en eficiencia energética y aún más.

En síntesis, no hay que dejar que bajen los precios de la energía; de lo contrario, como bien ha demostrado la historia, acabaremos por consumir más. Es decir que debemos mantener el precio en un nivel que permita el crecimiento, pero estabilice el consumo. Esto que parece un hito inalcanzable puede ser posible sólo gracias a una mejora en el uso de la tecnología de los recursos renovables. La eficiencia energética nos induce a pensar que las mejoras en el uso de la energía equivalen a la conservación de los recursos, pero eso no ocurre así cuando se pretende un crecimiento económico. No nos gustaría vivir en un mundo estancado.

Sabemos que la energía ni se crea ni se destruye. Según la teoría, cuando se habla de crear energía lo que realmente se quiere decir es que se ha encontrado una nueva forma de usarla. Un buen ejemplo de cómo desarrollar una nueva forma de aprovechar la energía es precisamente la implementación de las energías renovables (Rubin, 2009).

Zanoni (2006) expresa: *"La región es inmensamente rica en reservas de petróleo, gas natural, carbón mineral y potenciales hidroeléctricas; sin embargo, es dramáticamente pobre en la capacidad instalada de generación de electricidad y, por lo tanto, en el consumo. Como variable explicativa del desarrollo, el bajo consumo de electricidad pone de relieve el significativo atraso de América Latina y el Caribe frente a los países industrializados"*, y para ejemplificar la importancia de la energía en el bienestar de la población dice: *"En el plano macroeconómico el sector energético tiene fuertes impactos sobre la balanza comercial y los ingresos fiscales, y también sobre los gastos y las inversiones públicas del Estado. Tales ingresos fiscales, en el caso de los países exportadores de energía, constituyen un instrumento clave para el desarrollo de políticas económicas que garanticen el bienestar y el crecimiento"*.

El sector energético es crucial para generar insumos básicos para el funcionamiento del aparato productivo en su conjunto. La energía es un factor de producción y un insumo en casi todas las actividades, como explica Zanoni (2006): *"La energía es, en efecto, uno de los determinantes para la resolución de los grandes problemas de pobreza, falta de equidad y otros asuntos vitales para el equilibrio social y económico. Por eso preocupa enormemente que los esfuerzos dedicados a reorientar a largo plazo la política energética en el sentido de la sustentabilidad hayan sido desplazados por los objetivos de la competitividad"*. Sin embargo, la energía no se ha utilizado —hasta ahora— como parámetro para medir los índices de desarrollo de una población. Es aconsejable que en futuras mediciones se utilice este rubro como uno de los índices para evaluar el nivel de bienestar y calidad de vida.

En otro sentido se encuentra el tema del **consumismo.** Este aspecto abarca desde la cultura indígena hasta las sociedades occidentalizadas. Los rituales de las sociedades incluyen la difusión de valores consumistas como la celebración de bodas, funerales, cumpleaños, fiestas patronales y ferias de pueblo. Los días festivos y fiestas tradicionales pueden tener asociado un elevado consumo y un alto impacto ambiental. Ir de compras se ha convertido también en un ritual cuando se acercan las festividades de fin de año o durante el "viernes negro" en Estados Unidos. Aubel (2010) afirma que *"en las sociedades industrializadas occidentales hay un considerable debate sobre la necesidad de reexaminar el paradigma cultural global predominante del consumismo, que es claramente insostenible"*.

Otra dinámica utilizada es dirigir la oferta para promover los cambios fundamentales en el consumo. El etiquetado de productos puede impulsar que las personas dirijan su consumo hacia ciertos productos. Esto impulsa a los consumidores a promover un cambio social cuando realizan sus decisiones de compra. Existe un criterio de la soberanía del consumidor que ignora el poder del productor y de los gobiernos para dirigir la oferta. Este factor, aunque tiene detractores, también es una forma de avanzar hacia una ética de sostenibilidad en contraposición a la cultura consumista (Maniates, 2010: 241).

Para que nuestro futuro sea sostenible es necesario limitar el consumo. Así lo indican los datos de *Global Footprint*, que basa sus estudios en la medición de la huella ecológica. Según estos analistas, si la población del mundo en desarrollo consiguiera acceder de pronto al estilo de vida americano, necesitaríamos otros cuatro planetas como el nuestro para proporcionar los recursos necesarios para su producción y para absorber los residuos. Pese a que la mitad de la población mundial vive en condiciones de auténtica pobreza, la capacidad de carga de la Tierra ha sido rebasada ya en alrededor del 40% (De Graaf, 2010: 324).

Sin embargo, existe la esperanza de encontrar alternativas viables al consumo y a la oferta de productos energéticos. Estados Unidos está planificando reducir su dependencia del petróleo, dados los conflictos en Oriente Medio. Podría, incluso, eliminar por completo su uso para 2035 debido a una menor demanda y a la rápida expansión de nuevas fuentes de crudo en el hemisferio occidental. El petróleo proveniente de las rocas de esquisto, arenas petroleras y de las profundidades del océano es más difícil de extraer y más caro, pero los costos de seguridad y transporte compensarían el incremento. En esta ecuación intervendría también el bajo consumo de autos con tecnología sofisticada que reduzcan la dependencia del combustible fósil. Muchos confían en reducir esta dependencia del petróleo del golfo Pérsico, considerando la volatilidad política de esos países. Además China se ha convertido en un fuerte competidor por los *commodities*. Un mayor consumo en todos los países en vías de desarrollo haría peligrar el abastecimiento hacia Estados Unidos. Un creciente nacionalismo centrado en preservar los recursos para sí mismos también influiría en la reducción de las importaciones. Los norteamericanos tienen hoy una oportunidad para abastecerse de combustibles fósiles por el aumento de las reservas provenientes de la fracturación hidráulica, una técnica que utiliza agua para extraer petróleo y gas de las capas más profundas de sus suelos (González, 2012: 1).

Los energéticos se han convertido en la punta de lanza de la geopolítica mundial. Los Estados occidentales inclinados antes a la liberalización de la economía y a la mínima intervención en la producción nacional, hoy vuelven la vista a la explotación de los recursos como forma de salvaguardar la seguridad de sus ciudadanos en un futuro incierto con recursos escasos.

Pero las perspectivas no van todas en la misma vía. La crisis causada por el aumento de la deuda externa de varios países europeos está haciendo peligrar la economía de las naciones exportadoras de materias primas. La crisis se está extendiendo a América Latina y África, globalizando la recesión. Esto puede ser bueno para la ecología porque varias empresas mineras, por ejemplo, han anunciado la disminución de sus inversiones previendo una menor demanda, pero no es bueno para la economía de los países menos desarrollados que dependen de estas inversiones.

Planificación desde el Estado

Los Objetivos del Milenio reconocen la importancia de una integración de políticas económicas y ambientales que permitan hacer operativo el concepto del desarrollo sostenible. La acción de valorar en términos monetarios el uso de los bienes y servicios ambientales y la generación de residuos demuestra que la actividad mercantil tiene dominio sobre el comportamiento de los recursos. Comprendemos que la energía mueve la industria nacional y esta última genera residuos contaminantes que tienen efectos dañinos sobre la salud de los guatemaltecos. Estos factores se deben considerar en la implementación de políticas públicas de manera importante (Castañeda y Gálvez, 2010:11-12).

Sohr (2006) ejemplifica la importancia de la energía para las políticas de Estado cuando cita la fórmula del éxito, según Lenin, para desarrollar una emergente Unión Soviética: **Socialismo= Soviets + electrificación**. Esto indica el poder de la energía para la construcción del nuevo sistema social que se pretendía en su momento implementar en el bloque comunista. Esta ecuación simple de primer grado sirvió para indicar que un buen gobierno y un enorme potencial en recursos energéticos podrían asegurar el bienestar de todo el pueblo soviético. Nadie pone en duda que ambos son necesarios, pero no son condición suficiente para el éxito. Por otra parte, en idioma inglés a la energía eléctrica se le denomina *power* que significa "poder", de donde se deduce su importancia geopolítica; pero a la vez indica que el fluido eléctrico proviene de una fuente de energía, en su mayoría producida por hidrocarburos. De los hidrocarburos también se extraen los combustibles que sirven para mover la maquinaria bélica. De allí su importancia para el éxito en los campos de batalla. El poder que otorga la energía es tal, que puede invitar a países más poderosos a buscar su control a través de tratados internacionales o de la fuerza. Esta es sólo una de las consecuencias políticas de la posesión de grandes reservas de hidrocarburos. La visión integradora o desintegradora para las diversas regiones es de vital importancia para la seguridad y estabilidad política. Pero el Estado debe, además, involucrar a otros actores no estatales, como la cooperación internacional, los organismos multilaterales y la sociedad civil, para la priorización de nuevas tecnologías y recursos renovables.

El tema energético es de vital importancia para todo Estado que planifique a futuro –de forma ordenada y sistemática—con el objetivo de obtener un mayor desarrollo, por lo que deberá exponer su estrategia en el estudio de una nueva matriz energética. La experiencia del pasado demuestra que el Estado como inversionista en proyectos de gran escala fracasó por la mala administración de los mismos. Se debe principalmente a la poca capacidad económica y al potencial desvío de fondos o mala administración de los mismos. La función del Estado en el panorama de esta propuesta es convertirse en facilitador, impulsor y fiscalizador, entre otras funciones, de las actuaciones de los demás sectores sociales.

Otros países están desarrollando tecnologías encaminadas al ahorro de energía; en países como Alemania se promueven tecnologías para hacer más inteligentes y sostenibles los centros urbanos, y el Estado coadyuva para facilitar la difusión y puesta a punto de nuevos vehículos eléctricos para el transporte público, urbanizaciones ecológicas y otros sistemas sostenibles. Neuman (2010) afirma que *"planificar las ciudades para que sean mucho menos dependientes del coche es por tanto un elemento clave en cualquier programa que pretenda reducir la huella de carbono de un núcleo urbano"*.

Pero no todos los modelos resultan exitosos en el largo plazo. Brasil es un buen ejemplo de la implementación de políticas públicas con buenos resultados. Sin embargo, la crisis actual ha puesto en evidencia que el éxito no siempre es duradero.

Brasil diseñó un "salto a la prosperidad" basado en un crecimiento acelerado, alimentado por sus inmensos recursos naturales. Ahora los economistas opinan que tales planes deben replantearse porque la economía está perdiendo vigor ante la crisis global que reduce la tasa de crecimiento para el 2012 a menos de la mitad del 4% propuesto por el gobierno. El país era, hasta hace poco, sinónimo de alto crecimiento y de mercado emergente. Las medidas de estímulo no han dado resultado, a pesar que el país fue de los primeros en implementar el uso de etanol en los vehículos, factor que lo puso a la vanguardia en cuanto a ahorro de combustibles fósiles no renovables. Brasil podría ser víctima de su propio éxito. El real se ha fortalecido en la última década a medida que los inversionistas inyectaron miles de millones de dólares a la economía. Los bienes son tan caros que se vuelven poco competitivos. Según los analistas, el problema es que *"el modelo brasileño de crecimiento, que combina exportaciones de materias primas, protección de ciertas industrias y un consumo interno alentado por el crédito, se está agotando"* (Lyons y Magalhaes, 2012:2).

El problema radica en que la clase media ha acumulado una alta deuda después de la seguidilla de compras de autos, electrónicos y paquetes vacacionales. Por otra parte, los proyectos financiados por el gobierno para renovar la infraestructura en puertos y carreteras están retrasados en medio de trabas burocráticas, acusaciones de corrupción y otros obstáculos. La producción petrolera, a pesar de los nuevos hallazgos en aguas profundas, ha ido decayendo por los altos costos que tienen que afrontar las empresas como Petrobras para poder explotar estos yacimientos. El Estado requiere que se utilice un porcentaje de mano de obra local para incentivar la economía, lo que hace que los proyectos resulten más caros y su construcción sea más lenta que lo previsto. El gobierno de Brasil ha vuelto a implementar su modelo "desarrollista", pero este modelo no está haciendo que el país crezca rápidamente. Las inversiones se están yendo hacia países como México, Chile, Colombia y Perú, que apostaron por el libre comercio en vez del modelo proteccionista brasileño (Lyons y Magalhaes, 2012:2).

En la historia reciente de Guatemala existen ejemplos que debemos analizar. Algunos gobiernos, tal el caso de los regímenes de Juan José Arévalo Bermejo (1945-1951) y el de Carlos Castillo Armas (1954-1957), proyectaron acciones económicas por medio del Instituto de Fomento a la Producción (INFOP), establecido por Arévalo en 1948, y en 1954 delinearon un programa quinquenal de desarrollo. Los objetivos de estos programas quinquenales fueron la diversificación de la economía, el aumento de las instalaciones de luz y energía, la expansión de la productividad agrícola y una mayor eficiencia de los procedimientos gubernamentales, entre otros. La empresa privada, tanto extranjera como doméstica, ayudaría a llegar a estas metas.

En años posteriores el Estado empezó, con mayor empeño, a jugar un papel rector del tema ambiental por la necesidad de generar energía con recursos renovables. Es entonces cuando las asociaciones ambientales señalan la necesidad de modernizar, ampliar y fortalecer la institucionalidad y la legislación. En ese sentido, algunos de los recursos naturales de carácter energético que tiene Guatemala han sido aprovechados a través de la historia. Sin embargo, fue hasta principios de la década de 1970 que el país tuvo un giro para impulsar otras fuentes energéticas a un nivel generalizado, como energía solar, eólica, hidráulica, geotérmica y la biodigestión anaeróbica para la producción de biogás como combustible, para nombrar las más importantes.

Las energías renovables tienen una importancia estratégica para los países centroamericanos, pues les permite disminuir la dependencia de los combustibles fósiles importados. Como lo hemos documentado, genera empleos, aprovecha los recursos naturales y los residuos de otros procesos productivos. Todo ello coadyuva a llevar el bienestar asociado con la energía a las comunidades rurales más pobres y aisladas. Sin embargo, dada la conflictividad y los diversos intereses en juego, es indudable que iniciar proyectos de energía renovable en el país resulta complicado y contradictorio, pues, además, existen barreras institucionales, legales, financieras, tecnológicas y sobre todo sociales, que obstaculizan la creación de las fuentes renovables de energía. Recientemente se realizó el XVII Foro Regional AEA (2011), que está trabajando con los gobiernos para implementar proyectos con los empresarios, comunidades y Ong's; instancia que ha tenido un manejo apropiado en el tema de la creación de energías verdes. El motivo principal del foro es salir al paso de las críticas planteando una posición propositiva que declara: *"Los proyectos de energía renovable representan una clara contribución al desarrollo sostenible de los pueblos centroamericanos, pues permiten sustituir el consumo de combustibles fósiles, aprovechando los recursos naturales abundantes en la región de una forma amigable con el medio ambiente. Asimismo, representan una importancia estratégica en los países en vías de desarrollo, generando empleos, reduciendo importaciones de petróleo y está demostrado que pueden llevar el bienestar asociado con la energía a las comunidades rurales más pobres y aisladas"* (Redmaya, 2011).

El planteamiento sobre el ambiente y desarrollo es avalado por varias instancias nacionales e internacionales que pueden contribuir a mejorar la imagen de las inversiones en energía renovable. Otros aspectos en donde el Estado puede y debe tener injerencia son las políticas de aprovechamiento de desechos, el reciclaje y el uso racional de la energía.

En materia de reciclaje, el uso decreciente de materias primas en la manufactura de productos puede ayudar a reducir el consumo energético.

Los productos reciclados contribuyen a evitar la contaminación ambiental a la vez que regresan al proceso productivo como insumos. "*Otro lineamiento para tener en cuenta es la priorización de los recursos energéticos renovables. Las ofertas energéticas que aumentan el rendimiento y reducen las emisiones contaminantes y de gases de efecto invernadero pueden contribuir a los objetivos del desarrollo sostenible*", explica Zanoni (2006: 181).

La región latinoamericana ha iniciado la integración energética con proyectos de interconexión que empiezan a dar resultados; estas condiciones están dadas por la globalización, la integración económica y el desarrollo sustentable. El proceso integrador debe ser articulado por las políticas nacionales, regionales y globales en un contexto en que el potencial recurso energético puede ser utilizado de manera racional para garantizar a largo plazo el abastecimiento.

Es importante hacer proyecciones futuras para las inversiones energéticas. Sin embargo, es necesario vislumbrar el panorama político de la región latinoamericana para prever hacia dónde se mueve la democracia en Guatemala y sus vecindades. La importancia del análisis político radica en la cambiante actitud de los gobernantes, según la ideología propia o de los partidos en el gobierno. Debemos comprender que en la democracia se cambia cada tantos años al grupo gobernante. Centroamérica, por ejemplo, se mueve entre partidos con tendencias socialistas y neoliberales, con tendencia al autoritarismo (Hermet, 2008: 51). La democracia actúa en nombre de la supremacía del veredicto de las urnas, el poder de los mítines urbanos, de las barricadas y de la ira ciudadana. En otros la represión militar y la autocracia. Este será el panorama a que se enfrentarán los políticos del futuro, sumado a la escasez de fuentes de energía que amenaza con paralizar la economía de todo el orbe.

Este aspecto es importante por cuanto, con cada gobierno, cambia la orientación del Estado hacia los proyectos energéticos, pero se han realizado esfuerzos por mantener una línea definida con los tratados firmados de interconexión eléctrica como el Sistema de Interconexión Eléctrica de los Países de América Central (SIEPAC). En 1993, en la XIV Cumbre de Presidentes de América Central celebrada en la ciudad de Guatemala, se suscribió el Protocolo de Tratado de Integración Económica de Centroamérica, en el cual se establecen las bases de participación de los países en las políticas económicas de la región. Se determinó que algunos de estos países se encontraban en desventaja para enfrentar la demanda de energía eléctrica; se hacía necesaria una inversión que estaba fuera del alcance de los gobiernos, por lo cual quedó abierta la participación de empresarios privados y compañías internacionales para atender la demanda futura. Se creó una Empresa Propietaria de la Red y otras entidades para organizar la puesta en marcha del proyecto regional (EPR, s.f.).

El proyecto SIEPAC es una iniciativa de cooperación multilateral para la construcción de un sistema de interconexión eléctrica en el istmo centroamericano, consistente en una línea de conducción que unirá los sistemas eléctricos de seis países, permitiendo el transporte de toda la energía potencialmente intercambiable. La idea surgió en 1986. Para la transmisión de energía existe un plan de expansión que ha logrado la integración de tres países, pero ha sufrido algunos retrasos por oposición o negligencia burocrática de algunas municipalidades para otorgar los derechos de paso de las líneas de transmisión (Quiñones, 2010:10-11).

Como se aprecia, en el tema eléctrico quedan pocas alternativas, además de la negociación entre las partes involucradas. Los beneficiarios, como los posibles afectados por los daños colaterales de la generación energética, no tienen otras opciones para un desarrollo sustentable. Esta negociación debe regirse por parámetros adecuados, diferentes de los actuales y adaptables a diferentes alternativas, según el caso concreto. El arte de la política obliga, en resumen, a obrar con astucia, incluso en el ámbito de la alta democracia. Gobernar es hacer equilibrismo y tener habilidad para calmar las ansias de la población, refrenar la expresión de sus deseos no realistas, prematuros o nefastos; seleccionar pocos objetivos a corto plazo, quedarse sólo con los realizables y aplazar el tratamiento de las exigencias poco razonables o impopulares. Los gobernantes y los negociadores deben evitar sobre todo el populismo que ofrece imposibles a cambio de votos. La democracia se balancea en una frágil legitimidad que, por momentos, hace que se rompa el orden, por lo que las leyes presentes y futuras deben encontrar el punto medio para evitar el desastre de la política regional (Hermet, 2008).

Otro aspecto importante es que la conflictividad social se genera también por aspectos como la desesperación o la insatisfacción de la juventud emergente. Hermet (2008) explica que después de 1930 las transformaciones generadas por el Estado de bienestar, hacían aparecer las ventajas cuantitativas del consumo como un beneficio natural. Nada aseguraba que esta capacidad acumulativa pudiera conceder la felicidad, pero todos la abrazaron en la creencia que la acumulación de la riqueza era el pasaje seguro hacia el ansiado bienestar. No obstante, esta felicidad democrática debía prometer la igualdad universal; en cambio resultó favorable para unos pocos. Los ciudadanos de las democracias sociales en gestación no tuvieron tiempo de prever que la felicidad efímera de veraneantes, las vacaciones pagadas o los vehículos comprados al crédito provocarían los embotellamientos de hoy en las autopistas, la aglomeración en las playas, y que el acceso a los estudios superiores no haría que sus descendientes mejoraran su movilidad social de manera ascendente.

Actualmente, tras agotar los medios e incluso las promesas del Estado de bienestar, las democracias europeas llegan a la fase de la crisis de energía que precederá, en unas pocas décadas, el agotamiento del petróleo. Pronto no podrán tentar a la población con ningún regalo y seguirán prestándose al despilfarro de los pocos recursos hasta que el conflicto estalle. Este panorama es especialmente importante, dado que Latinoamérica sigue los pasos de Europa en su tendencia al Estado de bienestar que se promueve en algunos países. Otra tendencia es el nacionalismo, que insta a preservar los recursos en ocasiones con un costo político o social de gran alcance.

Considerando todo esto deducimos que la energía ha llegado a desempeñar un papel crucial en los asuntos mundiales y, por ende, nacionales. La gran disponibilidad del recurso jamás ha sido tan decisiva para el correcto funcionamiento de la economía mundial. Hace falta energía para mantener en marcha las fábricas, iluminar las ciudades y producir las cosechas que alimentan al planeta; para el transporte de alimentos y de personas, bienes de todo tipo y para el funcionamiento del equipo bélico. Algunos creen que sin energía no podrá desatarse una guerra, lo que es un contrasentido. Las relaciones de poder entre consumidores y productores de energía se harán más profundas y se deberá trazar un nuevo atlas de la política internacional. Por otra parte, si en el futuro las energías renovables o algún nuevo combustible son capaces de suplir la creciente demanda, se podría paliar un poco la necesidad futura; sin embargo, las previsiones para el 2030 apuntan a que sólo el 8 por ciento del consumo mundial provendría de estas fuentes alternativas, incluyendo la energía hidráulica tradicional. En sus esfuerzos desesperados por suplir la escasez que predicen los estudios, los políticos responsables de muchos países están buscando nuevas reservas y fuentes de provisión, a menudo en campos lejanos, peligrosos y difíciles de explotar (Klare, 2008: 68).

Para el caso de Guatemala, la Ley de Alianzas Público-Privadas (APP) es una herramienta propicia para la generación de unos 60,000 empleos, principalmente en el área de la construcción. Es un mecanismo que permitirá al Estado desarrollar megaproyectos de infraestructura a través de la iniciativa privada. Ello propiciará una disponibilidad de recursos para financiar programas sociales. Pero, para la generación de energía hídrica, la principal amenaza radica en la pérdida de bosques por la disminución y deterioro de los caudales. Además, la pérdida de la cubierta forestal degrada la calidad del agua, lo que es causa de las principales enfermedades y muerte, sobre todo en las poblaciones marginales. El control y la prevención de la contaminación del agua, el aire y la tierra permiten el uso sostenido de los ecosistemas. Además es urgente la recuperación de aquellos que se han deteriorado y es grave situación de riesgo en Guatemala y toda el área centroamericana. Un informe de SICA (1994) indica que *se hace indispensable la formulación de una política y un plan maestro de generación, comercialización y consumo energético promoviendo el uso de fuentes de energía renovables y alternas; programas de eficiencia energética y la interconexión eléctrica centroamericana*. Para lograrlo hay que cambiar los patrones de explotación y consumo energético —petróleo y biomasa forestal no renovable— para crear una nueva visión con recursos sustentables. En síntesis, hay que comprender que los recursos naturales renovables son algo más que mercancía que incrementa la economía de mercado. Son recursos para mejorar el nivel de vida de los seres humanos.

Situación actual de las inversiones energéticas

El informe más reciente sobre los avances en el índice de desarrollo humano en nuestro país resulta ser muy desalentador (PNUD, 2009-2010). En él se indica que persisten enormes desigualdades, disparidad entre sexos y la brecha económica es cada vez más amplia entre los desposeídos. Como corolario de los problemas que afronta nuestro país se han suscitado eventos preocupantes que profundizan la desconfianza en el clima de inversiones en Guatemala. Si bien el gobierno realiza esfuerzos por abrir los espacios a la economía internacional, los acontecimientos recientes, entre los que destaca la masacre de campesinos en una finca del departamento de Petén, presuntamente a manos de narcotraficantes conocidos como "Zetas"[35], tuvieron repercusiones internacionales y han causado que los empresarios nacionales o extranjeros tengan reservas en cuanto a invertir y asumir riesgos en nuestro país.

Las inversiones en proyectos de extracción petrolera en el departamento de Petén se están retrayendo, lo que ha quedado en evidencia porque recientemente el Ministerio de Energía y Minas sacó a licitación la exploración de cuatro áreas con potencial petrolero. Únicamente dos empresas ofertaron por una de las áreas propuestas, declarándose desiertas las otras. Según personeros de las empresas *"los inversionistas desistieron de ofertar debido al clima de incertidumbre, asociado a la especulación de valores de los fondos de inversión en el mercado internacional"*, entre otras razones. La estimación de las reservas en el área Yalcanix, identificada como PTN-1 2008, es de 140 millones de barriles. Esta área es la que puede generar mayores ingresos, pero se menciona la falta de referencias confiables sobre las otras áreas —cuyos datos se remontan a 1970— como desincentivo para ofertar (Ortiz, 2011b:19).

También la violencia y la oposición social a las empresas petroleras los pone sobre aviso y desincentiva a las mismas. Por aparte, el costo para la exploración requiere de al menos US$15 millones para los primeros tres años y la perforación de tres pozos en este proyecto específico. Por tanto los problemas sociales se pueden convertir en un factor detonante de la quiebra de esas empresas. La empresa petrolera que opera en Guatemala es Perenco, de capital francés. La empresa ha debido crear lazos de cooperación con miembros del organismo ejecutivo, legislativo y con los dirigentes comunitarios para poder operar con cierta tranquilidad en el departamento de Petén. Su incursión en ese territorio ha tenido constantes obstáculos que dificultan la exploración y explotación, principalmente porque las concesiones se encuentran en áreas protegidas.

El Estado guatemalteco espera obtener regalías e impuestos provenientes de la extracción petrolera para reducir de esa manera el déficit presupuestario que amenaza con sobrepasar los límites de

---

[35] **Zetas:** Se conoce con este nombre a los grupos de narcotraficantes mexicanos que incursionaron en territorio guatemalteco con la finalidad de ampliar su campo de acción y monopolizar el trasiego de drogas por la región centroamericana. Su estrategia fue contratar kaibiles guatemaltecos —militares entrenados para la sobrevivencia en la selva— para asesinar a los adversarios o protegerse de éstos.

endeudamiento externo e interno, lo que podría afectar la estabilidad social en un futuro próximo, pero la inversión petrolera en dichas zonas no termina de concretarse (Álvarez, 2011b:8).

Guatemala no produce suficiente crudo y tampoco cuenta con una refinería para abastecer el mercado local de combustibles. El país depende de las importaciones que representan un alto costo y una pérdida de divisas. Es por eso que la región está empeñada en apoyar la generación de fuentes renovables. A pesar de los obstáculos, los países centroamericanos y México están allanando el camino y proyectando la no dependencia de la energía térmica producida con los derivados de petróleo y carbón. La están sustituyendo por la generación renovable que proviene de la energía geotérmica y la hídrica. Nicaragua también se ha sumado a esta corriente y para el año 2017 proyecta generar el 90% de todo su consumo por energías de impacto neutro (Prensa Libre, 2011c:27).

En Guatemala se perciben cambios en las líneas de inversión. Por ejemplo, la Corporación Multi-Inversiones (CMI), uno de los grupos más influyentes del país, espera crecer a base de alianzas y adquisiciones en varios campos. Mientras expanden sus operaciones con los restaurantes a otras partes del mundo, también construyen edificios y además planean incorporarse a la inversión en hidroeléctricas. Recientemente terminaron la presa sobre el río Polochic, con la cual esperan generar 20 megavatios. Con la hidroeléctrica Renace generan 66 megavatios y, en pocos meses, planean iniciar otro proyecto de 120 megavatios. El objetivo de la corporación es llegar a producir 1,000 megavatios, convirtiéndose en el mayor productor de energía privada de Guatemala (El Periódico, 2011d).

Se hacen esfuerzos en varios países de la región para lograr independencia energética por diferentes vías. Por ejemplo, en México se prevé la construcción de viviendas verticales de interés social sin costo de energía, cero facturaciones. Son complejos habitacionales con capacidad para generar el 100% de la energía que consumen sus habitantes. En el proyecto piloto ubicado en la carretera Cancún-Mérida, participa la Comisión Reguladora de Energía. El sistema funciona instalando una granja solar, la cual genera energía para todo el edificio. Se distribuye equitativamente sobre las viviendas y cada una mide su consumo. Están involucrados otros organismos como la Comisión Federal de Electricidad (CFE) y el Fideicomiso del Ahorro de Energía (FIDE). En el edificio piloto se introdujeron varias ecotecnologías para bajar el consumo a 26 mil kilovatios/hora, con las cuales se evita el aire acondicionado. El proyecto es administrado por la empresa Urbi, la cual pretende conjuntar todos los programas que actualmente existen en el país para que todos los organismos involucrados en la energía participen en el monitoreo del proyecto, a fin de identificar las nuevas políticas de tarifas y de diseños (Prensa Libre, 2010:48).

Por su parte, en México la empresa Bimbo anunció recientemente que construirá un parque eólico para cubrir el 50 por ciento de consumo de todas sus operaciones. La generación será de 90 megavatios y estará localizado en Oaxaca. Bimbo dice que este proyecto será posible gracias a la alianza estratégica impulsada por el gobierno, iniciativa privada y bancos, así como a la sociedad del Grupo Bimbo junto a Desarrollos Eólicos Mexicanos (DEMEX), empresa filial de la española Renovalia Energy. La construcción del parque "Piedra Larga" responde a la búsqueda de crecer con la fuerza de la naturaleza y representa un esfuerzo sin precedentes en el aprovechamiento de energía renovable, limpia y virtualmente inagotable: "la energía verde". El representante de Renovalia, Juan Domingo Ortega, afirma: "*este proyecto supone un hito en la política de expansión de energías renovables en México. Son 10 años de esfuerzo para lograr los 5 ejes de sustentabilidad ambiental: ahorro de energía, ahorro de agua, reducción de emisiones, manejo de residuos y responsabilidad social*" (El Periódico, 2010b:11).

En el orden mundial las bondades de la generación por medio de plantas hidroeléctricas de menor tamaño queda de manifiesto en una noticia generada en Nepal. Según este artículo, en una aldea remota las familias están experimentando las ventajas de la electricidad generada por plantas minihidráulicas. La topografía quebrada contribuye como ventaja para la implementación de este tipo de proyectos que están siendo financiados por la ONU, el Banco Mundial y otras agencias internacionales.

La ventaja es que estos proyectos no requieren presas con embalses que inunden los valles, no emiten gases de efecto invernadero y el agua regresa al cauce del río para ser utilizada en riegos y consumo humano. La energía generada es utilizada para facilitar las tareas domésticas como la molienda, la recarga de celulares o la inversión en aserraderos, tiendas y otros pequeños comercios e industrias. Además genera oportunidades de trabajo y no resulta tan costosa. Los cambios en la calidad de vida de los habitantes rurales es altamente efectiva en las poblaciones rurales en Nepal, según el autor de la nota (Yee, 2012).

Los gobiernos, los empresarios y la comunidad han empezado a preocuparse por la generación eléctrica con recursos renovables a favor del medio ambiente sin descuidar la productividad industrial. Se debe a la necesidad de mantener el crecimiento económico sostenido con el menor daño posible al medio ambiente, una preocupación creciente por los peligros del cambio climático. El incremento en el 2012, de acuerdo con informes de CEPAL, fue de 3.3% para la región centroamericana. La participación en energía renovable la lidera Costa Rica, le siguen Guatemala y El Salvador (Muñoz, 2014).

La otra cara de la crisis económica mundial se enfoca en la disminución en el consumo de bienes. Por ejemplo, el terremoto en Japón y la crisis de la planta nuclear de Fukushima han provocado la disminución de ventas de automóviles. Esta noticia, aparentemente positiva en relación a la emisión de CO_2, tiene el inconveniente de impactar el consumo que, a su vez, repercute en la oferta de puestos de trabajo, lo que resulta en una disminución del poder adquisitivo y crea recesión económica. Además, como lo hemos mencionado, el constante ascenso de los precios del petróleo ha incrementado los costos de los productos manufacturados. Las empresas han visto disminuir sus ventas y sus utilidades, haciendo difícil un crecimiento sostenido de la economía. Esto ha llevado a que las empresas investiguen otros nichos de inversión que mantengan vigente su participación en el mercado.

Todos están de acuerdo en que la energía mejora la calidad de vida de quienes reciben el servicio; también indican que la factura eléctrica consume una parte importante de su presupuesto; las respuestas son equilibradas a favor y en contra del posible daño que causan las hidroeléctricas al medio ambiente, pero también una mayoría muy consistente considera que la electricidad mejora la productividad de las empresas, y que es muy importante la no dependencia del país de los combustibles fósiles.

Capítulo 7

Alianzas estratégicas entre grupos sociales como enlace para el desarrollo sustentable

El modelo de desarrollo occidental impone sus criterios de industrialización en todo el planeta; el mismo contiene un componente determinante sobre el progreso de los pueblos: el incremento en el bienestar social de las familias, comunidades, países y regiones. Este modelo de desarrollo tiene sus propias contradicciones y balances negativos, pero es innegable el beneficio, por ejemplo, de la electricidad, de los medicamentos o de los satisfactores diarios como la televisión, entre otros. Toda esta occidentalización se sustenta en el modelo de desarrollo industrial, el cual demanda energéticos para su expansión. Los efectos nocivos de las actividades industriales sobre el medio ambiente constituyen temas de debate, tanto para los gobiernos como para los individuos.

En países como Guatemala el mestizaje viabiliza la absorción de elementos culturales occidentales que se transfieren de unos a otros. De manera simultánea, en otras regiones de la nación existe una segregación como actitud de resistencia a la hibridación cultural, a las formas de expresión simbólicas de orden global y a los modelos de desarrollo industrial. Sin embargo, es inexorable la imposición del modelo occidental de desarrollo, el cual abarca, incluso, a estos grupos en resistencia (García Canclini, 2001:18).

Es frecuente escuchar que existe una contradicción entre desarrollo económico industrial y el desarrollo sustentable; entre políticas económicas de mercado y políticas ambientales. Lo que no se puede contradecir es que existe una crisis ambiental profunda a nivel global, como consecuencia del desarrollo económico alcanzado por los países industrializados. Estos países ejercen presión sobre los recursos naturales en naciones en vías de desarrollo, por la explotación incontrolada de la naturaleza. Este proceso en su conjunto provoca impactos con características irreversibles y consecuencias devastadoras en todo el planeta. Los países llamados desarrollados han basado sus economías en la industrialización y en el consumo de combustibles fósiles, y se proveen de materias primas de los países en vías de desarrollo como Guatemala.

Un factor determinante en la estructuración de los conflictos por los recursos naturales es el concepto de "bienestar", porque su significado es distinto para los pobladores rurales y para los pobladores urbanos. Un campesino que no ha tenido acceso a la electricidad no puede apreciar sus beneficios igual que una persona que utiliza el recurso de manera regular en su casa y trabajo. Para muchas familias rurales guatemaltecas el bienestar está dado cuando les es posible mantener su estatus actual, es decir, tener acceso a leña para cocinar, proveniente de los bosques o tierras vecinales, acceder a ríos y fuentes cercanas para proveerse de agua limpia, obviar el uso de aparatos eléctricos y de iluminación al aprovechar la luz natural durante el día. En síntesis, su bienestar no depende de la energía eléctrica sino del potencial de tracción humana de todos los miembros del clan familiar. Por ello hablar de la utilización de los recursos naturales para proporcionar "bienestar" a la población urbana que demanda un incremento de la oferta de recursos energéticos es un asunto que no interesa al campesino rústico. Es natural encontrar alguna resistencia al cambio, oposición que además es insuflada por los agitadores ecologistas con información muchas veces falaz. El reto es negociar con estos pequeños grupos de pobladores rurales, en beneficio de una mayoría urbana que crece de manera exponencial y necesita de los servicios.

El otro problema subyacente es el tema de la conflictividad agraria por la tenencia de la tierra. Para el caso podemos citar a Francisco de Vitoria, quien, en "Relecciones sobre los Indios" (*Relectio de Indis*), de 1539, citado por Méndez Montenegro (1978:35-37), objeta el descubrimiento del Nuevo Mundo como título para adquirir el dominio en los territorios indianos: *"Vitoria impugnaba como no legítimos, con abundantes y sólidos argumentos, avalados con citas de los textos sagrados y de los más ilustres teólogos, filósofos y juristas, los títulos alegados para justificar el dominio de España en Indias, a saber: la potestad temporal del Papa; el dominio universal del Emperador; el descubrimiento; la negativa a recibir la fe de Cristo; el pecado mortal de los bárbaros; la elección voluntaria, y una donación especial de Dios"*. Pero luego Vitoria aportaba nuevos puntos de vista que contradecían esta lógica, como era el derecho al comercio de los españoles con los bárbaros siempre que no se les causara ningún daño, o el derecho a predicar el evangelio, entre otros. También Fray Bartolomé de las Casas opinó que las comunidades y pueblos de las Indias no estaban obligados a reconocer a los reyes de Castilla como sus universales y soberanos emperadores, sino después de haber recibido el bautismo por su propia y libre voluntad.

Las anteriores consideraciones sobre el abuso de los conquistadores sobre los territorios no son excusa para las actuales circunstancias, aunque se han utilizado como estandarte de las reivindicaciones sobre la tierra, los sitios sagrados y una sistemática oposición a los proyectos de desarrollo según el modelo occidental.

En la época colonial, incluso en las ordenanzas se insistía en que se hicieran negociaciones de comercio y se tratara de hacer amistad y alianza con los señores y principales, en orden a pacificar la tierra. Lamentablemente estas generosas y bien intencionadas disposiciones legales no siempre se cumplieron. En parte esto origina cierta desconfianza, no siempre justificada, por las circunstancias que actualmente se viven en las comunidades cercanas a las industrias extractivas. Consideramos, sin embargo, que el diálogo es lo que debe prevalecer por el bienestar de la gran mayoría. Por tanto, repetir hasta el cansancio el origen ancestral de la tierra, hablar de posesión, de vasallaje o de cualquier intento por deslegitimar el actual estado de legalidad en el país, es una vuelta al pasado que no beneficia el futuro de nuestra sociedad. La cosmovisión maya y la ladina pueden ser distintas, pero el futuro de los descendientes es el mismo, dado que comparten un territorio común.

Durante mucho tiempo las relaciones entre medio ambiente y desarrollo empresarial han sido claramente conflictivas al considerarse a los agentes económicos como responsables directos de la degradación del entorno, como lo expresa Jordan (1994:260): *"En bastantes sectores del mundo empresarial prevalecía la idea de que la mejora y protección del medio ambiente era antagónica con la rentabilidad, y que una mejora en este campo implicaba reducción del beneficio, con un incremento de coste. Se establecía así una equivocada relación entre medio ambiente, consumo y beneficios".*

López Avendaño (2003) evidencia la necesidad de proteger los recursos y darles el mejor uso posible: *"Si el patrimonio natural es dilapidado como insumo de bajo valor en la producción de bienes y servicios intensivos en recursos naturales de poco valor agregado, orientada a la acumulación de ganancias privadas, con una visión de corto plazo y sin consideraciones explícitas en la política económica, dirigidas a asegurar la conservación y el uso sostenible de los recursos, la región no sólo perdería su potencial competitivo de largo plazo, sino que socavaría toda posibilidad de desarrollo económico-social equilibrado y enfrentaría, con alta probabilidad, serios retrocesos sociales, productivos y sanitarios, habida cuenta de los daños sociales que se originan en una degradación creciente de los recursos naturales y de la calidad del medio ambiente".*

En tiempos actuales, cuando enfrentamos el problema del cambio climático, del manejo de los desechos sólidos y la contaminación de los recursos, los gobiernos se encuentran en situación difícil, con legislaciones poco claras, recursos limitados y todo un aparataje burocrático que hace poco viable la resolución de los conflictos que se generan entre los diversos actores sociales.

Guatemala es uno de los países con más alto riesgo por los cambios climáticos. Este factor agudiza las tensiones entre gobernantes y gobernados. Por ejemplo, los deslaves son un problema creciente por la deforestación, o las sequías, como la de 2009, que causó una crisis alimentaria en los siete departamentos que conforman el corredor seco. Estos fenómenos son prueba irrefutable del precario equilibrio ecológico, que se prevé afectará la calidad de vida de los habitantes en años venideros (Zelada, 2010).

A pesar de todo, en los últimos tiempos la situación está cambiando para favorecer la protección medioambiental, y más frecuentemente los empresarios están tomando conciencia de la necesidad de adaptar sus procesos productivos al ahorro energético. Dice Jordan (2003: 260) que *"la fortaleza económica de la empresa tiene una relación cada vez más directa con las actuaciones en este campo, y su desarrollo en un entorno limpio y ecológico serán objetivos complementarios y no contrapuestos. Por ello, las políticas de crecimiento económico han de tener en cuenta el impacto sobre el medio ambiente a la hora de planificar el desarrollo que haga compatible este crecimiento".*

Algunos empresarios han visualizado las necesidades futuras de energía, por lo que las industrias han empezado a invertir en proyectos energéticos renovables con el fin de comprar y vender energía para su utilización en un contexto social más amplio. Es una forma de corresponder siendo socialmente responsables con el medio ambiente y dar una imagen favorable a los inversionistas.

Sabemos que las finanzas del Estado descansan en la recaudación fiscal y en las regalías que provienen de los recursos naturales. Asimismo, que la acumulación de ganancias de las empresas e industrias proviene en gran parte de la productividad asociada al uso de energía para hacer producir el sistema industrial. Que la seguridad alimentaria familiar en los centros urbanos tiene como base fundamental el uso de energéticos para la conservación y cocción de los alimentos. En ese sentido es impensable la no generación de los recursos energéticos —renovables y fósiles— porque de ellos depende el·sostenimiento de la economía mundial. Apreciamos entonces que el uso de estos recursos debe equilibrarse y diversificarse con una perspectiva de futuro sostenible para el medio ambiente y la humanidad entera.

Así mismo, es innegable que las circunstancias actuales del país en materia de recaudación fiscal, de autonomía energética y de bonanza económica, están en uno de sus percentiles más bajos, como parte de la crisis global. Es necesario planificar adecuadamente el uso racional de los recursos nacionales, tales como la extracción de combustibles fósiles, el aprovechamiento de los recursos hídricos, eólicos y de biomasa, entre otros con los que cuenta el país, para darle sostenibilidad de futuro. El incremento sensible y sostenible de los ingresos tributarios es un imperativo que debe atender el gobierno, debido a la magnitud de los recursos financieros que necesita para el desempeño de sus funciones primordiales en el corto, mediano y largo plazo. Y se debe prever el pago de la deuda y garantizar la sostenibilidad financiera de los fondos sociales orientados al combate de la pobreza (Von Hoegen, González y Camposeco, 1998).

Es preocupante que en Guatemala los avances en materia de utilización de recursos energéticos renovables se encuentren en crisis debido a factores culturales de la población rural y la de otros sectores, quienes, al no tener un criterio de futuro para el país en su conjunto, no resuelven en definitiva el problema energético. La mayor dificultad proviene de los conflictos sociales que impiden el desarrollo de energía limpia. En algunas comunidades cercanas a los proyectos hidroeléctricos los grupos de presión se han apostado para cuestionar las inversiones privadas. Algunas de las manifestaciones que devienen en violencia contradicen el espíritu de la creación de energías medioambientales responsables y son criticadas con sesgo político sin tener estudios previos para determinar la posibilidad de ventajas o beneficios para la mayoría. Se ataca sistemáticamente a las inversiones, infraestructura y otros bienes, así como a los empleados y empresarios del sector energético, lo que ha tenido repercusiones desfavorables para el clima de inversión nacional y extranjera. Es fácil encontrar en internet las páginas creadas para difundir documentos en contra de las industrias energéticas. Los periódicos locales también publican noticias de instituciones de cooperación internacional encargadas de satanizar todo tipo de proyectos, especialmente las minas y las represas (CIFCA, 2008).

Existe gran conflictividad en las áreas en donde se desarrollan diversos tipos de proyectos de carácter energético. Algunas organizaciones ambientalistas, impulsadas por intereses ocultos, han "vendido" la idea de que todos los proyectos de generación de energía son dañinos. Es así como muchos proyectos de energía alternativa han sufrido sabotajes y bloqueos en varios puntos del país, al extremo de paralizar actividades de plantas en producción. Los sabotajes incluyen destrucción de torres de conducción eléctrica, secuestro temporal de vehículos, maquinaria y trabajadores de las empresas involucradas. Esto ha trascendido las fronteras y el atractivo del país para captar inversión extranjera ha decaído con graves consecuencias para el desarrollo del área rural y para la industria nacional (Maldonado, 2011:13).

En reuniones con empresarios de la industria generadora se tuvo la oportunidad de conocer su opinión sobre el tema de los grupos en oposición. Una persona entrevistada, del sector eléctrico empresarial,[36] comentó que: *"la razón primordial por la cual los pobladores se oponen a los proyectos es porque han sido instruidos por activistas de algunas asociaciones ambientalistas para que pidan resarcimiento, prebendas y dividendos a las empresas inversionistas. Esta suerte de 'extorsión' ha sido tal que, en el presente, la mayor parte de empresarios —principalmente españoles— optaron por retirarse de las conversaciones con representantes del sector empresarial guatemalteco y prefirieron llevar sus capitales a otros países de Asia o África".* Recientemente en las mesas de negociación se decidió que deben apoyarse las consultas a las comunidades —que dicen ser afectadas por los proyectos hidroeléctricos— para que se pronuncien. Sin embargo, esta propuesta no ha sido la más conveniente, ya que se determinó que las personas no acuden a votar en las consultas, y quienes lo hacen van con instrucciones precisas para ejercer un voto en contra, porque se les ha ofrecido algo a cambio de su voto o porque reciben información tergiversada.

Las compañías mineras y petroleras (como Perenco) han tenido que usar todo tipo de formas de negociación, ofreciendo empleo en la limpieza

---

[36] Asociada a la AGER, quien solicitó no ser identificada, por las posibles reacciones en su contra.

(chapeos) de las áreas en uso, contratación de servicios de seguridad para las instalaciones y otro tipo de ayudas para incentivar a la población a colaborar con ellos y evitar que se atente en contra de sus instalaciones y de su personal. En ocasiones ha sido necesario llevar a la fuerza pública para desalojar a los invasores e instigadores de las protestas. Lo único que les ha dado algún resultado —según declaraciones de los mismos personeros de una compañía— es realizar aportes económicos, crear proyectos de ayuda social y algún tipo de ayuda financiera a las municipalidades.

Sin embargo, desde el punto de vista de algunos dirigentes comunitarios, los conflictos surgieron porque las empresas incumplieron las promesas hechas en las mesas de negociación. La credibilidad de los empresarios quedó en entredicho y la de los líderes que en principio apoyaban a los empresarios también. Por otra parte, existe el peligro latente de conflictividad porque los empresarios incumplen la legislación vigente. Un caso particular se dio en la costa sur porque el ingreso de maquinaria pesada, camiones y tráileres causó deterioro en las carreteras de acceso y calles adoquinadas de la cabecera municipal. La municipalidad de esa localidad realizó trabajos de reparación en los tramos dañados haciendo una inversión de recursos muy alta, pero la empresa constructora se negó, en un principio, a pagar la licencia de construcción correspondiente aduciendo que no estaba obligada por la ley al momento de iniciar el proyecto. La Corte de Constitucionalidad emitió un fallo para permitir el cobro de licencias de construcción para este tipo de proyectos pero este caso demostró que la irresponsabilidad empresarial puede convertirse en detonante de conflictividad en una comunidad que, en general, se muestra proclive al desarrollo de las hidroeléctricas y nos demuestra que, en ocasiones, los empresarios son responsables —en buena parte— de la mala imagen que proyectan hacia las comunidades, por lo que se hace necesaria la intervención y el acompañamiento de entidades públicas y privadas en las negociaciones.

A pesar de múltiples escollos el sector energético en Guatemala se manifiesta pujante. Los empresarios invierten en todo el mundo grandes sumas para la investigación de fuentes alternativas. Además los gobiernos de varios países de América Latina aceleran los avances de interconexión eléctrica regional con el fin de evitar un desabastecimiento provocado por la escasez de combustibles fósiles, problemas en los suministros causados por sabotajes o daño normal de las líneas de conducción.

Los representantes de los países centroamericanos se reúnen constantemente para planificar los proyectos de interconexión. Les preocupa la estabilidad social de la región y mantener el crecimiento económico de la zona. Los cortes en el suministro de electricidad pueden provocar problemas tan graves como el ocurrido en el Estado venezolano de Zulia, en donde varios transformadores colapsaron dejando sin electricidad a la población. La interconexión de Venezuela con la línea de suministro colombiana ayudó a solventar el problema de los apagones en la frontera.

En este contexto vemos cómo la globalización impone una lógica occidental imposible de ignorar para todas los países latinoamericanos. Todo lo que los seres humanos necesitamos para vivir tiene, forzosamente, que trasladarse del lugar donde se produce hacia el lugar en donde están los consumidores. La generación de empleos se sustenta en la industria y el comercio; éstos no tienen sentido sin la maquinaria y los vehículos de transporte que requieren grandes cantidades de combustibles. Además los centros de trabajo como maquilas e industrias, que son los grandes empleadores en la región, utilizan iluminación y electricidad para producir. El sistema en su conjunto se mueve por los hilos de la energía.

En esa línea nos dice Kaplan (1974:9) que *"Toda sociedad —ya sea nacional, internacional o mundial—es siempre un orden aproximativo y móvil, ligado a varias historias simultáneas: la ya realizada, que subsiste como tradiciones y cristalizaciones estructurales; la que se cumple en el presente, y la de las posibilidades emergentes en el seno de lo actual, todas ellas competitivas e incluso conflictivas entre sí, y virtualmente realizables. Ello implica que cualquier grupo o nación puede ordenar y ordena sus actividades y estrategias según varios ejes. Siempre existe en mayor o menor grado un espacio abierto a la intervención de la libertad humana para la actualización de las diversas posibilidades. La humanidad, como especie socialmente estructurada y con aptitud para la conciencia y la acción planificada, no está condenada a la imitación ni a la repetición pura y simple. Tiene abiertas y puede abrir oportunidades para la libertad de opción, la flexibilidad de existencia, la imprevisibilidad, la creación colectiva"*.

En ese sentido, la conflictividad en el campo se ha identificado como el mayor obstáculo del país en materia de generación eléctrica para el desarrollo. Definimos como grupos de interés, en primer término, al Estado y las instituciones municipales que dirigen las políticas nacionales, al ser éstas usufructuarias directas de los recursos del subsuelo, la atmósfera y las fuentes de agua (impuestos y regalías). En segundo término la sociedad civil organizada, los grupos de defensa medioambiental y los pobladores, como posibles afectados o beneficiarios de los proyectos (obras sociales, tarifas sociales). El tercer sector se compone de las empresas nacionales o transnacionales que invierten en los proyectos para luego beneficiarse con su explotación (venta de materias primas y servicios). Por último los empresarios, industriales, comerciantes y usuarios, quienes tendrán acceso a los insumos y al servicio disponible (compradores de materias primas y energía). Estos cuatro grupos se identifican como prioritarios para un enlace a favor del desarrollo del país.

Según un análisis propio, realizado con base en los factores sociales que intervienen en el desarrollo, podemos esquematizar por medio de ecuaciones simples la definición de un nuevo modelo de desarrollo sustentable, como se aprecia en el cuadro siguiente:

Factores clave que intervienen en el modelo de desarrollo sustentable

Recursos	+	Inversión	=	Energía
Energía	+	Población	=	Consumo
Consumo	+	Población	=	Contaminación
Ahorro energético	+	Industrias	=	Producción
Producción	+	Empleo	=	Ingresos
Ingresos	+	Educación	=	Desarrollo
Desarrollo	+	Cuidado ambiental	=	**Riqueza**

Fuente: elaboración propia.

Para resumir la tabla anterior: utilizando la generación de energía renovable como factor de desarrollo sostenible podemos afirmar que las inversiones en proyectos hidroeléctricos producen energía; esta energía llega a la población que la utiliza en su mayor parte para el consumo (doméstico o comercial). Los consumidores con más poder adquisitivo generan basura que va a parar a las fuentes de agua, ocasionando contaminación. Adicionalmente, si producimos energía de bajo costo se instalan más industrias que incrementan la producción nacional; la misma contribuye con la generación de empleos mejorando los ingresos de las familias beneficiadas. Mejores ingresos se traducen en un nivel de educación más alto para los descendientes de esas familias. En el mediano plazo la educación aporta al desarrollo, siempre que se encuentre acompañado del cuidado ambiental para que la dinámica sea sustentable.

El resultado es que los recursos naturales se transforman en riqueza, que es el objetivo final.

Ocurre que algunas veces el modelo no es sustentable. Por ejemplo, cuando los pobladores instalan comercios, pequeñas industrias o negocios dirigidos al consumo en la localidad, la consecuencia inmediata es que la energía no se convierte en producción sino en consumo. El consumo de bienes locales y no locales produce contaminación por desechos sólidos y no genera ingresos reales a la comunidad. En cambio, si la energía renovable se dirige hacia las inversiones industriales generando empleos mejor remunerados, se obtienen ingresos frescos que hacen crecer el Producto Interno Bruto (PIB). Estos ingresos se traducen en divisas que pueden ser utilizadas para la compra de combustibles fósiles para el transporte y para la generación eléctrica. De igual manera, cuando generamos energía eléctrica con recursos renovables ahorramos divisas que pueden ser invertidas en infraestructura vial y social.

Pero estas afirmaciones son ciertas sólo en la medida en que se eliminen los factores exógenos que amenazan el progreso, como pueden ser los fenómenos medioambientales que afectan la producción, o las crisis en los mercados mundiales que hacen bajar los precios de los productos y afectan su competitividad; también cuando los consumidores gastan en bienes superfluos o se endeudan por encima de su capacidad de pago, situación que puede crear otro tipo de desajustes en la economía nacional. Todos los esfuerzos por contrarrestar los efectos de los mercados mundiales sobre la economía local pueden ser insuficientes ante la avalancha de problemas causados por las crisis, en perjuicio de las personas menos afortunadas. Los factores que desestabilizan la economía de los países, cada uno de manera individual, pueden ser controlados por medidas de mitigación de cambio climático o políticas públicas encaminadas a fortalecer la balanza de pagos.

Intereses en conflicto derivados del desarrollo energético

En el capítulo anterior expresamos una genuina preocupación por la conflictividad social derivada de las cosmovisiones ancestrales de los pueblos indígenas, las inquietudes generadas por la duda sobre los temas ambientales y el deterioro de los recursos naturales, y, en casos aislados, la irresponsabilidad empresarial, todo ello enfocado en la búsqueda de la sostenibilidad de los proyectos energéticos.

Para tener una idea de la conflictividad y sus repercusiones en el desarrollo analizaremos, como ejemplo, lo que pasó en los territorios de los mapuches, en Chile, haciendo la salvedad que si bien existen tierras comunales o municipales en Guatemala, éstas ocupan territorios reducidos, por lo que no aplican algunas particularidades o soluciones implementadas en las comunidades indígenas chilenas. El documento consultado indica: *"La protección que la ley otorgaba a las tierras, declarándolas inalienables, inembargables, imprescriptibles, sin embargo, no alcanzó a los recursos naturales que se encuentran en ellas, recursos que, no obstante ser de carácter público, se encuentran sometidos a un régimen de concesiones que posibilita su control por particulares. Por otro lado, la democratización del sistema político coincidió en el tiempo con un proceso de transformaciones económicas que llevaron a Chile a insertarse de un modo acelerado a los mercados internacionales. En el sur del país, en el espacio ancestral mapuche, ello incidió en la materialización de una serie de proyectos de inversión hidroeléctricos, carreteros, forestales, pesqueros y turísticos, afectando a tierras de propiedad y/o reclamadas por comunidades e individuos mapuches, así como a recursos naturales que se encuentran en ellas (o sectores aledaños) que han utilizado desde tiempos inmemoriales. Para el estado y las compañías privadas nacionales o extranjeras que ejecutan estas iniciativas se trata de proyectos de modernización económica, cuyos beneficios para las comunidades indígenas, tales como la generación de fuentes de trabajo, ingresos, apertura de vías de comunicación, superan los impactos negativos que ellos puedan causar. Para los mapuches se trata de una nueva ofensiva sobre su territorio ancestral, la que ha sido comparada por sus representantes con aquella ocurrida a fines del siglo XIX".*

Los mapuches alegan que la mayor parte de estos proyectos han sido impuestos en contra de su voluntad, que no han respetado las tierras reconocidas y protegidas por la ley (ley 19.253 de 1993) por su carácter indígena, y que amenazan con la destrucción de recursos naturales (aguas, bosques, fauna, etc.) y recursos culturales (cementerios, sitios sagrados), fundamentales para su existencia y desarrollo.

La ley indígena obliga a los servicios de la administración del Estado a escuchar y considerar la opinión indígena cuando se traten materias que les atañen. Chile es, además, uno de los pocos países en América Latina que no ha ratificado el Convenio 169 de la Organización Internacional del Trabajo. El documento de Buckles (2000) expone: *"En Chile tampoco han tenido gran desarrollo los sistemas alternativos de resolución de conflictos como aquellos existentes en otros contextos, en especial en Canadá y Estados Unidos. En contraste con el litigio y otras modalidades de confrontación generalmente utilizados para abordar los conflictos en nuestro país, métodos de cooperación que incluyen la conciliación, la negociación (proceso voluntario en que las partes en conflicto buscan directamente una solución mutuamente aceptable) y la mediación (intervención de un mediador que ayuda a las partes en conflicto a alcanzar un acuerdo) han encontrado creciente reconocimiento legislativo, cultural y social en estos contextos".*

La conciliación, la negociación y la mediación son herramientas orientadas, más que a eliminar el conflicto, cuestión bastante improbable, a lograr su manejo de modo que no conduzca a la violencia sino que pueda permitir cambios en situaciones determinadas. Existe evidencia de que "el fracaso en la transformación de un conflicto lleva a la violencia". La aplicación de estas herramientas en conflictos que involucran a pueblos indígenas y sus tierras y recursos naturales está bien documentada (Oficina Internacional del Trabajo —OIT—, 1998).

En Chile los indígenas han optado por la resistencia no siempre pacífica, realizando bloqueos con el acompañamiento y financiamiento internacional. El analista y experto en el tema chileno, Aylwin (2000), en sus informes indica: *"Es así como a contar de inicios de la década de los noventa, pero con mayor intensidad desde 1997 en adelante, se han verificado una serie de acciones por parte de dichas comunidades, y en ocasiones también con la participación de organizaciones no indígenas (organizaciones de derechos humanos, indigenistas, ambientalistas, estudiantiles, entre otras) que solidarizan con ellas para hacer ver su descontento con estas iniciativas e intentar detenerlas. Dichas acciones han incluido marchas, huelgas de hambre, bloqueos de caminos, acciones en contra de bienes de las empresas involucradas en sus territorios, ocupaciones de predios y tala de bosques reclamados por comunidades, así como iniciativas judiciales en contra de estos proyectos.*

Las autoridades de gobierno, junto con reprimir estas acciones a través del uso de la fuerza pública y de condenarlas por ser atentatorias contra el "estado de derecho", han amenazado con excluir a dichas comunidades de los programas de gobierno tales como el fondo de tierras y aguas y el fondo de desarrollo, administrados por la Corporación Nacional de Desarrollo Indígena (CONADI), de conformidad con la ley de 1993. Además han iniciado acciones legales, utilizando en reiteradas ocasiones la Ley de Seguridad Interior del Estado. Los inversionistas privados detrás de los proyectos de inversión en territorio mapuche han condenado estos hechos como lesivos de su derecho de propiedad, instando al gobierno a garantizar lo que han denominado como "el estado de derecho". Su disposición al diálogo y al acuerdo con las comunidades mapuches afectadas por proyectos, salvo excepciones, ha sido casi nula. Dicha actitud queda demostrada en la política de la Corporación de la Madera, entidad que agrupa a los empresarios de la madera, los que han solicitado al gobierno aplicar, frente a los mapuches que reclaman por la expansión forestal en su territorio, una política de tolerancia cero".

Los empresarios chilenos han iniciado un proceso de autodefensa a través de la contratación de guardias de seguridad privados que han sido protagonistas de una serie de hechos de violencia en contra de los mapuches. Todo ello ha creado un clima de confrontación y violencia cada vez más intenso en el territorio mapuche, que hasta la fecha sigue vigente.

Según la información recabada, *"A fines de los 80 comenzaron a implementarse las medidas para construir la primera central de la serie, la central Pangue, de 450 megavatios, que fuera autorizada durante el primer gobierno democrático post dictadura. Dicha aprobación se dio en un contexto en que no existía una legislación relativa a derechos ambientales e indígenas que pudiese impedir la construcción de esta central. No obstante, dado su emplazamiento en tierras reclamadas históricamente por los pehuenches y sus impactos ambientales, esta represa gatilló un amplio movimiento ciudadano que cuestionó el proyecto hidroeléctrico del Alto Bío Bío en varias esferas, incluyendo el gobierno en el ámbito nacional y las instituciones financieras en el exterior"* (Aylwin, Paillan y Opaso, 2000).

La experiencia chilena ilustra parte de la conflictividad, pero no aporta muchas soluciones. Sin embargo, sí desenmascara otras razones para la oposición de las comunidades. También se evidencia cierta tendencia a las acciones de hecho por parte de las comunidades, lo que ocasiona que las medidas se les salgan de las manos. La mayoría de fuentes consultadas resultan un tanto tendenciosas a favor de un diálogo que no tiene muchos visos de terminar o que no llevan a ninguna parte. Transcribo —para ilustrar— otro fragmento del artículo de Aylwin:

"Constatamos que en el caso del conflicto con las empresas forestales, las comunidades mapuches han utilizado en forma recurrente desde 1997 acciones directas tales como ocupación de predios y caminos, tala de árboles en predios en poder de las forestales, etc., que son consideradas como ilegales por el ordenamiento jurídico. Es evidente que estas acciones han resultado efectivas en términos de generar espacios de negociación con las empresas y el gobierno, así como en la socialización de sus demandas territoriales y ambientales. Dichas acciones, como señaláramos anteriormente, han llevado al gobierno a negociar la adquisición de tierras reclamadas por las

comunidades en el área de Lumaco. Sin embargo, las empresas forestales han aprovechado esta circunstancia cobrando por las tierras de su propiedad precios excesivos que las hacen difícil de adquirir por la CONADI. Nuevamente el marco legislativo se transforma en una limitante para la resolución del conflicto aquí planteado".

En Guatemala se viven situaciones similares. Se aprecia que los dirigentes comunitarios han perdido el rumbo con sus movimientos de lucha en contra de las hidroeléctricas porque han mezclado a la generación sustentable con los proyectos de minería y de explotación petrolera. La oposición se basa, principalmente, en la cosmovisión maya, aspecto poco claro que añade elementos de espiritualidad panteísta.

La resistencia de los pueblos llamados mayas no deja de tener contradicciones. En primer lugar porque utiliza la defensa de la vida, la madre tierra y la naturaleza para atacar el modelo de desarrollo occidental, pero, por otra parte, las comunidades exigen la introducción de la energía eléctrica, utilizan celulares e instalan cable e internet en los hogares para satisfacer sus necesidades de consumo globalizado. Por ejemplo, en una entrevista realizada a Lolita Chávez, dirigente comunitaria de Quiché, ella dice sentirse perseguida por quienes están a favor de los proyectos mineros y de generación eléctrica: *"Nos acusan de terroristas, usurpadores, opositores al desarrollo, y no sólo hablamos de Quiché sino de todo occidente"* afirma. Pero estos dirigentes no explican que los pobladores urbanos, muchos de ellos empleados de las empresas generadoras o mineras, en ocasiones también han sido perseguidos por los activistas. Algunos empleados de las compañías realizan actos en contra de los opositores porque ven el riesgo de perder sus empleos si los empresarios se retiran, además de sentirse amenazados y de sufrir ataques personales y materiales en sus centros de trabajo. Incluso, algunos empleados han sido expulsados de sus comunidades por apoyar a los empresarios. Las represalias entre los dos bandos se han resuelto con asesinatos, por lo que las autoridades de gobernación han intervenido para pacificar a los municipios afectados.

Lolita Chávez argumenta: *"Desde nuestra cosmovisión tenemos otra forma de ver el mundo, que no es igual al sistema occidental. Todo eso genera mucha represión y criminalización a quienes estamos llevando la voz y la defensa del territorio (…) Las comunidades tenemos nuestros propios procesos, como las consultas comunitarias. Ahí determinamos qué modelo de vida queremos, y el que escogimos es uno que respeta los derechos colectivos y de la madre tierra. Tenemos un vínculo fuerte con el aire, las montañas, los árboles y cuando vienen las transnacionales a despojarnos de ello de forma tan violenta, al privatizar el agua se genera mucho malestar. El agua es una conexión muy fuerte porque nos da vida. No es que estemos contra el desarrollo o que no queramos tener electricidad. Hay otras formas de poderla obtener, no sé por qué tanta insistencia"* (España, 2012:2).

Sus declaraciones ponen en evidencia la esencia del conflicto; sin embargo, también dejan ver muchas contradicciones. Por ejemplo, como lo hemos afirmado en esta investigación, por las costumbres ancestrales los pueblos indígenas cocinan con leña. Este rasgo cultural promueve la destrucción de los bosques, contamina el aire e, incluso, provoca enfermedades respiratorias a quienes preparan los alimentos. La costumbre de lavar la ropa en las orillas de ríos y lagos también es un rasgo de su cultura; esto contribuye a que, en la actualidad, todas las fuentes de agua estén contaminadas por desechos de las poblaciones. El lago de Atitlán es una prueba de esta afirmación puesto que en sus alrededores se asientan poblaciones indígenas con prácticas sanitarias cuestionables. En las cercanías del lago se vive de la industria turística, otro de los factores que incide en la contaminación de este cuerpo acuífero que está en peligro por la proliferación de las cianobacterias. El uso intensivo de la tierra para cultivos de subsistencia —maíz y frijol— o para cultivos de exportación, como flores, verduras y otros productos agrícolas que requieren de fertilizantes, es un factor decisivo para la contaminación de este recurso; además el uso continuado del agua para riego de los cultivos contribuye a su agotamiento.

Podemos colegir que los argumentos resultan falaces para el grueso de la población guatemalteca, a la luz de la realidad actual. Adicionalmente la sobrepoblación a la cual contribuyen las poblaciones rurales —más que las urbanas — es otro de los factores de contradicción. Debemos preguntarnos, entonces, si la cosmovisión maya es sólo un pretexto para obtener beneficios adicionales de las empresas que invierten en proyectos de energía o si es otra forma de mantener vigentes las luchas sociales para beneficio de unos pocos activistas de organismos nacionales e internacionales.

Alianzas entre las comunidades y la sociedad civil

En las últimas décadas los recursos naturales se han convertido en un tema prioritario para muchos sectores que abogan por la necesidad apremiante de la sostenibilidad ambiental. Es importante observar la preocupación de algunos países en desarrollo por el medio ambiente a partir del uso responsable de sus recursos.

El desarrollo implica, en sí mismo, un factor preponderante en lo económico. Sin embargo, debe abarcar diferentes ópticas: sociales, biológicas, políticas, culturales, entre otras. Pero no debe confundirse siempre con el desarrollo económico. El concepto de desarrollo va ligado al de sostenibilidad, pues se comprende que es sostenible aquel que puede mantenerse en armonía con la naturaleza, sin ejercer excesiva presión sobre un recurso de manera que no se agote su capacidad de uso.

Se debe considerar lo que para cada cultura significa desarrollo. Se dice que para alcanzarlo es importante tener un planteamiento previo sobre el modelo que nos gustaría seguir. Algunos sectores impulsan un modelo diferente de acuerdo con sus cosmovisiones individuales o colectivas. En el caso de Guatemala el gobierno de turno plantea un modelo que no siempre responde a las necesidades de la población. Las políticas de Estado poco efectivas o las acciones realizadas, por decisión de algunos personajes, presuponen intereses individuales. De allí que Huntington exprese: *"Para que un país desgarrado redefina con éxito su identidad en el ámbito de la civilización, se deben cumplir al menos tres requisitos. En primer lugar, la élite política y económica del país ha de ser en líneas generales partidaria y entusiasta de dicho paso. En segundo lugar, la sociedad tiene que estar al menos dispuesta a consentir la redefinición de su identidad. En tercer lugar, los elementos dominantes en la civilización anfitriona, en la mayoría de los casos Occidente, han de estar dispuestos a acoger al converso. El proceso de redefinición de la identidad será prolongado, discontinuo y penoso, en el plano político, social, institucional y cultural. Además, de acuerdo con la experiencia histórica, fracasará"* (Huntington, 1996:164). De allí nace la necesidad de un trabajo coordinado entre comunidades y otros sectores de la ciudadanía preocupados por los derechos indígenas y ambientales. La democratización de la información y recursos que se manejen es fundamental para que esta alianza pueda consolidarse. La recopilación y entrega de información a los directamente afectados es una de las funciones más importantes de estas coaliciones.

El desarrollo de una alianza más profunda de las comunidades en conflicto con sectores de la sociedad y el desarrollo de estrategias alternativas que permitan crear mejores condiciones de negociación y diálogo que las actualmente existentes, deben explorarse. Un ámbito en que la alianza entre sectores de la sociedad es de gran importancia, es el de la sistematización y recolección de mayor información respecto a los impactos ambientales y sociales que las empresas forestales producen. Existen pocos estudios en este sentido, a pesar de las quejas casi unánimes de los afectados por la desecación y contaminación de las aguas.

Aylwin (2000) también ha realizado estudios sobre el comportamiento de los pobladores mapuches y aconseja analizar el tema a profundidad. Al respecto dice: *"El respeto por los derechos que la legislación vigente (ley indígena y la ley ambiental) establece, por precarios que sean, resultan un primer paso fundamental para avanzar en el manejo de los conflictos etnoambientales en territorio mapuche. Ello implica la consideración efectiva de la opinión de las comunidades afectadas por parte de las autoridades públicas y el sector privado, al tomar decisiones con relación a estos proyectos. Ello implica también el respeto por las normas de protección de las tierras indígenas aprobadas hace tan sólo unos años por el Congreso Nacional.*

Este tipo de conflicto socio ambiental entre pueblos indígenas y los Estados, o particular por proyectos de inversión, ocurren hoy en todo el mundo. Ellos son el resultado de un proceso de expansión de las economías nacionales, siempre en relación con las economías transnacionales, hacia las llamadas últimas fronteras, como la amazonia en América Latina, o las tierras del círculo polar Ártico, donde los pueblos indígenas, de acuerdo con sus culturas, han mantenido los recursos naturales en ellos existentes.

Interesa saber cómo son resueltos, o más bien, como señalan algunos teóricos, cómo se manejan estos conflictos en otros contextos y aprender de ellos. En contraste con Chile, donde no se reconoce a los indígenas derecho sobre los recursos naturales existentes en sus tierras, en muchos otros países, de acuerdo con la tendencia hoy dominante en la materia, sí se les reconoce, al menos sobre los recursos naturales de carácter renovable. Por otro lado, tratándose de este tipo de proyectos, las legislaciones vigentes en diversos países obligan a los estados a desarrollar procesos de consulta y participación de los pueblos indígenas afectados más intensivos que los existentes en Chile antes de proceder a su autorización. Es el caso, por ejemplo, de Colombia y Nicaragua, donde tales derechos de participación y consulta están resguardados en la constitución.

Cabe mencionar, por último, la importancia que tiene la existencia de mecanismos institucionales para atender las reclamaciones indígenas de tierras y recursos naturales para la resolución de conflictos que involucran a sus comunidades. Ello por cuanto parte importante de los conflictos socio ambientales que involucran a pueblos indígenas están relacionados con disputas sobre derechos relativos a las tierras y recursos que reclaman para sí.

Sería muy largo mencionar aquí todos los casos. A pesar de la resistencia que estos mecanismos institucionales han encontrado en algunos sectores, es indudable que una vez que los derechos indígenas sobre las tierras y recursos que reclaman han sido delimitados a través de ellos, los conflictos con terceros no indígenas en dichas áreas han disminuido sustancialmente".

Ya hemos visto que en Guatemala tenemos cosmovisiones diversas que coexisten en contraposición unas de otras y en ocasiones se mezclan, pero no tienen esa cohesión necesaria para establecer un modelo de desarrollo unificado. Por ejemplo, el Consejo de Organizaciones Mayas de Guatemala plantea que existen dos concepciones de desarrollo, a saber: *"Desde el punto de vista occidental se entiende por desarrollo el acceso que todos los sectores de la sociedad deben tener a los beneficios, oportunidades, comodidades y facilidades para su óptimo desenvolvimiento. Desde la perspectiva maya el desarrollo es mantener la unidad comunitaria, el fortalecimiento del mundo espiritual y la libertad física de hombres y mujeres basados en el principio del respeto mutuo, la hermandad y la equidad al compartir los bienes y las riquezas comunitarias. Según esta cosmovisión es importante pasar de una condición de pobreza a un nivel de vida digna, como máxima aspiración de la población. Los recursos naturales se agotan cuando se ve el desarrollo únicamente desde el punto de vista económico, no en el sentido 'espiritual', el cual es ilimitado"* (Sis, 2010: 223-233).

Para la cultura maya el ser humano no es el elemento más importante frente a la naturaleza y el cosmos sino que se integra en ella. Si el ser humano no cumple con su rol, no hay sostenibilidad y será castigado por sus actos. Los fenómenos naturales son el resultado del desequilibrio. Como nos dice Mariano Picón-Salas (1965:25): *"En las mitologías indígenas viven en permanente combate las fuerzas que podemos llamar conservadoras de la vida y creadoras de la cultura"*, y expresa que *"como antítesis del optimismo vital del Renacimiento (...) los pueblos indígenas concebían la historia como fatalidad y catástrofe. Ninguna idea más ajena a la mentalidad india que la idea occidentalista del progreso".*

Entonces, el proceso de "transculturización[37]" entre los conquistadores españoles y las sociedades prehispánicas, queqchí, tzutuhil y azteca, para citar algunas, es muy complejo y arrastra, desde tiempos antiguos, recelos y resistencia al sometimiento. Conciliar dos sociedades y dos mundos

---

[37] La **transculturación** es la imposición violenta de un proceso cultural sobre otro.

opuestos —el del conquistador presuntuoso y el del indígena temeroso— es una difícil tarea. Luego de la conquista los españoles imponen sus costumbres y cultura como visión del vencedor. Al principio no se adaptan a las culturas prehispánicas, quienes también tienen que soportar el trabajo forzado y dejar de lado sus costumbres.

Se aprecia que, bajo el parámetro de la cosmovisión maya, las soluciones propuestas por los gobiernos y Ong´s internacionales para enfrentar los efectos del cambio climático, basadas en la lógica de mercado o los referidos mecanismos de desarrollo limpio como las propuestas de UN-REDD[38], constituyen nuevas formas de geopolítica económica que son tomadas como amenaza para los derechos indígenas y los medios de vida de estos pueblos (Foro Indígena Latinoamericano sobre Cambio Climático, 2010).

La parte negativa, por la dicotomía entre estas cosmovisiones, la están llevando las municipalidades al mando de alcaldes, quienes están poco preparados e influenciados por organizaciones no gubernamentales dedicadas a promover el conflicto con fines poco claros. Estos personajes, quienes representan a los grupos de presión podrían, como lo afirman los empresarios energéticos, estar condicionados para perseguir el lucro a través de la extorsión social contra los conglomerados industriales. Las actuales circunstancias evidencian que las autoridades públicas no están preparadas para enfrentar a la oposición. Tampoco la población ha sido informada apropiadamente sobre los temas de inversión energética y el empresario se tiene que esforzar más y realizar desembolsos que podría invertir eficazmente en su proyecto. En ocasiones el empresario termina por abandonar la idea de emprender o, en el mejor de los casos, se arma de paciencia y de valor para enfrentar una ola de protestas y demandas legales muchas veces infructuosas e innecesarias.

En época reciente se han sumado a la presión de los grupos no gubernamentales y los ambientalistas de izquierda, otros sectores que individual o colectivamente emiten opiniones en periódicos locales. Algunos columnistas de opinión que se identifican con los grupos de izquierda, y otros con una ideología fundamentalista neoliberal, se han convertido en actores del activismo *opinionista* en el tema de la minería y

---

[38] Programa de las Naciones Unidas para la Reducción de las Emisiones Derivadas de la Deforestación y la Degradación Forestal en los Países en Desarrollo (UN-REDD).

las hidroeléctricas. Éstos se enfrascan en mutuas acusaciones y rumores, muchas veces infundados, que confunden a la opinión pública y desvían las verdaderas causas del conflicto. Por ello es necesario depurar la información para desechar las inconsistencias. Los grupos ladinos no han estado apartados de esta corriente de oposición a las actividades extractivas. La presión de los medios y de los activistas sociales ha logrado permear las mentes de los no indígenas consiguiendo que algunos pobladores rurales de la zona oriental del país lleven a cabo bloqueos y actos vandálicos en contra de los empleados de las minas y de sus las instalaciones.

En sentido positivo, la presión ejercida por la cooperación internacional y las organizaciones no gubernamentales —de cuestionable apoyo a las comunidades— ha empezado a tener detractores dentro de la misma población. Como ejemplo, en recientes declaraciones de los representantes de 12 Consejos Comunitarios de Desarrollo llamados COCODES, del departamento de Santa Rosa, solicitaron que los problemas relacionados con las industrias extractivas como la minería sean solventados únicamente con intervención de la comunidad, dado que existe intromisión de personas o instituciones ajenas que promueven consultas comunitarias con sesgos o con personas acarreadas de otros lugares para crear conflictos (Santos, 2012b).

Debemos considerar como base para las negociaciones la legislación y su implementación formal como método para no desviar la atención a soluciones tendenciosas que contribuyan a la polarización. Es importante encontrar una forma viable de solución de conflictos apartando las propuestas de la trampa de los extremismos fundamentalistas y de las mutuas acusaciones entre neoliberales y socialistas. El análisis de la conflictividad actual por la minería y las hidroeléctricas debe hacerse de manera mucho más seria para que sea efectiva en la implementación de las soluciones.

Los factores que desestabilizan la economía de los países, cada uno de manera individual, pueden ser controlados por medidas de mitigación de cambio climático o políticas públicas encaminadas a fortalecer la balanza de pagos. Todos los esfuerzos por contrarrestar los efectos de los mercados mundiales sobre la economía local pueden no ser suficientes ante la avalancha de problemas causados por las crisis, en perjuicio de las personas menos afortunadas. Por muchas razones parece cuestionable la oposición a los proyectos energéticos. Los factores externos son de sí suficientes para frenar el desarrollo de los países pobres. La conflictividad sólo añade un elemento más que puede ser decisivo entre un Estado fallido y uno de bienestar; por eso es necesario estudiar la base que se encuentra enmarcada dentro del Convenio 169 de la Organización Internacional del Trabajo, elaborado en 1989 y ratificado en 2006, e indica que *"Es uno de los instrumentos jurídicos internacionales más actualizados sobre la materia, que ha contribuido a un avance sustancial en el reconocimiento y protección de los derechos de los pueblos indígenas: como el reconocimiento de su carácter de pueblos, el respeto a sus formas de vida y de su desarrollo económico, el derecho sobre sus tierras y territorios"* (Oficina Internacional del Trabajo —OIT—, 2006).

A primera vista es posible apreciar el objetivo del Convenio 169 como un intento por reconocer la diversidad étnica de la población de los países firmantes. También se aprecia el propósito de beneficiar a los integrantes de las minorías que por años han sido dejados de lado en las decisiones que les atañen directa o indirectamente. Sin embargo, su aplicación ha tenido inconvenientes debido a la forma de llevar a cabo las consultas comunitarias y la transgresión de las leyes internas de cada país que, tal como lo indica el mismo convenio (Artículo 8), no pueden ser violentadas. Las consultas comunitarias resultan, en el caso de Guatemala, un método poco apropiado para reivindicar los derechos de los pueblos indígenas por varias razones que analizaremos a continuación.

En primer término, la consulta, según el referido convenio, persigue llegar a un acuerdo o lograr un consentimiento. También determinar el grado de beneficio o perjuicio sobre los territorios ocupados por una población mayoritariamente indígena, siempre que se planifique enajenar sus tierras o causar daño ecológico. Establece que deben existir mecanismos de información y educación de la población en el tema de los recursos y otra serie de procedimientos, pero no establece los mecanismos para las consultas, no autoriza a las comunidades para realizar su propia consulta, ni faculta a las organizaciones no gubernamentales o grupos ambientalistas para organizarlas. Al contrario, pide que sea el Estado quien facilite las consultas y las realice de acuerdo con su legislación vigente.

Se ha establecido, que tampoco existen mecanismos para el resarcimiento de los afectados. Algunos líderes comunitarios, miembros de los COCODES y los alcaldes han aprovechado la situación para negociar beneficios personales que, en ocasiones, llegan a la extorsión en contra de las empresas; en otros casos se recurre al acoso en contra de sus trabajadores; se han realizado presiones por medio del sabotaje a la red de conexión eléctrica y a las instalaciones de las plantas generadoras. También existe cierto grado de discriminación en contra de las comunidades no indígenas, pues la ley no estipula si las comunidades ladinas tienen los mismos derechos que las indígenas.

Por ahora los grupos opositores están fuera de control. En una ocasión incursionaron en la sala de máquinas de la hidroeléctrica Chixoy, poniendo en riesgo los intereses de todos los guatemaltecos que reciben el servicio. Se cree que los pobladores rurales son financiados para protagonizar actos de sabotaje como los realizados recientemente en Santa Cruz Barillas, Huehuetenango. La discordia entre los habitantes de zonas rurales y la población urbana —que utiliza y se beneficia del fluido eléctrico— llegó a extremos insospechados. Se ha comprobado que un pequeño grupo de personas que viven en los alrededores del proyecto Hidro Santa Cruz, asesorados por activistas extranjeros y el acompañamiento de ambientalistas locales, destruyeron camiones, tractores y cercas; además amenazaron a los trabajadores de la empresa que viven en la población cercana. Posteriormente los empleados y algunos pobladores urbanos tomaron represalias en contra de los saboteadores. Los vecinos del pueblo se han mostrado a favor por los empleos que ofrecen las empresas y porque tienen un sistema de vida que requiere del servicio básico a un precio accesible; consideran que con estos proyectos se genera desarrollo a las comunidades. Ambos grupos se enfrentaron y un campesino perdió la vida, mientras que varios quedaron con heridas de consideración. El evento dio como resultado que la seguridad ciudadana se viera amenazada.

En otras ocasiones la violencia ha degenerado en alzamientos sociales en donde se han quemado radiopatrullas y sedes policiales, se ha dañado la propiedad privada o se han tomado como rehenes a personeros de las empresas, miembros de la policía y autoridades municipales. En prevención de los bochinches se declaró Estado de Sitio en la región convulsionada de Quiché para poner orden y pacificar a los bandos en conflicto (Rojas, 2012).

Los comentarios en los medios de comunicación señalan que no hubo un buen manejo de la situación en Barillas. Si se tratara de un brote aislado de protesta la situación no sería tan complicada, pero la Procuraduría de Derechos Humanos ha detectado al menos 82 focos de conflictividad. En tanto no se busque una solución pronta e integral, el resultado se vislumbra difícil. En principio se deben separar los conflictos en contra de la minería y de las hidroeléctricas partiendo del bien común. La información bien orientada hacia la población, la concienciación, el diálogo y la negociación deben privar en toda propuesta.

Aquí cabe analizar las declaraciones de Bárbara Trentavizi (Vásquez, 2012:2), antropóloga italiana, quien afirma que se han realizado 63 consultas comunitarias en el país. Argumenta que los recursos naturales le pertenecen al Estado y por tanto deben ser aprovechados, pero que las entidades se han negado a aplicar el Convenio 169. La activista no aclara de qué forma se han realizado las consultas. Como hemos visto, el convenio de la OIT no indica que los pobladores o los activistas son quienes deben realizarlas. Las organizaciones no gubernamentales, en su mayoría lideradas por extranjeros, las organizaciones ambientalistas y los periodistas de opinión que se oponen a la minería y las hidroeléctricas no fundamentan su oposición de manera adecuada. Alegan con razonamientos débiles y muchas veces falaces, como la oposición *per se* que se manifiesta en las consultas comunitarias o el uso de los ríos para recreación y aseo de pequeños grupos de pobladores que mantienen un sistema de vida en el campo.

En declaraciones de los funcionarios de CNEE, SEGEPLAN, AGER y otras entidades vinculadas al sector estatal y de la electricidad, se indica que la mayoría de consultas son manipuladas por estos activistas para que los resultados arrojen cifras imposibles —con mayoría abrumadora— en contra de las empresas. Los expertos estadistas indican que estos resultados no pueden provenir de consultas legales; en general se cita únicamente a la población rural y no a la urbana para realizar las consultas, se manipula la información y se hacen a espaldas de los otros involucrados. Por tal razón estas consultas no son tomadas en cuenta para las negociaciones (Vásquez, 2012: 2).

Los medios de comunicación han jugado un papel muy activo al avivar la crisis. En ocasiones sólo repiten las frases trilladas de los ambientalistas de izquierda, como el caso de la columnista Marcela Gereda (2012), cuando expone: *"El 23 de junio de 2007 se realizó en Santa Cruz Barillas una consulta comunitaria en la que 46 mil 479 personas rechazaron la explotación minera y la construcción de hidroeléctricas en el territorio; únicamente 9 personas votaron a favor. Los principales motivos de su oposición se fundamentan en que el río y las tres cataratas son un recurso de la comunidad usado para que los niños se bañen, como centro de recreación y como centro ceremonial, ya que estas cataratas son un lugar sagrado para la espiritualidad del pueblo maya Q'anjob'al. El agua de este río ha dado sustento a generaciones y generaciones, y ahora, según este proyecto de hidroeléctrica, el agua se canalizaría dos kilómetros y medio. Muerte de las cataratas. Así como para algunos son importantes y sagradas las iglesias, para otros son importantes y sagradas las cataratas. El valor de lo sagrado es relativo y cambia de un grupo a otro".* Se puede deducir que los argumentos en contra son válidos para quienes los promueven; sin embargo, también se nota un nivel de manipulación de la información en contra de las hidroeléctricas que son consideradas en un plano idéntico al de las compañías mineras cuando, en realidad, son dos tipos de proyecto que distan mucho de parecerse. La valoración de las creencias no está en concordancia con los beneficios o bien éstos no se han establecido de manera adecuada.

En este contexto, es importante institucionalizar la resolución de problemas ambientales para proyectos de generación eléctrica en el futuro, para lo cual deberá crearse una instancia en donde confluyan los actores involucrados en el conflicto, tales como el sector gubernamental y sus instituciones, que involucran de manera directa a los alcaldes y miembros de los concejos municipales; así también las organizaciones de la población civil, los empresarios nacionales y propietarios de la tierra y los inversionistas nacionales o extranjeros, como explica De la Fuente: *"La necesidad de una coherencia con el medio ambiente o con la mentalidad dominante. Sea cual fuere la valoración que deba hacerse de esta mentalidad y del contexto en que la empresa se mueve actualmente, es un hecho ineludible que hoy se exige a la empresa y al empresario el desempeño de unas funciones sociales que desbordan el marco de la concepción tradicional de la empresa y de la función empresarial. (…) Sólo si la actitud es positiva se puede vencer las fuertes resistencias que la opinión pública ofrece a la comunidad empresaria, y sólo así se consigue una aceptación por parte de la sociedad, que es condición indispensable para que la empresa pueda desarrollar incluso sus fines tradicionales"* (Marcos de la Fuente, 1983:130).

Las empresas no pueden vivir de espaldas a la realidad en una sociedad que continuamente plantea problemas para la propia empresa. Comprendemos que la **responsabilidad social empresarial** no debe quedar como una forma para diferenciarse de las demás. Cada día es más difícil distinguirse de las otras empresas por medio del precio y la calidad. Al contrario, la responsabilidad social empresarial debe actuar como una compensación más directa hacia aquellos que se hayan perjudicado por su actividad (Galindo y Méndez, 2009:139).

Hoy algunas empresas han empezado a comprender su función y se empiezan a notar los esfuerzos de las compañías mineras por dar una mejor imagen. Incluso se han realizado ya los primeros intentos por integrar a las autoridades ediles y COCODES, con el fin de iniciar acercamientos, comunicar sus objetivos y hacer partícipes a estos ciudadanos sobre cómo llevar a cabo un programa de **responsabilidad social empresarial sustentable**. El foro "Diálogo sostenible, ruta hacia el desarrollo" intenta convertirse en una mesa de diálogo con el objetivo de reducir el conflicto social en el sector minero, eléctrico y agrícola, entre otros (Coronado, 2013).

No podemos pasar por alto que a un grueso de la población rural guatemalteca sus condiciones de vida actuales les permiten excluir los posibles beneficios de la electricidad. Partiendo de ese punto podemos iniciar una negociación con diferentes actores, entre ellos los ambientalistas financiados por la cooperación internacional, cuyos fines no quedan claros; los empresarios locales, las empresas transnacionales, los bancos y las instituciones del Estado. Además, en un lugar especial se encuentra la población urbana que es la más beneficiada y comprende mejor la importancia que juega la energía para su bienestar y desarrollo.
No pretendemos plantear una forma única de resolución de conflictos en el tema de la generación eléctrica de impacto neutro, sino hacer propuestas que viabilicen la puesta en marcha de los proyectos de producción energética en regiones específicas. El objetivo es esbozar la posibilidad de demostrar que los proyectos de energía renovable de impacto neutro tienen una incidencia importante en la vida cotidiana de los habitantes y determinar si contribuyen al desarrollo sustentable de las comunidades. Para comprender la contradicción de origen en la controversia, varios artículos científicos o informativos exponen las condiciones privilegiadas de la orografía guatemalteca. Sin embargo, en ellos se observan opiniones contrarias de los sectores en pugna. Las posturas enseñan los beneficios o daños de este rubro de inversión en el país.

Para el caso de las hidroeléctricas, Horacio Fernández, de la Asociación Nacional de Generadores (ANG), menciona que Guatemala permite, por su topografía, grandes caídas de agua en recorridos cortos. Además las hidroeléctricas no consumen el agua porque utilizan solamente la fuerza de la caída. Las turbinas usan el impulso del agua para moverse hasta producir electricidad, después el agua sigue su curso. Por otra parte, no todas las hidroeléctricas requieren de un embalse para almacenar el agua. Cuando la caída es lo suficientemente pronunciada no se necesita almacenarla. En la actualidad los embalses no son de gran tamaño, por lo que no es necesario inundar grandes extensiones. La mayoría de embalses construidos en Guatemala desde 1990 no son más grandes que un estadio de futbol. Las represas se construyen bajo estrictas medidas de seguridad y el agua se puede utilizar para riego, atracción turística o crianza de peces, entre otros usos. Esta es una ventaja comparativa que tenemos como país. Pero los grupos de oposición, como lo podemos ver en varios ejemplos, por lo general se dedican a la desinformación y a divulgar falacias sobre las hidroeléctricas (Maldonado, 2011).

Analizaremos las formas tradicionales de negociación de conflictos utilizadas rutinariamente y las bases legales que rigen estos sistemas:

La Ley de Alianzas Público-Privadas permite que la construcción o modernización de carreteras, puertos, aeropuertos, proyectos eléctricos o de desarrollo urbano se realicen con fondos provenientes de la empresa privada, préstamos que el Estado deberá cancelar a plazos.

Sin embargo, en esta ley y su aplicación mediante reglamentación no se prevén los mecanismos para la participación de empresarios privados locales, quienes se pueden ver afectados; tampoco se prevé la concesión de beneficios para la sociedad civil directamente involucrada. Por eso creemos que se debe implementar un mecanismo más adecuado y también debe involucrarse al Estado como garante de los proyectos y a la población con beneficios directos.

Ante los constantes ataques hacia la empresa privada es lógico comprender que los empresarios se desanimen y decidan no invertir por la perspectiva de los conflictos. Este factor inhibe a los inversionistas de maximizar los recursos para obtener mejores rendimientos de su inversión. El conflicto es una variable de gran peso. También los negociadores deben comprender que los pobladores rurales ya no se conforman con el ofrecimiento de un centro de salud que nunca tiene medicina ni personal médico. Las propuestas deben encaminarse a las necesidades específicas para cada comunidad. En algunos casos se tendrán que implementar capacitaciones sobre usos de la energía y proyectos futuros para la comunidad. El agua tiende a ser un factor importante en las negociaciones ante las actuales perspectivas de escasez del líquido.

Se debe orientar, informar y educar a los ciudadanos en los temas pertinentes para que se produzca una simbiosis entre inversores y beneficiarios de los proyectos de energía, destacando la importancia de una energía limpia, económica y socialmente responsable. Es cuando se aprecia que la Ley de Alianzas Público-Privadas no cumple, desde su concepción, con prevenir los conflictos sociales derivados del emprendimiento empresarial.

Para los casos de controversia en Guatemala se ha utilizado el método de la **consulta popular**, en la cual se somete a votación un acuerdo para la realización de un proyecto en las comunidades cercanas. Este método se basa en mecanismos propuestos en los Acuerdos de Paz, mismos que **no** fueron aprobados en referéndum —consulta popular— por la población guatemalteca en 1999. En ese aspecto la legislación regula los mecanismos de consulta a los pueblos afectados por los proyectos de inversión. Sin embargo, en Guatemala las consultas son un mecanismo muy parecido al "**cabildo abierto**", en donde no siempre se organiza una votación mediante papeletas. Los cabildos son mecanismos utilizados, la mayoría de las veces, en casos de rendición de cuentas en contra de gobiernos municipales, donde hay indicios de malversación (Vielman, 2006).

La **consulta popular**, por su parte, tiene el inconveniente de ser un mecanismo sesgado. Generalmente un grupo de presión política, las autoridades municipales o los miembros de los Consejos Comunitarios de Desarrollo (COCODES) organizan una consulta auspiciada por miembros de organismos internacionales con intereses propios. Previo a la realización de la consulta reparten volantes, folletos y realizan foros para informar a la población sobre su punto de vista, mientras que a los empresarios o a las instituciones del Estado no se les hace partícipes de ese debate. A la población no se le explican los beneficios que van a obtener de los proyectos. Tiende a ser un mecanismo manipulador de la conciencia ciudadana para oponerse sistemáticamente a las inversiones.

En síntesis, la consulta popular, tal como se ha estado implementando, tiene muchas aristas de orden político y jurídico, por lo que no representa un mecanismo idóneo para solventar las crisis comunitarias. En casos críticos la corrupción entre las empresas inversoras y los agentes del Estado —alcaldes y miembros de COCODES— genera oposición por parte de los pobladores. El problema es que los proyectos no han resultado de beneficio para la comunidad; mientras tanto, en algunos casos sí se produce una modificación o destrucción en el entorno donde habitan. Por ello se percibe un colapso de las negociaciones a través de la consulta popular para los proyectos alternativos de energía.

Aunque existen varias propuestas de instituciones y organizaciones de análisis estratégico para solventar la falta de ordenamientos y sistemas de consulta, también se ha propuesto un mecanismo más complejo con base legal, como podría ser **el arbitraje**. Sobre el tema escriben los autores del curso práctico de arbitraje comercial internacional, Rivera y Gordillo (2001):

"El arbitraje es más que un juicio: es una institución con individualidad única, pero compleja, está integrado por varias partes que conforman un todo". Ambos autores justifican que el arbitraje no es algo nuevo, puesto que existía en las sociedades antiguas como forma de resolución de conflictos. El arbitraje impone a los contendientes someter sus diferencias a la decisión de otras personas idóneas para ambas partes, aceptando de antemano —con carácter obligatorio— la decisión que al respecto se tome. El arbitraje da origen al sistema de justicia que conocemos como una función del Estado. Históricamente se conocen cientos de casos resueltos por este sistema. Algunos teóricos lo explican como una variante del derecho consuetudinario. En Latinoamérica es más aceptado cuando participan empresas extranjeras que se someten al arbitraje internacional. Un ejemplo crítico puede ser el diferendo territorial entre Guatemala y Belice, ambos países se encuentran en proceso de someterse al arbitraje internacional para resolver la diferencia territorial en el ámbito de las naciones.

Todo arbitraje tiene su origen en la voluntad de las partes que confían la solución de un litigio a un "tercero en discordia" el cual es imparcialmente elegido, directa o indirectamente, por los actores involucrados. Esta relación jurídica tiene por objeto establecer un medio de arreglo de diferencias entre las partes. Los actores se someten al órgano no judicial y aceptan la decisión obligatoria mediante la cual se pone fin a la controversia (Rivera y Gordillo, 2001:27).

Para el caso de los conflictos entre pobladores, entes estatales, empresas privadas y extranjeras, se deberá ordenar un mecanismo que pueda coadyuvar a la resolución de los conflictos de forma eficiente, nos dicen Rivera y Gordillo (2001).

El mismo hecho de someterse al arbitraje será señal importante del grado de madurez de las partes para aceptar un dictamen sobre un tema tan controvertido y que, en ocasiones, levanta tantas pasiones y acciones violentas, incluso llegando al desorden social. La figura del arbitraje debe aceptarse expresamente por las partes para que se haga efectiva. Todas las consideraciones para la realización del arbitraje deberán establecerse en una ley marco de carácter regulatoria sobre esa materia, y en el caso de los proyectos de generación de energía debe contener, entre otros, los elementos necesarios que faciliten el consenso efectivo y las relaciones históricas de las poblaciones en el diferendo.

Comprendemos que existen mecanismos aprobados recientemente para la resolución de conflictos de las localidades en donde se desea instalar proyectos mineros, plantas hidroeléctricas, plantas geotérmicas y otros como la explotación petrolera. Pero estos mecanismos están siendo rápidamente criticados por los dirigentes sociales que se oponen a cualquier método de solución negociada.

En adelante se intentará conocer las distintas aristas que forman parte de la problemática ambiental y los conflictos territoriales. Veremos cómo los involucrados tienen visiones diferentes que no confluyen positivamente para iniciar las negociaciones entre los actores sociales.

En este punto debemos preguntarnos cuál es la diferencia entre la consulta a la opinión pública en general y los criterios de los pobladores cercanos a los proyectos de inversión energética, tomando en cuenta que las decisiones afectan el medio ambiente, fomentan el desarrollo y pueden incidir en el ámbito local y el nacional.

Entendemos que sobre el criterio individual, dentro de un contexto social, las personas toman decisiones cotidianas como ir a trabajar a pie o en auto, qué cantidad de combustible consumen o si desean procrear otro hijo. Estas decisiones involucran a una gran cantidad de actores tales como personas, gobiernos locales, regionales o nacionales; autoridades tribales y de la comunidad, organismos cívicos, grupos de interés y sindicatos, empresas nacionales e internacionales, científicos, organismos internacionales como Naciones Unidas, Unión Europea y la Organización Mundial de Comercio. Cada uno de estos actores posee intereses diferentes, información múltiple y ámbitos de autoridad contradictorios, pero todos unificados por la globalización e interconectados de diversa forma. Indica Kaplan: *"La nueva racionalidad, una vez más como toda racionalidad, se inserta en un universo social ordenado en función de un eje axiológico dominante. Este debe ser definido como prerrequisito que permita determinar las pautas rectoras y los lineamientos específicos de la nueva sociedad, sobre todo con referencia al sistema de necesidades y al índice de bienestar, al modo de creación y uso de la productividad técnico-económica y del excedente económico, al régimen de relaciones sociales y humanas, y al modo de organización y funcionamiento de la cultura y la política"* (Kaplan, 1974:20).

Cada año que transcurre en el proceso civilizatorio de occidente, a medida que crece la población y los niveles de consumo aumentan, se acelera el impacto sobre el entorno ambiental. Por ejemplo, los bosques se convierten en pastizales o en suburbios y se consume un mayor volumen de agua potable; la misma es extraída de la tierra y almacenada en presas o es transvasada.

También como consecuencia de la industrialización arrebatada, a veces la salud genética de las especies se deteriora frente a las cosechas incontroladas y la pérdida del hábitat. Todo este consumo de combustibles fósiles hace que la atmósfera entre en crisis por los gases de efecto invernadero. Cada una de estas tendencias evidencia un fracaso de nuestra gestión en los asuntos ambientales, término que se utiliza para describir el modo en que los humanos ejercemos la autoridad sobre los recursos naturales y los ecosistemas de manera irracional. Las causas de la degradación de los ecosistemas tienen su raíz en un sistema económico que, a menudo, premia la explotación de los recursos naturales en lugar de su correcta administración. Se observa un aumento del consumo *per cápita* de las naciones desarrolladas y la disminución de la tasa de crecimiento económico de la población. El sistema en su totalidad parece estar en un punto crítico para la sustentabilidad económica.

Según Kaplan (1974:20-24), *"en un modelo alternativo se propone cuestionar las necesidades y los modos de satisfacción, el sistema de propiedad, iniciativa y ganancia privada que sacrifica el interés colectivo, la inducción artificial del consumismo pasivo y desenfrenado para la explotación y la expansión del mercado de masas. La irracionalidad en el inventario, la creación y el uso de los recursos naturales y humanos. La regulación del crecimiento y del progreso técnico en función de los nuevos valores reduce el peligro del agotamiento de los recursos en la medida que se replantea en términos nuevos la relación del hombre con el medio natural, con la sociedad y consigo mismo. Se permite el desarrollo, se posibilita la tendencia a la creciente absorción de más energía mecánica en relación a las materias primas y de más materia gris en relación a la energía mecánica"*.

Para intentar abordar el conflicto la Comisión Mundial de Presas propuso recientemente un enfoque de derechos y riesgos. En éste se establecen las oportunidades de participación en el proceso decisorio. La **participación ciudadana** en la adopción de decisiones pro ambiente puede revestir varias formas que se circunscriben sobre el tiempo y el presupuesto disponible, así como las circunstancias políticas y culturales de cada lugar.

En 1992 se adoptaron los principios de la gestión de los asuntos ambientales al firmar la Declaración de Río sobre Medio Ambiente y Desarrollo, los 178 países durante la Cumbre de la Tierra. La Declaración de

Río proporciona 27 directrices con miras a lograr el desarrollo sostenible. La propuesta enuncia que la mejor manera de tratar los asuntos ambientales es con la participación de todos los ciudadanos interesados, en el nivel que corresponda, incluida la información sobre los materiales, actividades y riesgos para sus comunidades. Se reconoce el derecho básico de cada persona de las generaciones presentes y venideras a vivir en un ambiente sano (División de Desarrollo Sostenible de Naciones Unidas).

En Guatemala uno de los entes encargados de velar por la protección ambiental es el Consejo Nacional de Áreas Protegidas (CONAP) que define la biodiversidad como la complejidad de ecosistemas, especies y personas que existen en la Tierra. Es la fuente de recursos valiosos de la humanidad y se utiliza para alimentación, vestuario, medicina, construcción, industria y actividades culturales y espirituales, es decir, los componentes bióticos. En el Convenio 169 de la OIT, Artículo 74, se declara que *"Los gobiernos deberán tomar medidas en cooperación con los pueblos interesados para proteger y preservar el medio ambiente de los territorios que habitan"* (Convenio OIT, No.169, 1989).

En zonas específicas —áreas posibles para la producción energética— el conflicto surge cuando los ambientalistas, en su afán por proteger los ecosistemas, se oponen a la construcción de hidroeléctricas con argumentos poco sólidos en el contexto local, pero es una buena reflexión sobre lo sustentable a nivel mundial. Exponen que *"los ecosistemas presentan una fase de deterioro grave de su capacidad de suministrar los bienes y servicios de los que dependemos. Los actuales niveles de sobreexplotación ocasionan el progresivo desgaste de la capacidad biológica de éstos. Se proyecta incrementar la demanda de tierras, agua, madera y granos a medida que crece la población y el consumo. Un ecosistema es una comunidad de organismos interactivos y el medio ambiente físico en que viven. Estos elementos son los motores productivos del planeta, la fuente de su alimento, el agua y otros que sostienen la producción. Es posible que un análisis económico nos brinde información para planificar un sistema de impuestos y subsidios, a fin de alentar en los productores de electricidad la construcción de centrales eléctricas más eficientes o para que las fábricas contaminantes reduzcan sus emisiones"*. Con esa propuesta a nivel mundial nos debe preocupar la ubicación de las centrales eléctricas o fábricas, y es un reto que debe afrontar la gestión ambiental para responder a lo posible o viable y reflexionar sobre quiénes se benefician y quiénes padecen las consecuencias. Un polígono de muchas variables e irregular. Por eso se requiere de la opinión de la población o, en caso contrario, se puede ocasionar lo opuesto: **conflicto y resistencia**. Aunque en todo el manejo social del desarrollo industrial de occidente tendremos siempre oposiciones y fracturas en las negociaciones (WRI, 2004).

En el caso guatemalteco el movimiento ambiental reivindica diferentes formas de defender a la naturaleza a partir de visiones del mundo no necesariamente compartidas. El Movimiento Ambiental Guatemalteco (MAG) define estas posiciones ambientalistas que se enumeran a continuación (Mancilla, 2010:245-266):

La visión **conservacionista** es la que pretende el manejo apropiado de las especies y es el punto de entrada de muchas personas al tema de la conservación. El **ecologismo de mercado** es donde se ubican personas con enfoques de raíz liberal que postulan la utilización de la naturaleza de manera sostenible. Son grupos poco organizados que gestionan los pagos por servicios ambientales o la venta de bonos de carbono. La **ecología profunda** parte de la crítica al consumismo y propone cambios estructurales en la cultura que permitan alcanzar una convivencia armónica entre el ser humano y la naturaleza. La **ecología radical** nace del rechazo frontal a las posiciones conservacionistas que cuestionan por ser limitadas, son esencialmente ecocéntricos y abiertamente antihumanos, proponen el decrecimiento, ecoaldeas o bioregiones y esta posición ha derivado en violencia y limitaciones sociales. La **ecología personalista** nace en círculos católicos en donde la persona se convierte en guardián de la naturaleza; en esta se propugna por el pleno respeto de los derechos humanos, la lucha contra la guerra, la solidaridad global, la familia como núcleo esencial de una nueva justicia personal y ecológica: respeto, deberes-derechos mutuos y compromiso de custodia con la naturaleza (Mancilla, 2010).

Algunas críticas surgen por el reasentamiento de las comunidades para hacer sitio a usos alternativos de la tierra, desde represas hidroeléctricas hasta parques nacionales. El uso de la tierra es un tema controversial, tanto en países desarrollados como naciones en vías de desarrollo. Se debe consultar a la comunidad sobre su reasentamiento porque los hogares con bajos ingresos suelen depender de los recursos derivados de la naturaleza como productos forestales, pesca, follajes y fuentes de agua de superficie. Estas familias generalmente no están capacitadas o educadas para enfrentar los desafíos de una sociedad desarrollada (Mancilla, 2010).

Otro problema en esta conflictividad de las hidroeléctricas es la privatización de los recursos acuíferos. Aunque en realidad lo que se otorga son concesiones a largo plazo para la viabilidad de los proyectos hidroeléctricos. Esto porque los costos de implementación son muy altos y hay necesidad de asegurar la recuperación de estas inversiones (Petitbo, 1998:160-180).

Frente a las diferentes manifestaciones de los ambientalistas existen grupos extremistas cuya labor es la de minar sistemáticamente las inversiones en proyectos hidroeléctricos. Para ilustrar el caso de la "oposición globalizada" a las hidroeléctricas en la región mesoamericana hemos consultado una página *web* que llama la atención por la posición radical de un grupo que se ha organizado para plantear sus criterios frente a cualquier proyecto de desarrollo de energía hídrica. Es innegable que los activistas hacen uso de la internet y las páginas *web* —satisfactores de orden material de la sociedad occidental— para expresar su rechazo a las hidroeléctricas. Una paradoja sobre el uso de los recursos y las comodidades de la vida moderna a pesar de su visión sectaria. En este comunicado se expresa: *"Diversas empresas transnacionales buscan aprovecharse de los acuerdos internacionales para acelerar la privatización de los recursos de agua, convirtiendo el vital líquido en una mercancía y enriqueciéndose a costa del futuro del mundo entero. (…) "Las organizaciones declaramos que la proliferación de los proyectos hidroeléctricos en nuestros países no obedece a las necesidades energéticas de nuestros pueblos sino que responde a la necesidad de crear la infraestructura necesaria para desarrollar el modelo económico neoliberal a través del Área de Libre Comercio de Las Américas (ALCA), los diferentes tratados de libre comercio a nivel continental, el Plan Puebla-Panamá y el Plan Colombia, entre otros. Hasta la fecha se han realizado dos Foros Mesoamericanos contra Represas, el primero en marzo del 2002 en la Cooperativa Unión Maya Itzá, Petén, Guatemala; y el segundo en julio del 2003 en La Esperanza, Intibucá, Honduras. En ambos foros hemos expresado nuestra solidaridad con las personas y organizaciones amenazadas, perseguidas y que han sufrido violación a derechos humanos en el marco de la lucha de resistencia contra las represas, así como con los millones de personas en todo el mundo que han sido desplazadas y afectadas por represas hidroeléctricas. Hemos constatado también que estos proyectos vinculados al gran capital transnacional y nacional cuentan con el apoyo de las instituciones financieras multinacionales, e incumplen en su totalidad la legislación ambiental y el derecho de autodeterminación de los pueblos, lo que nos obliga a adoptar medidas de lucha de resistencia y a reiterar la validez de las propuestas alternativas que vayan surgiendo desde los pueblos"* (Tevalán, s.f.).

Encontramos que estos señalamientos y desinformación únicamente contribuyen a la desestabilización y a la inseguridad para las inversiones en el país. Las reivindicaciones de este y de otros grupos similares se limitan a denunciar, pero no proponen posibles soluciones a la problemática de los estándares de vida que todo ser humano tiene derecho a disfrutar. Huntington (1996:79) lo resume así: *"La modernización supone industrialización, urbanización, niveles cada vez mayores de alfabetización, educación, salud y movilización social; y estructuras ocupacionales más complejas y diversificadas. La modernización es fruto de la tremenda expansión del conocimiento científico y tecnológico, iniciada en el siglo XVIII, que hizo posible que los seres humanos controlaran y configuraran su entorno de maneras totalmente desconocidas hasta entonces".*

A pesar de la evidencia acerca de las ventajas de la energía de impacto neutro como las minihidroeléctricas, siguen existiendo estos pequeños grupos en el país que conforman una oposición poco informada sobre los procesos civilizatorios de la humanidad y pretenden quedarse viviendo en el pasado, lo que supone niveles de pobreza profundos.

Sobre el tema el analista Alfred Kaltschmitt (2010:14), en su artículo "Hidroeléctricas, ahí viene el cuco", escribe: *"se ha contaminado la mente de poblaciones enteras mediante el engaño, la manipulación y el discurso populista para poner a los pobladores en contra de la generación limpia de las hidroeléctricas. En cualquier parte del mundo la generación de energía limpia está elevada al trono de la máxima estima y valoración. La irresponsabilidad de las organizaciones ambientalistas y populistas tiene un costo alto para el país. El activismo radical aglutinado alrededor da la mentira y la instrumentalización política financiada por grupos con vínculos radicales enquistados en el gobierno y la cooperación internacional, están procurando su sobrevivencia política a costa de la seguridad energética del país. Mientras que en la Unión Europea la planificación de largo plazo está amarrada a un acuerdo para que el 20 por ciento del consumo de energía provenga de fuentes renovables, nuestro país va en la dirección opuesta. Apenas el 15 por ciento del potencial está siendo aprovechado. Adicionalmente la protección del manto vegetal de las cuencas, elemento indispensable para cuidar el caudal hídrico, es fuente de empleos para las poblaciones aledañas. Y si se aplica una tarifa social voluntaria de parte de las generadoras, para beneficiar a los lugareños, el impacto socioeconómico es aún mayor".*

Por el contrario, Daniel Pascual, Coordinador General del Comité de Unidad Campesina (CUC), uno de los grupos que se oponen sistemáticamente a los proyectos de desarrollo energético de impacto neutro, dice *"que las comunidades no se oponen a la electrificación pero quieren que se les consulte. Dicen sentirse atropellados y engañados bajo el falso supuesto de que se obtendrán mejoras para la población. Se oponen a los negocios millonarios para las empresas y los funcionarios corruptos a costa de la vida de la 'madre tierra' y las comunidades indígenas y campesinas".* Otras comunidades han denunciado atropellos, presiones y persecución por parte las autoridades gubernamentales y municipales, el ejército y las empresas transnacionales. Sin embargo, estos atropellos también vienen de parte de los grupos opuestos a los proyectos de inversión (Prensa Libre, 2011a:22).

Para ejemplificar esta dinámica social de contradicciones en nuestro país abordamos un tema que genera discusión política: la extracción minera a cielo abierto. Este tema ha involucrado al gobierno central, a movimientos sociales internacionales, a la Comisión Interamericana de Derechos Humanos y a las trasnacionales de la minería. Los pueblos indígenas en general se oponen a la minería, en parte por los antecedentes históricos que pueden ligarse a prácticas esclavistas de explotación heredadas del período colonial. En el contexto histórico de 1572, el ayuntamiento solicitó a la corona española que autorizara sacar a los "indios haraganes" de sus pueblos para que trabajaran en la minería (Solórzano, 1977:24). Este hecho es señalado como una razón para la resistencia en contra de las actividades mineras. El problema radica en que se ha mezclado la protesta con temas que son de distinta índole y con incidencia de diferente tipo sobre el medio ambiente. Como ejemplo, en 2010 una turba de pobladores quemó la comuna de Jocotán, Chiquimula, en protesta contra la minería y las hidroeléctricas e intentaron linchar al alcalde. Según la información el grupo aseguraba defender su territorio de la explotación minera y la instalación de hidroeléctricas. Quemaron una biblioteca infantil recién inaugurada y un hotel cercano a la municipalidad (Paxtor, 2010:12).

También en Uspantán, Quiché, los pobladores de 174 comunidades participaron en una consulta popular en la que rechazaron proyectos mineros, hidroeléctricos y petroleros en esa región. Con el apoyo de varias organizaciones indígenas pidieron que el Congreso de la República legislara contra las actividades que perjudican el entorno ancestral indígena (Figueroa, 2010:36).

Como corolario a los problemas con los grupos ambientalistas, el gobierno de Guatemala autorizó, por intermedio del Ministerio de Energía y Minas, a empresas extranjeras para la realización de exploración y reconocimiento para la extracción de hierro en las arenas volcánicas de las playas del Pacífico. Esto ha disparado la voz de alarma de los ambientalistas y de los inversionistas inmobiliarios que se agruparon en la Alianza Ciudadana por la Costa Sur. La explotación del hierro implicaría la remoción de miles de toneladas de arenas negras del litoral para extraer hierro y titanio. Los frágiles ecosistemas marino-costeros se verían amenazados e incluso destruidos por causa de esta actividad industrial y las comunidades se verán perjudicadas (Rigalt, 2011:2-3).

Estas noticias crean confusión y contribuyen a mezclar los problemas de la minería con los proyectos de generación eléctrica, lo que ha repercutido en el retiro o retraimiento de las inversiones en este último rubro. Los dirigentes ambientalistas sostienen que las presas y canales alteran el ciclo hidrológico normal de los ríos; argumentan que generar electricidad, extender el agua para la irrigación agrícola y llenar los embalses que han sido construidos, sin tener en consideración las repercusiones para los usuarios que viven río abajo, o para el propio ambiente acuático, es dañino.

Las argumentaciones anteriores se basan en problemas creados por las grandes represas, como nos explica Rinze (2012): *"los aspectos desfavorables se presentan en mayor proporción a medida que se incrementan las dimensiones de los complejos generadores"*.

Citando el caso de Chixoy, la mayor hidroeléctrica en Guatemala, una de las desventajas encontradas es un mayor azolvamiento producido por el tipo de suelos de formación cárstica (roca caliza), con tendencia a los deslaves y colapsos por los constantes movimientos telúricos. Para este tipo de proyectos se requiere inundar grandes porciones de tierra ancestralmente habitada. Ello generó su cuota de conflictividad social, como expone De Villa (2012): *"la construcción de Chixoy en los años 1970 supuso desplazar a algunos cientos de familias para hacer el embalse correspondiente. En medio de la guerra que se estaba preparando, con las consecuencias de cientos de miles de desplazados, el desplazamiento de las familias por el embalse fue un tema menor. Lo peor de todo en ese caso fue no contemplar indemnizaciones justas a los afectados directos"*.

Se ha evidenciado que la conflictividad tiene raíces coloniales y otras de reciente causalidad, sin tomar en cuenta que las inversiones que actualmente se proyectan son de mediana y pequeña envergadura. Por tanto los brotes de resistencia y conflictividad no están justificados en todos los casos. Consideramos que se deben analizar a la luz de sus efectos colaterales de manera individualizada. De igual manera, las soluciones y el acompañamiento de cada caso se deben proyectar según las particularidades individuales.

El Ministerio de Energía y Minas y la Secretaría de Planificación y Programación de la Presidencia (SEGEPLAN) suscribieron un acuerdo de cooperación interinstitucional, con el cual se busca el acompañamiento técnico de los proyectos extractivos. El objetivo es construir planes de desarrollo en las zonas aledañas para el beneficio de las comunidades, tales como negocios de turismo, desarrollo agrícola e infraestructura. Estas medidas persiguen evitar la conflictividad entre la comunidad y los inversionistas, según palabras del ministro. Sin embargo, en el mismo artículo los representantes de varias organizaciones en contra de la minería rechazaron los convenios por no otorgar beneficios a las comunidades. *"Siempre rechazaremos estos proyectos porque las grandes empresas y el Estado son los únicos beneficiados"*, aseguró un representante de los grupos de presión (Santos, 2012a).

Como se aprecia, a pesar de los esfuerzos realizados por los funcionarios del gobierno y los empresarios, los agitadores siempre encuentran una excusa, por ilógica que parezca, para iniciar otro foco de confrontación. Ante esa perspectiva el gobierno ha optado por hacer caso omiso y continuar con las concesiones y los permisos. Se tiene claro que la línea a futuro es la no dependencia de los combustibles fósiles y los proyectos de energía limpia, como son las hidroeléctricas, cuyo potencial en nuestro país no está en discusión.

La solución, en algunos casos, se puede centrar en la **participación comunitaria** para la gestión de los proyectos. Aunque es arriesgado pensar que esa propuesta puede ser exitosa, se puede implementar cuando las inversiones se realicen en tierras comunales. *"La empresa autogestionada ofrece ventajas en términos de mayor responsabilidad y de productividad incrementada de sus miembros. La coerción es reemplazada por una nueva moral colectiva, a la vez éticamente superior y de mayor eficacia productiva. Sociedades a las cuales se les forma en educación, cultura, práctica social múltiple y la calificación polivalente. Se forma y ejercita en la igualdad y la conciencia y la capacidad de autonomía. Así la empresa autogestionada se vuelve capaz de producir más y mejor a menores costos. También se disminuyen los gastos burocráticos"* (Kaplan, 1974:38).

En la actual coyuntura política ambiental la situación de las hidroeléctricas en el país es crítica. El gobierno, a través del Ministerio de Energía y Minas, emitió algunos decretos para concesionar el uso de caudales. Sólo Fundación Solar, una organización ambientalista, se ha sumado al esfuerzo colectivo, pero la mayoría mantiene su oposición. Las municipalidades han sido neutrales en este proceso y no siempre son intermediarios eficaces. En tanto, la población no parece comprender la dinámica socioeconómica que exige la globalización. Este proceso demanda la autosuficiencia energética para el desarrollo y la sobrevivencia de las futuras generaciones. En todo caso consideramos que el rol del Estado es garantizar seguridad jurídica para las empresas, dictar normas para el buen funcionamiento de los proyectos, la protección ambiental, la defensa del consumidor y controlar el cumplimiento de este proceso. Las partes involucradas deben velar por la observancia de las normas que se establezcan, su claridad y encauzamiento hacia el bienestar común de todos los actores sociales.

Ante ese panorama de resistencia es evidente que se tendrá que trabajar en las políticas gubernamentales para procurar la recuperación de la degradación medio ambiental, y en algunos casos se pueden asignar las concesiones para que las comunidades gestionen por cuenta propia los recursos. Tal el caso de la Hidroeléctrica Chelense, ubicada en Chajul, Quiché, en donde la comunidad ha tomado bajo su cargo la gestión del proyecto y actualmente genera electricidad para once comunidades aledañas (El Periódico, 2011c).

Un informe sobre la experiencia de la Hidroeléctrica Chelense indica que existen serios problemas que deben analizarse antes de implementar una **empresa autogestionada**. El proyecto se realizó con el objetivo de promover la energía renovable en comunidades rurales para que, por medio de su uso productivo, aumente el valor de los bienes locales y mejoren las condiciones de vida de la población. El insumo fundamental sería la integración de la generación sostenible al desarrollo rural y a los procesos productivos. El proyecto perseguía vincular a los productores locales con los mercados nacionales y globales y generar rentas adicionales para reducción de la pobreza en áreas rurales aisladas (Fundación Solar, 2010).

Para llevar a cabo la construcción de la Hidroeléctrica Chelense se contó con la participación de empresarios privados como Hidro Xacbal, instituciones del Estado como el INDE, FONAPAZ, y otras instituciones de cooperación internacional, las autoridades municipales y de gobernación.

En primer término se autorizó el funcionamiento del comité pro mejoramiento que realizó las gestiones para introducción de agua, drenajes y otras necesidades básicas para la comunidad, así como la introducción de un sistema solar para cargar celulares y poder comunicarse con todos los involucrados en el proyecto. Luego se creó la

Asociación Hidroeléctrica Chelense (ASOCHEL). Surgió la necesidad de involucrar a profesionales del área ixil, quienes formaron el equipo de campo de Fundación Solar. Esto dio un sentido de identificación de la comunidad con el proyecto. Estos técnicos conocían más a fondo las necesidades, ideas y preocupaciones de los pobladores. A través de los facilitadores de campo locales se fue ganando la confianza y la voluntad de la comunidad. Se comprobó que las alianzas intersectoriales son un factor determinante en el éxito para la implementación de proyectos energéticos renovables.

La aldea Chel se unió con otras dos aldeas cercanas que también colaboraron con mano de obra, alimentación y la adecuación de comunicación vial para que los técnicos y las instituciones involucradas realizaran un trabajo eficiente. Después de años de gestionar con autoridades y contar con el apoyo económico de varias instituciones, las comunidades finalizaron el proyecto. Pronto otras comunidades se sumaron para hacer uso del servicio. La ejecución requirió de un compromiso indispensable de todas las fuentes de financiamiento. Se elaboraron manuales específicos a manera de guías paso a paso para facilitar el trabajo técnico. Se incorporaron medidas de mitigación de impacto sobre los recursos naturales en las fases de construcción, operación, mantenimiento y abandono. Además se realizó un plan de monitoreo ambiental para apoyar la buena gestión de operación de esta microcentral hidroeléctrica; por su tamaño no se requirió de un estudio de impacto ambiental, contemplado únicamente cuando el proyecto sobrepasa los 5 megavatios.

El proyecto cuenta con una desventaja básica: tiene una capacidad limitada a 165 kilovatios. Pero debido a que los centros urbanos crecieron, se instalaron comercios (panaderías, tiendas, ferreterías y carpinterías), y más usuarios demandaron una acometida eléctrica para sus hogares, el consumo se incrementó. La suma de otras aldeas y caseríos junto a más comercio local está haciendo que la generación sea insuficiente en el corto plazo. El aumento acelerado de la población rural indígena también contribuye a incrementar la demanda de flujo eléctrico. Expertos consideran que el proyecto estaría en el límite de su capacidad de oferta para el 2012.

Los mayores aportes del proyecto se aprecian en el mejoramiento de la salud de los pobladores por la instalación de un centro de salud que cuenta con refrigeración para las vacunas y un módulo dental. Se mejoró la infraestructura educativa, por lo que las comunidades cuentan con escuela diurna, vespertina y nocturna, además de salones con iluminación para realizar actividades de noche. Los estudiantes pueden hacer uso de internet para sus tareas y se utilizan videos como soporte educativo.

Personas consultadas admiten que el modelo de desarrollo también tiene inconvenientes para las comunidades rurales alejadas de los procesos civilizatorios de estilo occidental cuando éstos no van acompañados de una correcta educación formal con orientación ambiental. La infraestructura vial facilitó el ingreso de todo tipo de vehículos de carga; pronto las tiendas se llenaron con productos alimenticios envasados y bebidas gaseosas embotelladas. La dieta de los jóvenes ha sufrido variaciones y puede ser menos saludable. Los volúmenes de basura se incrementaron afectando los ríos y contaminando los alrededores. Los ancianos se quejan porque los jóvenes han perdido sus costumbres. Se recomienda un plan para direccionar los impactos del proyecto a efecto de prever fuertes cambios culturales. El acceso vial también repercute sobre la deforestación porque muchos hogares aún utilizan leña para cocinar. Se propuso conformar un comité para que vele por la conservación del recurso hídrico y la recuperación de especies forestales nativas.

Por aparte, para dar mantenimiento a la microcentral hidroeléctrica se contrató un técnico de mantenimiento y una persona que se encarga de la lectura de contadores. El mantenimiento de las máquinas también tiene costos que son administrados por un comité formado por los comunitarios. Pero algunos usuarios del servicio han perdido su capacidad de pago por no instalar proyectos productivos. Los ingresos han mermado por la crisis económica, y las familias más pobres no pueden pagar su consumo eléctrico. El aumento en los costos y una mala gestión de cobros puede hacer colapsar el proyecto si no se toman las medidas correctivas por parte de los encargados de la administración.

La experiencia de la Hidroeléctrica Chelense indica que es posible la compatibilidad del desarrollo económico y la protección ecológica. Sin embargo, al aplicar criterios ecológicos estrictos y obligar a los empresarios o a las comunidades a cargar con los gastos de la protección ambiental, también se provoca aumento de precios y pérdida de competitividad. Las organizaciones ecologistas y los industriales están permanentemente enfrentados, pero cuando se plantean soluciones para resistir los daños colaterales de la producción apoyando, por ejemplo, soluciones menos contaminantes, procesos que utilicen menor cantidad de agua o que sean más eficientes en el uso de los combustibles, se puede contribuir a moderar la contaminación. A medida que se acelera el progreso científico y tecnológico debemos enfrentarnos a situaciones de riesgo que no tienen precedentes en la historia de la humanidad. Las autoridades públicas deben responsabilizarse de las decisiones, anunciar los riesgos y fomentar el debate con los grupos interesados, una forma de repartir responsabilidades (Giddens, 2000).

Como podemos apreciar, luego de este planteamiento de problemas sociales ocasionados por la instalación de proyectos extractivos como la minería, las hidroeléctricas y los hidrocarburos, existen riesgos globales que requieren de la intervención de la política y subpolítica. Como explica Beck (2009), *"La sociedad del riesgo global abre el discurso público y la ciencia social a los retos de la crisis ecológica que, como sabemos ahora, son globales, locales y personales al mismo tiempo"*. Lo expresado por Beck nos indica que estamos frente a una sociedad convulsionada por los problemas sociales, que tiene incidencia en lo político, pero sobre todo en lo económico. Debemos por tanto atender el conflicto visualizado desde los riesgos. Se trata de una tarea difícil. *"El compartir riesgos implica además la asunción de responsabilidades, lo que a su vez implica convenciones y pactos en torno a una comunidad de riesgo que comparte la carga. Y en nuestro mundo de alta tecnología muchas comunidades de riesgo son comunidades potencialmente políticas en un nuevo sentido: en el sentido de que tiene que vivir con los riesgos que aceptan otros. Existe una estructura básica de poder dentro de la sociedad mundial del riesgo, que divide a quienes producen y se benefician de los riesgos y a los muchos que se ven afectados por esos mismo riesgos"* (Beck, 2009:25).
El problema principal es que existe un dualismo entre naturaleza y sociedad al mismo tiempo que se redefinen y se reconceptualizan las relaciones sociales simbólicamente mediadas con la naturaleza. Es innegable que los proyectos industriales se convierten en una empresa política, en el sentido de que las grandes inversiones presuponen un consenso a largo plazo. Tal consenso, sin embargo, ya no está garantizado sino más bien amenazado. Lo que anteriormente podía negociarse e implementarse a puerta cerrada mediante la fuerza, queda ahora potencialmente expuesto a la crítica pública. La industria, por ejemplo, aumenta su productividad, pero al mismo tiempo corre el riesgo de perder legitimidad. El orden legal ya no garantiza la paz social porque generaliza y legitima las amenazas a la vida y también a la política. Existen los "males" en contraposición con los "bienes". Es decir, la destrucción ecológica y los peligros tecnológico-industriales motivados por la modernización y el desarrollo, tales como el agujero en la capa de ozono, el efecto invernadero o la escasez de agua. Otro riesgo es el que está directamente

relacionado con la pobreza; entre ésta y la destrucción ambiental existe una estrecha vinculación.

Un análisis integrado de la vivienda, la alimentación con la pérdida de especies, energía, industria y población humana muestra que todas están mutuamente relacionadas. De esta forma la destrucción ecológica puede promover la guerra, bien sea en forma de conflicto armado por recursos vitalmente necesarios como el agua, o porque los "econfundamentalistas" exijan el uso de la fuerza militar para detener la destrucción que ya se está produciendo, especialmente en países que viven en creciente pobreza y explotan el entorno hasta agotarlo. En un escenario hipotético, tendremos intervenciones militares por parte de los países desarrollados para hacerse de los recursos vitales en otros territorios, o bien intervenciones como las efectuadas en Guatemala por la oposición a los proyectos extractivos.

En cualquier caso no debemos perder de vista que lo importante es evitar a toda costa la dependencia futura de los combustibles fósiles. La actual oposición en varios países de Latinoamérica a los proyectos hidroeléctricos ha sido la excusa para permitir la instalación de varios proyectos de energía a base de carbón. Sabemos que el carbón es una de las fuentes energéticas más contaminantes, pero que conlleva menos riesgo para los inversionistas debido a su carácter netamente industrial de transformación —no utiliza recursos nacionales—, lo que lo hace atractivo para el capital extranjero. En este caso particular no intervienen las plagas, los desastres naturales, el poder de los dioses y demonios al acecho ni el potencial destructivo de las modernas megatecnologías. El único riesgo se basa en decisiones que se centran en ventajas y oportunidades tecnoeconómicas y aceptan los peligros como el simple lado oscuro del progreso (Beck, 2009).

En conclusión, para entrar de lleno a la propuesta de soluciones integrales podemos aplicar la modernización reflexiva en esta era de incertidumbre y ambivalencia, que combina la amenaza constante de desastres de una magnitud nueva con la posibilidad y necesidad de reinventar nuestras instituciones políticas y de inventar nuevas formas de ejercer la política en lugares sociales antes considerados apolíticos. Cuando aplicamos la política a la sociología encontramos que las historias contradictorias profundizan las dudas de los consumidores, de los pobladores y, en vez de informar abiertamente a todo el mundo, las industrias ignoran y desdeñan sus incertidumbres y temores alentando con ello la desconfianza. Nos encontramos aprisionados entre las categorías básicas de la sociología clásica —izquierda y derecha—, de la cual debemos liberarnos. Las ciencias sociales están atrapadas en un argumento circular al utilizar las antiguas categorías como clase, familia, roles de género, industria, tecnología y otras que nos obligan a seguir pensando en una modernidad del pasado.

Debemos ser imaginativos para salir de las rutinas académicas. Los empresarios también deben encontrar nuevas formas de resarcimiento contrarias a las tradicionales (salud, educación, carreteras). Un planteamiento más creativo en sus propuestas puede lograr el apoyo de la población, especialmente de los jóvenes que son más abiertos al uso de nuevas tecnologías. Los proyectos de inversión ligados a la generación de empleo son mejores alternativas para un verdadero plan de desarrollo que vaya de la mano con mejores ingresos y calidad de vida para un mayor número de habitantes.

Como un esfuerzo adicional para abonar en el tema de la conflictividad social, la Asociación de Generadores con Energía Renovable (AGER, 2013) lanzó el manual de buenas prácticas de relaciones con las comunidades, el cual propone ocho pasos para ofrecer procesos exitosos en la instalación de empresas de energía renovable:

1. Identificación y análisis de los actores sociales
2. Divulgación de información
3. Consultas
4. Negociación y asociaciones
5. Gestión de las reclamaciones
6. Participación de actores sociales interesados en el seguimiento de los proyectos
7. Elaboración de informes
8. Funciones de gestión

Se aprecia que los esfuerzos van encaminados a identificar las razones de la oposición a las industrias generadoras, por lo que el enfoque es hacia los actores, sus intereses, las demandas y las negociaciones. Uno de los reclamos principales es la consulta, en segundo lugar el aspecto ambiental, y finalmente los beneficios económicos que puedan resultar del apoyo de los inversionistas hacia las municipalidades. Incluso varias alcaldías que sufren por la falta de recursos han encontrado un alivio a sus necesidades más urgentes en los aportes adicionales que reciben de los proyectos hidroeléctricos en sus municipios. Pero todos los esfuerzos por dar a conocer las bondades de la generación hidroeléctrica pueden toparse con una mala implementación de las técnicas de mercadeo, información tergiversada por quienes realizan la inducción o capacitación, la comunicación de las ideas, especialmente cuando se imparten charlas en áreas indígenas y no se cuenta con traductores de acuerdo con el área geográfica que se desea cubrir.

Existen ideas preconcebidas en la población con respecto a las grandes represas que inundan vastos territorios; preocupa también la creencia de que las hidroeléctricas contaminan el agua, o las posibles inundaciones río abajo por el rompimiento de las represas. Todas estas dudas y temores deben ser cuidadosamente despejados antes de permitir el inicio de incidentes por causa de la desinformación. Los proyectos autogestionados pueden ser de utilidad si la municipalidad cuenta con permisos para llevar el agua hasta una caída que produzca energía, o si es propietaria de tierras comunales en donde se pueden instalar los proyectos de generación.

La mayoría de proyectos se instalan en terrenos privados, pero requieren licencias municipales o permisos de paso para las líneas de conducción. Es allí cuando se producen los conflictos. Los derechos de paso generalmente se venden caros, aumentando el costo de instalación de las hidroeléctricas. Además las ventajas económicas vía pago en efectivo o descuentos en la factura eléctrica constituyen un impuesto que se está evaluando, pero que no debe constituirse en un castigo para las empresas generadoras.

Los conflictos generalmente se derivan de la frustración de los grupos sociales por las acciones u omisiones de los empresarios y entidades del Estado. Los conflictos pasan por una serie de estadios previos antes llegar a las medidas de hecho, pero en Guatemala estas etapas no siempre se desarrollan en el orden esperado, como el que a continuación se describe:

1- Incidencia e impacto de las políticas públicas y proyectos de aprovechamiento.
2- Cabildeo entre quienes toman las decisiones y reglamentan sobre el tema.
3- Alianza entre los grupos organizados que se benefician o se pueden ver afectados por el proyecto.
4- Información y estrategias de comunicación con los grupos sociales.
5- Movilización de masas, bloqueos, actos vandálicos.
6- Desinformación como estrategia de presión y negociación.

Los grupos de presión social se quejan de falta de información sobre las políticas públicas, las leyes y la poca comunicación hacia sus comunidades. El empresario colabora poco con la transparencia y esto contribuye a la desinformación. Se genera un ambiente explosivo en donde algunos habitantes de las comunidades realizan marchas de protesta para pedir su inclusión y consulta, es decir que prevalecen las medidas de hecho antes que el diálogo. Las autoridades y los empresarios no atienden los reclamos en tiempo y estalla el conflicto. Una vez el conflicto está en curso las pérdidas de bienes de los empresarios, la pérdida de vidas humanas y la pérdida de credibilidad hacia las autoridades pueden generar niveles de violencia e inseguridad muy altos.

Actualmente la conflictividad tiene pocas posibilidades ante las actitudes intransigentes de autoridades, instituciones, empresarios y comunidades. Por ejemplo, en el Congreso de la República se discuten varias leyes. En el Ejecutivo se proponen beneficios para las comunidades. Las asociaciones privadas se oponen porque ven afectados sus intereses económicos y financieros. Los comunitarios se oponen a todas las propuestas porque se sienten engañados o han sido objeto de desinformación por parte de los líderes comunitarios. Para desactivar un conflicto que ha entrado en una etapa de estallido social es necesario volver al origen del problema, identificar a los que toman las decisiones, analizar la viabilidad de las propuestas desde el punto de vista político, económico, financiero, técnico administrativo, cultural, social y, finalmente, iniciar una estrategia efectiva de comunicación. Además es imprescindible que se realice un seguimiento del cumplimiento de los acuerdos y se verifique el cumplimiento de los objetivos.

Se debe considerar que el reto más grande para los desarrolladores de proyectos que utilizan recursos naturales es la "sostenibilidad". Por esa razón se ha elaborado el documento "Hydropower Sustainability Assessment Protocol", que consiste en un protocolo gestionado por la Asociación Internacional de Energía Hidroeléctrica (AIEH, 2011). El Protocolo de Evaluación de la Sostenibilidad es una herramienta de evaluación de la sostenibilidad de los proyectos de energía hidroeléctrica. Contiene más de 20 temas claramente definidos y proporciona una metodología coherente y aplicable globalmente. Se rige por un consejo de múltiples partes interesadas y está regulado por una carta de términos y condiciones de uso. Este protocolo puede ser implementado en todos los proyectos, pero se debe estar abierto a ceder posiciones en determinados casos. Las personas a cargo de las negociaciones deben ser idóneas y con alto grado de credibilidad.

Capítulo 8

Desarrollo regional a partir de fuentes renovables de energía

En el análisis sobre la renta diferencial, Karl Marx explica que todos los productos, sean estos naturales o no, pagan una renta, que es un fragmento de la plusvalía que forma parte del precio total. Otra fracción del costo de una mercancía la constituyen los salarios utilizados en la producción, y afirma que *"basta con tener en cuenta los productos agrícolas y tal vez también los productos mineros; partiremos, por consiguiente, del supuesto de que los productos agrícolas o mineros se venden como todas las demás mercancías iguales a sus elementos de costo".* Luego explica: *"la ganancia extraordinaria de los productores que emplean los saltos de agua como fuerza motriz se halla en el mismo plano de toda la ganancia".* (...) *"El valor de las mercancías producidas con la fuerza hidráulica es menor porque su producción requiere una cantidad total menor de trabajo, o sea, menos trabajo del que entre en la forma materializada, como parte del capital constante. El trabajo invertido aquí es más productivo, su capacidad productiva individual mayor que la del trabajo invertido en la mayoría de las fábricas del mismo tipo. Su mayor capacidad productiva se revela en el hecho de que para producir la misma masa de mercancías necesite una cantidad menor de capital constante, una cantidad menor de trabajo materializado que las otras fábricas; y al mismo tiempo, una cantidad menor de trabajo vivo, puesto que la rueda hidráulica no necesita ser calentada. Esta mayor capacidad productiva individual del trabajo empleado disminuye el valor, pero disminuye también el precio de costo y, por tanto, el precio de producción de la mercancía. Para el industrial, el precio de costo de la mercancía es menor. Tiene menos trabajo materializado qué pagar y también menos salarios, por ser menor la fuerza viva de trabajo empleada. Y al ser menor el precio de costo de su mercancía, lo es también su precio individual de producción"* (Marx, 1973:597). En resumen, el estudio de Marx revela que se necesitan menos insumos y se incurre en menos costos con la generación de energía eléctrica por medio de las hidroeléctricas.

Según reporte del Banco Interamericano de Desarrollo —BID—, la inversión total requerida por el sector eléctrico de la región centroamericana durante los próximos diez años podría ser de más de 7 mil millones de dólares para poder satisfacer un crecimiento anual medio del 6% en la demanda (Rodríguez, 1999). Desde la concepción de la renta diferencial del modelo marxista es necesario calcular la inversión que proyecta el Banco Interamericano de Desarrollo para comprender qué parte de esa suma pertenece al sector energético renovable. Como lo explica Marx, ésta incide de manera directa en la rentabilidad promedio de la plusvalía. Esa curva de crecimiento energético coadyuvará para estabilizar la región desde la posición social.

Efectivamente, el mercado industrial y doméstico demanda un aumento significativo en la generación de energía eléctrica. Este cambio del sector eléctrico se da por las condiciones sociopolíticas distintas de las existentes hace diez, veinte o treinta años. Propicia un mayor énfasis e interés en la construcción de plantas de generación eléctrica por parte de las instituciones promotoras del Plan Puebla Panamá (PPP) y de la iniciativa privada. El involucramiento del Banco Interamericano de Desarrollo en estos planes indica que los proyectos hidroeléctricos serán financiados por parte de la Corporación Interamericana de Inversiones (CII) del BID, en conjunto con empresas transnacionales del sector energético (Proyecto Mesoamérica, s.f.).

Otro factor fundamental de los proyectos de represas es el control estratégico de los recursos de agua dulce. Actualmente hay 1,300 millones de personas en el mundo sin acceso a agua potable; 31 países están localizados en áreas de escasez, y para el año 2025 la demanda del vital líquido tendrá un incremento del 56%, por lo que el control de las cuencas hidrográficas es estratégico, desde la percepción de la reforestación de la misma cuenca hidrográfica.

En el documento "Estrategia Sectorial para el Recurso Agua", publicado el 25 de marzo de 2002 por el Banco Mundial, se promueve una estrategia para hacer atractivo el sector hídrico a la iniciativa privada, tanto a nivel del recurso de agua potable como de las hidroeléctricas. Por eso los embalses creados por las represas hidroeléctricas son considerados a la vez como grandes reservas de agua dulce, lo que permite una explotación y comercialización también en el "mercado del agua"(Banco Mundial, 2002).

Por su parte el Banco de Desarrollo de Alemania y el Banco Centroamericano de Integración Económica están apoyando los aprovechamientos hídricos menores de 5MW. Las MIPYMES Verdes contarán con fondos hasta un máximo de US$5 millones para la diversificación de sus actividades productivas (Maldonado, 2013).

Para ejemplificar la importancia de la energía eléctrica el ingeniero Ricardo Trujillo Molina (2012:27A), en su artículo "Energía eléctrica y generación de empleo", nos ilustra sobre la situación de Costa Rica, país con un crecimiento del 5% del empleo basado en el sector servicios. De acuerdo con la información proporcionada se prevé un incremento de 40,000 plazas anuales dentro del sector privado —construcción, comercio, hotelería, transporte, banca y otros—. Cada nuevo empleo generado en servicios requiere una cantidad promedio de 5 megavatios hora anuales por tratarse de una actividad bajo techo, provista de iluminación, aire acondicionado y unidades de cómputo. De manera que estos 40,000 nuevos empleos anuales consumirán 200 gigavatios/hora de energía eléctrica anuales. Es decir, el equivalente a la producción de todo el sistema nacional durante una semana.

Trujillo expresa que para poder resolver el problema del desempleo y subempleo en Costa Rica es urgente contar con la energía eléctrica necesaria que garantice la operación sostenible e ininterrumpida de todo un creciente y dinámico sector de servicios. En este caso es necesario un crecimiento en la generación a un ritmo de 250 gigavatios/hora anuales durante diez años, lo que requiere estimular la construcción de una planta hidroeléctrica cada año. Este cálculo conservador no contempla la demanda eléctrica adicional que provendría del sector residencial por el incremento en la adquisición de vivienda para esos nuevos empleados; ni del sector industrial para incrementar la producción y atender la demanda de consumo de ese nuevo poder de compra.

Otro de los grandes problemas que tendrá que enfrentar la humanidad en los próximos años es el de la "agricultura sostenible". Para el año 2050 se tiene previsto un incremento de la población en otros 2,300 millones de personas. Incluso con estrategias eficaces para moderar el crecimiento, ésta aumentará en otros 1,100 millones antes de tocar techo. Es evidente que para lograr sociedades sostenibles será necesario un cambio de tecnologías y estabilizar a la población. Ninguno de estos factores tendrá éxito si no va acompañado de cambios en los patrones de consumo.

Pero el factor que mayor influencia tendrá sobre la agricultura sostenible es el cambio climático, por la creciente escasez de combustible para los tractores, los fertilizantes y el transporte. Las olas de calor destruirán los cultivos, las plagas seguirán en expansión y habrá una disminución de los flujos de agua para riego, que está haciendo estragos en la economía de los agricultores.

Hasta mediados del siglo XX una mayoría de cultivos se producía sin utilizar fertilizantes ni químicos para el control de plagas. Los grandes cambios tecnológicos, culturales y de políticas gubernamentales de las últimas décadas han conducido a la agricultura industrial intensiva. El sistema agrícola convencional se caracteriza por la mecanización, el monocultivo, la utilización de plaguicidas, de abonos químicos sintéticos y el empeño por la productividad y la renta. La fertilidad de los suelos ha disminuido debido a la erosión, la compactación y la destrucción de la materia orgánica. Los mantos acuíferos se siguen contaminando y agotando, hay escasez de tierra productiva y pérdida de la biodiversidad. Es evidente que el sistema actual es insostenible porque depende de insumos provenientes del petróleo y otros combustibles fósiles. Para encauzarnos a una agricultura sostenible debemos enfrentar el desafío de desarrollar métodos agrícolas que secuestren carbono, mejoren la fertilidad del suelo y mejoren la retención del agua, una tarea titánica casi imposible (Aubel, 2010: 111).

Sin duda todo proceso sostenible conlleva la utilización de recursos energéticos, desde el desarrollo de nuevas tecnologías, como la solar o eólica, hasta el uso de plásticos para la agricultura sostenible, como los que se utilizan en los invernaderos y en el desarrollo de la hidroponía. A menos que se descubran otras fuentes renovables de energía, una de las mejores alternativas en Guatemala es el uso de las pequeñas centrales hidroeléctricas que podrían sumarse a los avances en la interconexión regional que harán posible, en el mediano plazo, llevar la energía al campo para mejorar los sistemas agrícolas desde una mayor tecnificación.

Recientemente se ha vuelto a poner sobre la mesa el cobro por el uso del agua. Las hidroeléctricas no pagan impuestos debido a que no afectan el caudal, mientras que las municipalidades y las empresas agrícolas consumen y contaminan el agua a título gratuito porque no existen acuerdos para aprobar una ley de aguas. Se estudia por parte del Ministerio de Energía y Minas la aprobación de un fondo energético con el fin de destinarlo a las obras comunales, en beneficio de las poblaciones aledañas a los proyectos. Los proyectos hidroeléctricos están exonerados del pago del impuesto sobre la renta por diez años y toda la maquinaria utilizada está exonerada de impuestos de importación, por lo que resulta un negocio atractivo para los inversores (Bolaños, 2013).

La generación de electricidad es la fuente primaria de todo el modelo de producción capitalista a nivel mundial. La interconexión eléctrica es clave para la misma lógica del sistema en su conjunto. Es cuando apreciamos los esfuerzos por hacer realidad el Sistema de Interconexión Eléctrica para los Países de América Central (SIEPAC), por medio de una línea de transmisión de 1,830 kilómetros, desde Panamá hasta Guatemala, que tendrá un costo total de US$337 millones.

Las líneas de transmisión del SIEPAC quedarán unidas con las redes de México y Belice a través de las interconexiones planteadas en el Pan Puebla Panamá. A su vez, las líneas mexicanas están interconectadas con la red estadounidense. Es decir, las redes de Centroamérica, México y EE.UU. estarán enlazadas y de esta manera se formará un mercado eléctrico en la región. En términos geopolíticos, este mercado eléctrico tiene principalmente dos finalidades. Primero, abastecer con energía el corredor económico planteado en el Plan Puebla Panamá (maquilas, turismo y otros servicios) y, segundo, garantizar el abastecimiento eléctrico de EE.UU., utilizando las fuentes y los recursos energéticos de la región.

Esta red de transporte y distribución de energía eléctrica representa un atractivo especial para las empresas transnacionales, pues les permite invertir en la generación eléctrica. Para México se presenta un cuadro similar: la Dirección de Proyectos de Inversión Financiada de la Comisión Federal de Electricidad (CFE) proyecta un incremento en la capacidad de generación hasta un 9.8% (2003). En este sentido, la CFE proyecta la construcción de múltiples plantas de generación hasta el año 2011 para satisfacer la creciente demanda de energía en esta dinámica de globalización.

En el informe sobre los avances del Plan Puebla Panamá, el BID realiza las siguientes proyecciones: "*La creación del Mercado Energético Regional y la construcción de la línea SIEPAC constituyen una unidad que atraerá la inversión privada en centrales generadoras de mayor tamaño y orientadas al mercado regional. Se pronostica que durante la próxima década la región centroamericana necesitará inversiones por US$700 millones anuales, sólo en generación. Se estima terminar para 2011 una línea de 1,790 kilómetros con capacidad de generar 300 megavatios, que permitirá la exportación e importación de energía eléctrica entre todas las naciones del istmo centroamericano. Por ahora las transferencias de electricidad desde Guatemala hasta Panamá oscilan entre los 30 y 50 megavatios hora, debido a la falta de capacidad de las líneas de transmisión eléctrica de los países*" (Plan Puebla Panamá, 2005).

De acuerdo con las investigaciones de diversas organizaciones, existen aproximadamente 330 proyectos hidroeléctricos en toda la región mesoamericana, los cuales se encuentran en sus distintas etapas de estudio, planificación o construcción. Una de estas hidroeléctricas, recientemente inaugurada, es la de Xacbal, con capacidad para generar 94 megavatios/hora. Esta planta forma parte del programa concebido para el 2013, el cual destaca entre sus objetivos no depender de las importaciones de combustibles fósiles como el carbón y el petróleo para la generación eléctrica (Prensa-Latina, s. f.).

A pesar de la planificación, en 2012 se ha anunciado un nuevo aumento en las tarifas eléctricas de un 7% para los grandes consumidores y de hasta un 4% para los medianos consumidores. Según los funcionarios de la CNEE, se debe a una disminución en los caudales de las centrales hidroeléctricas que tuvo que ser sustituido por generación mediante combustibles fósiles. Los aumentos, según los empresarios, ocasionan costos imprevistos adicionales a las pequeñas y medianas empresas que se ven obligadas a cerrar operaciones o reducir su productividad debido al alto costo de la energía (Coronado, 2012:3).

El riesgo más grande para el sector eléctrico a nivel mundial es la paralización o los recortes de energía. Algunos países como Japón están pensando en el racionamiento a raíz del cese de operaciones de las plantas nucleares. En Guatemala los recursos son vastos, pero no están siendo utilizados en todo su potencial debido a los conflictos por la tierra y los recursos, y por el temor que estos conflictos generan en los empresarios energéticos. Haremos un análisis sobre estos recursos para visualizar un panorama claro sobre el potencial energético de nuestro país y los desafíos que enfrenta la generación de energía eléctrica a partir de fuentes renovables de impacto neutro como las minihidroeléctricas, basado en estudios realizados con el aval de la Asociación de Generadores con Energía Renovable (AGER).

Según información proporcionada por AGER (2011), Guatemala es un país que cuenta con una riqueza en recursos naturales; su aprovechamiento responsable presenta grandes beneficios para el país, como lo son:

- Vía para reducir la factura petrolera
- Ayuda a mitigar las emisiones de gases que contribuyen al cambio climático
- Incrementa la independencia energética nacional
- Propicia un sistema eléctrico desconcentrado y limpio

- Promueve el desarrollo de otros sectores de la economía
- Genera empleos directos e indirectos

Existen serios desafíos para la generación hídrica en el país por la diversidad cultural y étnica, principalmente por la valoración y utilidad que se percibe de la naturaleza. Además, el conflicto armado dejó secuelas profundas en el tejido social. El Estado es débil en el plano institucional y fiscal, existe poca certeza jurídica en la tenencia de la tierra y los límites jurisdiccionales de los municipios, pero el problema principal radica en que los pueblos indígenas sienten rechazo a la presencia de personas ajenas a las comunidades, situación que requiere un largo proceso de socialización.

A nivel institucional hace falta infraestructura básica en las áreas con potencial hidroeléctrico, lo que encarece los proyectos. No existen comités o concejos comunitarios legalmente conformados y compuestos por líderes reconocidos por la comunidad, lo que ralentiza el proceso de alcance de acuerdos. Durante la última década ha sido evidente el rechazo de varios municipios a la política de generación. Esta reacción ha sido apoyada con alianzas de movimientos sociales a nivel de Centroamérica y más allá de la región. Las instituciones públicas deben garantizar condiciones de equidad entre las partes, interpretando justamente la legislación, ya que son cruciales para prevenir o resolver conflictos. El nuevo institucionalismo debe estructurar la política y no sólo moldear las estrategias, sino definir los objetivos y encarrilar las situaciones de cooperación y conflicto.

Como ejemplo, hay municipios que no tienen autorizaciones para nuevos proyectos hidroeléctricos, pero ya se reportan rechazos abiertos a posibles inversiones en ese sector. Entre noviembre de 2009 y mayo de 2010 la conflictividad por nuevos proyectos hidroeléctricos abarcaba 13 de los 22 departamentos y 27 municipios del país.

Existe también un desafío a nivel tecnológico porque el país no cuenta con registros hidrológicos actualizados y una red hidrométrica que permita establecer de mejor manera el potencial a desarrollar. A nivel geológico se cuenta con planos generales insuficientes para la preparación de estudios básicos serios y la información técnica necesaria para elaborar un diseño de concepto debe ser recabada partiendo de cero.

Los principales actores para la implementación de proyectos son: el **Estado**, como promotor de la política que está siendo cuestionada. Su apoyo y el de otras instituciones públicas resulta esencial para prevenir conflictos, para manejarlos o resolverlos exitosamente; los **alcaldes,** como la autoridad más cercana a la población que recibe presiones del gobierno central, la oposición local y del partido a que pertenece; **las comunidades** que en su mayoría tienen una visión de la cultura maya o indígena, la cual tiende a ver la naturaleza como un espacio para procurar la convivencia y el equilibrio comunitario, asignándole un valor cultural, ecológico, social y económico. Ellos consideran la figura de las consultas populares como la única institución eficaz y legítima, pero no perciben a la Procuraduría de Derechos Humanos (PDH) como un canal efectivo para sus demandas; **los inversionistas o desarrolladores** que tienden a valorar a la naturaleza como un recurso económico susceptible de generar riqueza y generar oportunidades para la inversión. La comunidad percibe a los inversionistas como el "enemigo" con quien no se puede dialogar y sólo quiere beneficiarse de sus recursos naturales; el **gobierno central** que no considera necesario modificar la política pública para superar la conflictividad, pues esto implicaría frenar el desarrollo, porque las demandas provienen de **Ong's** y no de organizaciones comunitarias y sociales de base. Además se toma en cuenta que el Convenio 169 de la OIT no está reglamentado y la Corte de Constitucionalidad (CC) ha declarado que las consultas no tienen carácter vinculante.

Podemos mencionar como causas del conflicto la falta de información o ignorancia, la información mal intencionada y la asociación de las hidroeléctricas con la minería; la oposición de los grupos de izquierda, la Iglesia Católica y las Ong's; el desinterés del Estado, la falta de normativa para el otorgamiento de licencias de construcción, la falta de experiencia para evaluar proyectos y la falta de credibilidad en general de las instituciones públicas. Esto tiene como consecuencia inmediata un incremento de los costos para el sector privado en la implementación de los proyectos, el retiro de los inversionistas nacionales y extranjeros y el aumento del tiempo para desarrollar los proyectos ante la resistencia de los pobladores.

El paso más sencillo y costo-efectivo para evitar la conflictividad en torno al desarrollo de proyectos es informar a las comunidades, a las autoridades municipales y al gobierno. Es la única manera de combatir la manipulación. Para eso se requiere un esfuerzo combinado de instituciones públicas, asociaciones empresariales y liderazgos sociales representativos que legitimen los diálogos y faciliten la socialización de los proyectos con acuerdos aprobados a nivel municipal durante las distintas etapas de desarrollo. Las consultas populares se perciben como producto de la manipulación y como procesos que se llevan a cabo sin que las partes puedan plantear sus argumentos en condiciones de igualdad. El gran perdedor en esta lucha resulta ser el consumidor final, quien deberá continuar pagando los altos costos que provoca la dependencia de derivados del petróleo. Una medida clara consiste en desactivar los detonantes del conflicto antes de que se salga de control.

Recursos hídricos y electrificación

Una particularidad del agua es la gran cantidad de externalidades asociadas a su utilización, situación que motiva un interés por desarrollar sistemas de manejo integral de cuencas. Anteriormente analizamos la legislación existente en materia de uso del agua y las propuestas para implementar derechos privados de uso del agua, pero hasta ahora no se ha fijado una legislación que regule eficientemente sobre las prioridades y los intereses de cada sector. El rol de los **mercados del agua** pueden potenciar la resolución de conflictos y proporcionar las herramientas para la preservación de los cauces de agua naturales y su uso en la agricultura y la generación de energía eléctrica. La creciente presión por desviar el agua de sus cauces naturales para uso agrícola, industrial y urbano, enfrenta un ascendente interés por proteger estos cauces con el fin de contar con flujos necesarios para el hábitat acuático, la vida silvestre, la calidad del agua y las actividades recreativas. Un flujo de agua insuficiente aumenta la erosión, sedimentación y concentración de contaminantes.

Dosificar el agua es una tarea complicada. A nivel internacional se han diseñado diversas medidas de mitigación del déficit, tales como caudales mínimos, el cierre de caudales a nuevas apropiaciones, la caducidad en los derechos de uso de aguas, la disminución del flujo máximo que pueden explotar los titulares de derechos, o el otorgamiento de derechos con reserva de caudales mínimos.

Uno de los mecanismos utilizados se denomina Manejo Integrado de Cuencas (MIC), una alternativa para crear una legislación apropiada hacia una planificación integrada del agua que satisfaga objetivos ambientales, requerimientos económicos y problemas sociales. El problema principal radica en que el uso del agua por diferentes sectores no siempre coincide, puesto que las demandas máximas para riego no concuerdan con las demandas máximas para electricidad, por ejemplo. Estudios realizados en Chile indican que la producción de energía impacta más en el desarrollo que cuando es utilizada en la agricultura y, por lo tanto, esa reasignación del agua en la generación eléctrica tiene el potencial de generar ganancias de bienestar, especialmente en los años en que los flujos de agua disponibles son menores (Cristi, 2011).

Con el agua tenemos menos oportunidades que con la energía. Nuestro planeta es único por causa del agua. Si bien los océanos nos hacen pensar que el recurso es inagotable, la realidad está lejos, puesto que la transformación en agua dulce es muy costosa. Dependemos de los sistemas climáticos globales y cualquier distorsión afecta secciones del orbe que no están preparadas para afrontar los desastres, casi siempre provocados por los procesos de industrialización de los países desarrollados.

El agua se ha escaseado en varias regiones del país que antes poseían tierras húmedas y fértiles. El litoral del Pacífico, desde Costa Rica hasta California, lleva años en un proceso de degradación que es evidente en el poco caudal de los ríos y la erosión de los campos de cultivo. Es ahora cuando los políticos han comenzado a preocuparse, pero puede ser muy tarde para una recuperación efectiva, especialmente por la falta de recursos en las arcas públicas.

Capítulo 9

Reflexiones finales

En los inicios del tercer milenio la humanidad tiene tanta claridad sobre su futuro como contradicciones encierra el presente. En la actualidad la situación de la energía renovable — de impacto neutro — está condicionada a múltiples factores políticos, sociales y económicos. Entre los factores que retienen su implementación destaca la crisis mundial protagonizada por las quiebras bancarias derivadas de las sobreinversiones en la propiedad y la imposibilidad de pago de las hipotecas. Esta crisis financiera desvió el flujo de fondos de los organismos internacionales y de la banca privada para promover la recuperación económica, y ha restado importancia a la inversión e implementación de proyectos y programas de energía limpia. Las inversiones financieras llegaron a un punto crítico y se creó un desbalance en el mercado. Luego, en ese juego bursátil, los índices de recuperación tuvieron un alza que puso los precios de los carburantes fósiles en niveles muy altos. Posteriormente los precios del petróleo se desplomaron nuevamente y los proyectos de energía limpia dejaron de ser rentables y, por tanto, de atraer nuevas inversiones. En sentido contrario, cuando se da un alza en los precios de los energéticos no renovables se crean las condiciones para que los proyectos y programas de energía verde se conviertan en un tema primordial de las políticas de Estado. Sin embargo, la mayor parte de previsiones indican que la demanda energética seguirá creciendo de forma moderada en los países menos desarrollados, pero de manera importante en países como China.

La Agencia Internacional de Energía (AIE) ha pronosticado un incremento de dos tercios del consumo mundial de energía primaria hasta 2030. Con esta percepción del futuro muchas empresas se suman al proceso del reciclaje, como forma de reducir costos y ser socialmente responsables con el ambiente. Sin embargo, otro panorama sombrío se cierne sobre la energía limpia por los recientes descubrimientos y nuevas tecnologías para extraer el petróleo que se encuentra a grandes profundidades, la posibilidad de procesar los yacimientos bituminosos en Canadá y Venezuela, y la extracción cada vez más frecuente del gas de esquisto, a pesar de los daños al medio ambiente, constituyen la peor amenaza para las energías renovables.

En Guatemala se están dando concesiones para la extracción petrolera y se cree que hay gas de esquisto que puede ser explotado; en contrario, el pensamiento ecológico ha tardado años en permear dentro de la conciencia de los ciudadanos. En ese aspecto, por una parte destaca la falta de educación ambiental y también que existe una cultura del desperdicio en los pobladores. Pero el aspecto fundamental de la negación a la conciencia ecológica son las condiciones de miseria y precariedad en las políticas públicas y ciudadanas, lo que crea una suerte de inacción de las autoridades municipales, educativas, del gobierno central y de la población en general.

Hoy en día existen más diferencias que nunca entre distintos grupos humanos en cuanto a su acceso a la energía, sus niveles de vida material y su capacidad de supervivencia. A pesar de nuestra enorme capacidad para encontrar y aprovechar energía en grandes cantidades para cuantificarla, manejarla y convertirla de una forma a otra, estamos lejos de valorar el impacto social y de prever las consecuencias ambientales irreversibles de la utilización masiva de los recursos energéticos.

La incapacidad colectiva ha provocado la contaminación en los ríos, lagos y otras fuentes acuíferas. Dada la matriz energética de las áreas rurales se talan los bosques de una manera indiscriminada —sin reposición arbórea — por la costumbre y tradición de cocinar con leña. Por aparte las autoridades municipales no tienen planes de manejo para los desechos sólidos. No existe dentro de los recursos municipales un presupuesto adecuado para el manejo de la basura. Además los pobladores no cooperan ni están dispuestos o no pueden pagar por los servicios. Se evidencia un desbalance entre las autoridades y la población.

Un aspecto importante es que las municipalidades, en general, no tienen recursos para pagar las altas facturas por el servicio de electricidad para el alumbrado público, y esto no sucede únicamente en pequeños poblados de Guatemala, sino en ciudades de Estados Unidos que están al borde de la quiebra. Las facturas por gastos de energía se han incrementado por el consumo de las bombas de extracción de agua y otros rubros que deben ser cubiertos con los impuestos de las arcas nacionales; en tanto, los ingresos municipales continúan siendo insuficientes. La presente propuesta expresa que los mecanismos educativos son la forma de promoción adecuada para crear en los habitantes una conciencia clara para que disminuya el consumo dilapidador de energía en los hogares. Además, dentro de la gestión púbica, el uso ineficiente del agua y los desechos sólidos son factores que inciden en la pérdida de energía disponible. Una de las principales causas del deterioro medioambiental la constituye el crecimiento acelerado de la curva demográfica, por lo que se debe plantear una política en ese sentido.

Entendemos que un modelo sostenible debe incluir políticas de precios adecuadas y sistemas educativos para explicar a la población la importancia del ahorro. También se deben crear estrategias de planeamiento rural para la protección de las cuencas hidrográficas, la reforestación y la observación de los fenómenos naturales. Otro aspecto que hemos destacado son los factores sociales y las contradicciones entre los diversos sectores involucrados. Como posible solución a esta conflictividad creemos que los programas educativos tendentes a generar conciencia social son indispensables para fomentar una cultura de conservación energética y manejo del agua.

Las fuentes de energía limpia son múltiples, pero se requiere de voluntad política para aprovecharlas y desarrollarlas eficientemente. Un programa de negociación previa y una fuerte campaña de conciencia cívica energética permitirían, incluso, la implementación de emprendimientos de capital mixto.

Las alianzas intersectoriales son otro factor clave para el éxito en la implementación de los proyectos, que deberán contar con el acompañamiento técnico adecuado. El apoyo de la comunidad es un aspecto indispensable para que las inversiones sean rentables y se realicen en un ambiente armónico. Los proyectos energéticos deben acompañarse de planes de mitigación ambiental, generación de empleo, comercialización del producto local y asesoría técnica, para que el desarrollo de las comunidades sea sustentable y se minimicen los efectos colaterales que puedan derivarse de ellos. Las campañas educativas aún son insuficientes y van dirigidas a la juventud, la familia y los trabajadores. Se les instruye sobre el proceso de captación, tratamiento, potabilización y distribución del agua en la ciudad. Algunos ciudadanos también se esfuerzan por instruir a la ciudadanía con consejos sobre el ahorro, pero las personas aún no han sentido la necesidad de sumarse al esfuerzo de utilizar el líquido con mesura.

Se han identificado varios problemas en la puesta en marcha de proyectos energéticos autogestionados en comunidades alejadas que no están interconectadas a la red nacional. En especial la dificultad que representa el cobro del servicio porque entre los pobladores hay renuencia a pagar por el costo de la energía, cuando el proyecto ha sido producto de un esfuerzo conjunto, y también por el aumento de consumo que se traduce, en el mediano plazo, en un déficit de generación al sumarse más usuarios al servicio. Adicionalmente se detectaron algunos inconvenientes de carácter social por el cambio en los hábitos alimenticios de las comunidades. El ingreso de la TV por cable, internet y telefonía satelital contribuyó con el desarrollo de nuevos emprendimientos comerciales, pero también, en sentido negativo, modificó el comportamiento social de los jóvenes y sus intereses individuales.

Entendemos que para avanzar de verdad hacia una sociedad sostenible lo que hay que poner en marcha es un cambio de paradigmas, es decir que debemos implementar otra forma de producir, consumir, trabajar, desplazarnos. Si aceptamos como inamovible el modelo actual de consumo, el sistema energético o cualquier mejora marginal en su conjunto se tornará insostenible. Para poder hacer cambios de fondo en nuestro sistema económico se necesita la voluntad política de todo el conglomerado social. Un esfuerzo unilateral sería inútil, a la luz de las necesidades presentes y futuras de la humanidad.

Afirmamos, con base en las aportaciones de este texto, que las crisis del agua y la energía son temas del presente. Llevamos décadas afirmando que las guerras del futuro serán por el agua y el petróleo, pero hemos aprendido de la geopolítica mundial que las guerras del presente son una prueba contundente de la escasez de los recursos. El Medio Oriente se debate entre pugnas internas por cuestiones religiosas y el acompañamiento de los "países amigos" que proporcionan las armas a una lucha que, en apariencia, no les atañe. En el fondo, son los hilos de la energía y de los recursos naturales los que están moviendo al mundo. El acomodamiento de las grandes potencias dependerá de su acceso a la explotación de estos recursos en los países menos desarrollados y, como hemos reiterado, las guerras son alimentadas por los mismos recursos que causan las crisis; un contrasentido difícil de comprender, pero que se hace evidente a la luz de los acontecimientos mundiales.

Como evidencia final para sustentar mi afirmación de que las crisis del agua y la energía son cosas del presente, para el año 2014 las regiones más áridas de Centroamérica están siendo golpeadas por una sequía profunda, a consecuencia del calentamiento de las corrientes marítimas que llegan a sus costas, conocidas como fenómeno del "niño" y de la "niña". Un alto porcentaje de familias que dependen de los cultivos de subsistencia perderán sus cosechas. Una amenaza para la seguridad alimentaria, pero también para la seguridad nacional. La clase política ha debido poner sus barbas en remojo hace mucho tiempo. Los cambios de hoy se hacen rápido, o bien se pagan las consecuencias con más pobreza.

Referencias bibliográficas

ACOSTA, L. etc. al. (s.f.) *Imperialismo y medios masivos de comunicación. Medios masivos e ideología imperialista.* Ediciones Quinto Sol, México, D. F.

ANTÓN, D. (1999). *Diversidad, globalización y la sabiduría de la naturaleza.* Ed. Piriguazú. Uruguay.

ARTEAGA, O. (1994). *Memoria del Taller sobre la Gestión Integrada de los Recursos Hídricos en el Istmo Centroamericano.* Parlamento Centroamericano, Guatemala.

ASSADOURIAN, E. (2010). *Auge y caída de la cultura consumista.* Cambio cultural, del consumismo hacia la sostenibilidad. Situación del mundo 2010. Worldwatch Institute (WWI). Ed. Icaria, Barcelona, España.

ASTURIAS, J. *(1989). Experiencia de gasificación de carbón en Guatemala.* Centro Mesoamericano de Estudios sobre Tecnología Apropiada —CEMAT —, Guatemala.

AUBEL, J. *(2010). Nuestros mayores: un recurso cultural para promover el desarrollo sostenible.* Cambio cultural, del consumismo hacia la sostenibilidad. Situación del mundo 2010. Worldwatch Institute. Ed. Icaria, Barcelona, España.

BECK, U. (2009). *La sociedad del riesgo global.* Ed. Siglo XXI, Madrid, España.

BERMAN, M. (1998). *Todo lo sólido se desvanece en el aire. La experiencia de la modernidad.* Ed. Siglo XXI, España.

BUCKLES, D., ed., (2000). *Cultivar la paz. Conflicto y Colaboración en el manejo de los recursos naturales,* Ottawa, CIID.

CÁCERES, R. Y CÁCERES, A. *Bioenergy systems for* ecodevelopment, Centro Mesoamericano de Estudios sobre Tecnología Apropiada —CEMAT—. Presentations on bioenergy systems, Guatemala, 1981-1983.

CARDOSO, F. y FALETTO, E. (1969). *Dependencia y desarrollo en América Latina. Ensayo de interpretación sociológica.* Siglo XXI, México D.F.

CARDOZO, E. (2006). *La gobernabilidad democrática regional y el papel (des) integrador de la energía*. Nueva sociedad: 204. Julio-Agosto, 2006, pp. 136-149.

CASTAÑEDA, P. y GÁLVEZ, J. (2010). *Las cuentas económicas y ambientales de Guatemala: Alcances para formular políticas de estado*. Sostenibilidad Ambiental en Guatemala. Cuadernos de Sociología, No. 8, Centro de Estudios Sociales, UPSA-GUATE.

CHOMSKY, N. y DIETERICH, H. (1995). *La sociedad global*. Ed. Joaquín Mortíz, México

CONSTITUCIÓN POLÍTICA DE LA REPÚBLICA DE GUATEMALA. (1985). Con reformas de 1993.

CORTINA, C. y MIRANDA, A. (2007). *El esplendor de la Civilización Maya*. Ed. Panorama. México.

COTTERELL, A. (2000). *Historia de las civilizaciones antiguas*. Biblioteca de bolsillo. España.

DANIELS, F. (1977). *Uso directo de la energía solar*. H. Blume ediciones, Madrid, España.

DAVIS, N., ARROLLAVE V. y BELTETÓN, A. (2010). *La economía versus la ecología: Exploraciones hacia una síntesis*. Sostenibilidad Ambiental en Guatemala. Cuadernos de Sociología, No. 8, Centro de Estudios Sociales, UPSA-GUATE.

DE GRAAF, J. (2010). *Reducir el horario laboral como vía hacia la sostenibilidad*. Cambio cultural, del consumismo hacia la sostenibilidad. Situación del mundo 2010. Worldwatch Institute. Ed. Icaria, Barcelona, España.

DERRY, T. y WILLIAMS, T. I. (1990). *Historia de la tecnología*. Volumen 4, desde 1900 hasta 1950. Ed. Siglo XXI, España.

ESTRADA MONROY, A. (1973). *Datos para la historia de la Iglesia en Guatemala*. Vol. 2. Sociedad de Geografía e Historia de Guatemala.

FAO (2008). *Bosques y energía, cuestiones clave.* Estudio de la Organización de las Naciones Unidas para la Agricultura y la Alimentación. FAO: Montes, 154, Roma.

FONSECA, E. (1998). *Centroamérica: su historia.* Ed. Universitaria centroamericana, EDUCA. San José, Costa Rica.

FUNDACIÓN SOLAR (2010). Lecciones *aprendidas. Impacto y sostenibilidad del proyecto de microcentral hidroeléctrica comunitaria —Asociación Hidroeléctrica Chelense.* Proyecto usos productivos de la energía renovable en Guatemala —PURE. Programa de las Naciones Unidas para el Desarrollo –PNUD. Fondo Global para el Medio Ambiente —GEF.

GALINDO, M. y MÉNDEZ, M. (2009). *Ética y Responsabilidad social, en el marco de las organizaciones.* Universidad EAN, Colombia.

GARCÍA CANCLINI, N. (2001). *Culturas híbridas.* Ed. Paidos. Argentina.

GIDDENS, A. (2000). *La tercera vía y sus críticos.* Santillana, Madrid.

GIRARD, R. (1978). *Historia de las civilizaciones antiguas de América.* Tomo I, 2ª. Ed. Hyspamérica Ediciones, México, D. F.

GODÍNEZ O. R. (2002). *Asentamientos Humanos Establecidos a Través del Fondo de Tierras en Guatemala: Impacto Sobre el Medio Ambiente,* USAC, Dirección General de Investigación, Programa Universitario de Investigación en Estudios de Coyuntura, Guatemala, junio.

GONZÁLEZ, E. y RUIZ, V. (2010). *Energía Nuclear.* Los libros de la catarata, Madrid.

GORTARI, E. (1980). *La ciencia en la Historia de México.* Tratados y manuales Grijalbo. México.

GORZ, A. (1980). *La división capitalista del trabajo.* Colec. Cuadernos de Pasado y Presente, N° 32, 4ta. Ed. Córdova, Argentina, 1972, pp. 151-160.

GUNDER-FRANK, A. (1976). *América Latina: subdesarrollo o revolución.* Ed. Era, México, D.F.

HARRISON, L. y HUNTINGTON, S., Eds. (2000). *Culture Matters - How Values Shape Human Progress.* June 2000, Basic Books.

HERMET, G. (2008). *El invierno de la democracia*. Los libros del lince, Barcelona, España.

HOLMES, B. (2001). Oficina Internacional de Educación. UNESCO, París, vol. XXIV, nos 3-4, 1994, pp.543-565.

HUNTINGTON, S. (1996). *El choque de civilizaciones y la reconfiguración del orden mundial*. Paidos. Buenos Aires, Argentina.

JORDÁN, F. (1994). *Empresa y gestión medioambiental: perspectiva de las asociaciones empresariales*. Documenta, Fundación BBV. Bilbao, España.

KAPLAN, B. (1993). *Social change in the capitalist world*. Ed. Sage, Beverly Hills, California.

KAPLAN, M. (1974). *Modelos mundiales y participación social*. Fondo de Cultura Económica, México.

KLARE, M. (2008). *Planeta sediento, recursos menguantes. Nueva geopolítica de la energía*. Ed. Urano, Barcelona, España.

LANE, A. (2005). *Collapse. How societies choose to fail or survive*, por Jared Diamond. REIS. Revista española de Investigaciones Sociológicas (CIS). Centro de Investigaciones Sociológicas. No 111. Julio/Septiembre 2005, p. 201.

LINKOHR, R. *La política energética latinoamericana: entre el estado y el mercado*. Nueva sociedad: 204. Julio-Agosto, 2006, pp. 90-103.

LÓPEZ AVENDAÑO, R. (2003). *El corredor biológico Mesoamericano. Estrategias de desarrollo para Centroamérica*. Centro Internacional para el Desarrollo Humano (CIDH). Colección Prospectiva No. 6.

LUJÁN MUÑOZ, J. (1998). *Breve historia contemporánea de Guatemala*. Fondo de Cultura Económica. México.

LUJÁN MUÑOZ, L. (1990). *La Cultura Maya*. Publicaciones Cruz O., S. A. México.

MANCILLA, M. (2010). "El movimiento ambiental guatemalteco desde la perspectiva de algunos de sus líderes". *Sostenibilidad ambiental en Guatemala*. Cuadernos de Sociología, No. 8. UPSA-GUATE.

MANIATES, M. (2010). *Corregir comportamientos insostenibles*. Cambio cultural, del consumismo hacia la sostenibilidad. Situación del mundo 2010. Worldwatch Institute. Ed. Icaria, Barcelona, España.

MARCOS DE LA FUENTE, J. (1983). *El empresario y su función social*. Fundación Cánovas del Castillo. Cultura política, 3ra. Ed. Madrid, España.

MARTÍNEZ PELÁEZ, S. (1998). *La patria del criollo*. Fondo de Cultura Económica, México.

MARINI, R. (1977). *Dialéctica de la dependencia*. Era, México, D.F.

MARX, C. (1973). *El capital Vol. III*. Fondo de Cultura Económica. México. Octava edición.

MARX, K. y ENGELS, F. (1987). *La ideología alemana*. Ed. Grijalbo, México, D. F.

MEADOWS D., (1972). *The limits to grow*. Ed. Club of Rome, Potomac Associates. Universe Books.

MÉNDEZ MONTENEGRO, J. (1978). *Aspectos legales del problema de la tierra época colonial*. Academia Nacional de Historia y Geografía. México, D. F.

MOORE, M. (1993). *Globalization and social change*, Ed. Elsevier, New York.

MORTIMORE, M. (1992). *A new international industrial order: increased international competition in a centric world*. En: CEPAL review, No. 48, August. Santiago de Chile, Chile.

NEUMAN, P. (2010). *Construyendo las ciudades del futuro*. Cambio cultural, del consumismo hacia la sostenibilidad. Situación del mundo 2010. Worldwatch Institute. Ed. Icaria, Barcelona, España.

OFICINA INTERNACIONAL DEL TRABAJO —OIT, (2006). Convenio 169 sobre pueblos indígenas y tribales en países independientes. Santiago, 2006.

PETITBÓ, A. (1998). *El futuro del estado de bienestar. Competencia y privatización de empresas y servicios públicos*. Cívitas. Madrid.

PICÓN-SALAS, M. (1965). *De la conquista a la independencia*. Colección popular. Fondo de Cultura Económica, México.

POUS, J. y JUTGLAR, Ll. (2004). *Energía Geotérmica*. Ediciones Ceac, Barcelona, España.

RIVERA, A. y GORDILLO, R. (2001). *Curso práctico de arbitraje comercial internacional*. Ed. Llerena. Guatemala.

RODRÍGUEZ, M. (1967). *América Central*. Ed. Diana, S. A. México.

RUBIN, J. (2009). *Por qué el mundo está a punto de hacerse mucho más pequeño*. Ediciones Urano, Barcelona, España.

SACHS, J. (2001). *Tropical Underdevelopment*. NBER Paper Nº W8119, February 2001.

SAGAN, C. (2003). *El mundo y sus demonios, la ciencia como una luz en la oscuridad*. Ed. Planeta. Colombia.

SÁNCHEZ ALBAVERA, F. (2006). *América Latina y la búsqueda de un nuevo orden energético mundial*. Nueva sociedad: 204. Julio-Agosto, 2006, pp. 38-49.

SCHULTZ, H. (2001). *Historia Económica de Europa, 1500-1800: artesanos, mercaderes y banqueros*. Siglo XXI. España.

SHAPIRO, R. J. (2008). *2020 un nuevo paradigma*. Ed. Urano, Barcelona, España.

SICA. (1994). *La Alianza Centroamericana para el Desarrollo Sostenible*. Declaración de Guacimo, 20 de agosto 1994. Cumbre Ecológica Centroamericana para el Desarrollo Sostenible. Managua, 12 de octubre 1994 y Compromisos de la Alianza para el Desarrollo sostenible. Tegucigalpa, 25 de octubre 1994.

SIS, J. (2010). *Cosmos, naturaleza y ser humano en la cosmovisión Maya*. Sostenibilidad ambiental en Guatemala. Cuadernos de Sociología No. 8. UPSA-GUATE.

SOHR, R. (2006). *Energía y seguridad en Sudamérica; más allá de las materias primas*. Nueva sociedad 204. Julio-Agosto 2006, pp. 150-158.

SOLÓRZANO, V. (1977). *Evolución Económica de Guatemala*. 4ta. Ed. Editorial José de Pineda Ibarra, Guatemala.

STIGLITZ, J. (2007). *El malestar en la globalización*. Punto de Lectura, Madrid, España.

STIGLITZ, J. (2010). *Caída Libre*. El *libre mercado y el hundimiento de la economía mundial*. Taurus, Santillana ediciones generales.

SUNKEL, O. (1995). *Del Desarrollo Hacia Adentro al Desarrollo Desde Dentro*. En Sunkel, Osvaldo (Compilador). El Desarrollo Desde Dentro. Un Enfoque Neoestructuralista para la América Latina. CEPAL-Fondo de Cultura Económica. Serie Lecturas. Primera Edición 1991. Primera Reimpresión 1995. Santiago de Chile.

SZOKOLAY, S. (1978). *Energía solar y edificación*. Ed. Blume. Barcelona, España.

TUY, H. (2010). *Introducción a los recursos naturales en Guatemala*. Sostenibilidad Ambiental en Guatemala. Cuadernos de Sociología. Centro de Estudios Sociales, UPSA-GUATE, Junio, 2010.

VANBERG, V. J. (2004). *The Freiburg School: Walter Eucken and* Ordoliberalism. Freiburg discussion papers on constitutional economics, No. 04/11, University of Freiburg. Walter Eucken Institut, Freiburg.

VIELMAN, S. (2006). *La consecuencia jurídica del cabildo abierto en Guatemala y la participación ciudadana*. Facultad de Ciencias Jurídicas y Sociales. USAC.

VILLARRUBIA, M. (2004). *Energía eólica*. Ediciones Ceac, Barcelona, España.

VON HOEGEN, M., GONZÁLEZ, C., y CAMPOSECO, R. (1998). *Guatemala: Política económica y pobreza.1950-1997*. Instituto de Investigaciones Económicas y Sociales, UFM. Guatemala.

WALLERSTEIN, I. (1979). *The capitalist world economy*, Cambridge University Press, p. 281.

YERGIN, D. y STANISLAW, J. (1998). *The Commanding Heights: The Battle between Government and the Marketplace That Is Remaking the Modern World*, Free Press.

ZANONI, J. (2006). "¿Qué pueden hacer las políticas energéticas por la integración?" Nueva sociedad: 204. Julio-Agosto, 2006, pp. 176-185.

Hemerografía y publicaciones periódicas

AHEDO, C. y BECERRA, J. "El mercado de las energías renovables en España. Situación 2008", *Revista Medio Ambiente*. Col. EOI. Escuela de Organización Industrial.

ÁLVAREZ, L. (2011a). "El costo de la energía en el mercado spot se duplica", *El Periódico*. 30 de marzo, p. 7.

ÁLVAREZ L. (2011b). "Solo Perenco y Citi Petén ofertan por área petrolera", *El Periódico*. 1 de junio, p. 8.

AP, (2014). "Extracciones causan sismos", *Prensa Libre,* Guatemala, 21 de julio, p. 50.

AREDDY, J. (2011). "En China, las tierras raras son asunto estratégico", *Siglo XXI, The Wall Street Journal*. Guatemala, 15 de febrero, p. 3.

BALSELLS, E. (2012). "Nuevos modelos de gestión comunal del agua ante el caos urbano". Consult Centroamericana. *El Periódico*, 26 de junio, p. 9.

BOLAÑOS, R. (2010). "Solicitan aprovechar las pequeñas hidroeléctricas" y "crece demanda de energía este año", *Prensa Libre*. Guatemala, 9 de diciembre, p. 20.

BOLAÑOS, R. (2013). "MEM propone fondo para hidroeléctricas". *Prensa Libre,* 8 de octubre, p. 3.

BOLAÑOS, R. (2014). "Actualizan cuentas verdes". *Prensa Libre,* 17 de marzo, p. 37.

BOLAÑOS, R. y ORTIZ, A. (2011). "Actis adquiere por US$449 millones a Deorsa y Deocsa", *Prensa Libre*. 20 de mayo, p.19.

CASTRILLO, L. (2011). "Energía eólica", *Prensa Libre*. 14 de junio, p. 7.

CORONADO, E. (2012). "Tarifa eléctrica no social subirá de precio en un 7%". *Siglo.21*. 8 de abril, p. 3.

CORONADO, E. (2013). "Crean mesas para diálogo". *Prensa Libre*. 19 de julio, p. 34.

DE VILLA, G. (2012). "Hidroeléctricas". *Prensa Libre,* 16 de junio, p. 16

DENNING, L. (2011). "Nuevas potencias como Brasil se abren camino en la élite de la industria energética mundial", *The Wall Street Journal Américas.* En: *Siglo XXI,* 1 de feb., p. 3.

DREYFUS, C. (2011). "Derrame petrolero dejó daños en lecho marino". *The New York times.* En: *Prensa Libre,* 3 de abril, p. 8.

EL PERIÓDICO (2010). "GM lanza su primer automóvil híbrido". 1 de diciembre, p. 11.

ERDBRINK, T. (2014). "Oriente y Occidente claman por agua", *The New York Times,* 9 de febrero de 2014, p. 1.

ESPAÑA, M. J. (2012). "Nos acusan de terroristas y usurpadores". *Siglo.21,* 17 de julio, p. 2.

FIGUEROA, O. (2010). "Rechazan proyectos mineros, hidroeléctricos y petroleros", *Prensa Libre,* 1 de noviembre, p. 36.

FISTER, S. (2011). "A united fight against carbon", *PM Network.* Project Management Institute, Estados Unidos, pp.11-13.

GEREDA, M. (2012). "Por qué la oposición a las hidroeléctricas". *Siglo.21,* 14 de mayo, p. 22.

GONZÁLEZ, A. (2012) "EE.UU. experimenta un renacimiento petrolero". *The Wall Street Journal.* En: *Siglo.21,* 3 de Julio, p. 1

GOLD, R. (2011). "Los vientos en contra de la energía renovable". *The Wall Street Journal.* En: *Siglo.21,* 5 de abril, p. 1.

HAGANS, N. (2012). "Profetas del Armagedón". *The History Channel,* transmitido el 25 de agosto 2012.

HERRERA, F. (2011a). "Reducir el consumismo podría frenar el cambio climático", *El Periódico.* 5 de marzo, p. 19.

KALTSCHMITT, A. (2010). "Hidroeléctricas: ahí viene el cuco", *Prensa Libre.* 5 de octubre, p.14.

KHAN, C. (2011). "El barril de petróleo supera los US$104", *El Periódico. AP.* 5 marzo, pp. 8-9.

KOENIG, D. (2012) "Aerolíneas aumentan sus tarifas en EE.UU". *Dallas, AP.* En: *El Periódico*, 4 de marzo, p 12.

LYONS, J. y MAGALHAES, L. (2012). "La desaceleración pone en duda el modelo brasileño". *The Wall Street Journal Américas.* En: *Siglo.21*, 17 de julio 2012, p. 2.

NUESTRO DIARIO (2011). "Energía renovable". *22 de marzo*, p. 16.

MALDONADO, J. (2013). "Mipymes verdes generarán energía". *Siglo.21*. 12 de octubre, p. 10.

MALDONADO, M. (2014). "El agua, vital para alcanzar el desarrollo sostenible", *El Green Times*, 4 de marzo 2014, p. 4.

MARROQUÍN, M. (2011). "Su coraje ilumina a la comunidad", *Revista D, Prensa Libre.* 22 de mayo, pp. 16-17.

MUÑOZ, G. (2012). "Migran hacia la agricultura protegida". *Siglo.21*, 19 de junio, p. 2-3.

MUÑOZ, G. (2014). "Más fuentes renovables para la región en 2013". *Siglo.21*, 3 julio, p. 10.

NAGOURNEY, A. Y LOVETT, I. (2014) "Hay alarma por el tercer año de sequía en California". *The New York Times"*, 9 de febrero de 2014, p. 1.

ORTIZ, A. (2011b). "Inversionistas muestran desinterés por licitación", *Prensa Libre.* 1 de junio, p. 19.

PATIL, A. (2012). "Los límites del localismo". *The New York Times*, En: *Prensa Libre*, 1 julio, p. 5.

PAXTOR, E. (2010). "Pobladores queman comuna de Jocotán", *Prensa Libre.* 13 octubre, p. 12.

PÉREZ, C. (2011). "Sed de petróleo traerá riesgos", *Prensa Libre.* 9 de enero, p. 28.

PRENSA LIBRE (2010). "En México se construirán casas sin costo de energía". *CNNEXPANSIÓN*. 15 de noviembre, p. 48.

PRENSA LIBRE (2011a). "Hidroeléctricas". 27 de febrero, p. 22.

PRENSA LIBRE (2011b). "Parque eólico más grande del mundo será rumano". *AFP*. 24 de marzo, p. 26.

PRENSA LIBRE (2011c). "Nicaragua aumentará generación renovable". *ACAN-EFE*. 2 de junio, p. 27.

QUIÑONES, F. (2010). "MEM: en trámite 736 megavitos hídricos". *Siglo XXI*. 20 de diciembre, pp. 10-11.

RIGALT, C. (2011). "Minería de Hierro pone en riesgo la Costa Sur", *El Periódico*. 19 de abril, pp. 2-3.

RINZE, O. (2011a). "Energías ni baratas ni para el paisaje", *Siglo.21*. 9 de abril, p. 13.

RINZE, O. (2011b). "Energía y límites de espacio", *Siglo.21*. 4 de junio, p. 13.

RINZE, O. (2012). "Hidroeléctricas, alguna perspectiva", *Siglo.21*, 16 de junio, p. 13.

ROJAS, A. (2012). "Río de la discordia". *Prensa Libre*. 13 de mayo, p. 2-4.

ROSENTHAL, E. (2011). "Electricidad solar deja su huella en el mundo". *The New York Times*. En: *Prensa Libre*, 30 de enero, p. 8. Véase en: http//nytimes.com/Word

SALVATIERRA, C. (2012). "Potencial conflictividad por agua en la costa sur". *El Periódico*, 26 de junio, El semanal, p. 7.

SANCHINELLI, H. (2011). "Las energías limpias tienen beneficios". *Prensa Libre*, 15 mayo. p. 28.

SANTOS, J. (2012a). "Segeplan acompañará proyectos extractivos". *Siglo.21*, 16 junio, p. 10.

SANTOS, J. (2012b). "Apoyan proyecto minero". *Siglo.21*, 28 de julio, p. 8.

SHETEMUL, H. (2011). "Una matriz en problemas", *Prensa Libre*, 23 de febrero. p. 18.

SIGLO.21 (2011a). "China impulsará las industrias energéticas". EFE. 7 de marzo, p. 13.

SPERISEN-YURT, E. (2011). "El comercio de tierras raras", *Prensa Libre*, 17 de enero. p. 24.

TARANO, C. (2012). "Tierras raras. Una guerra extraña". *Prensa Libre*, 3 de julio, p. 5.

TIMMONS, H. y BAJAJ, V. (2011). "Países sedientos de energía nuclear", *The New York Times, Prensa Libre*, 20 de marzo. pp. 1 y 4.

TRUJILLO, R. (2012). "Energía eléctrica y generación de empleo". *La Nación*. Costa Rica, 3 de mayo, p. 27A.

VALDÉS, M. (2007). "De Guatemala para Oriente: limones secados al calor de la tierra. En las zonas volcánicas es posible considerar una industria que funcione con energía limpia o renovable". *El Periódico*, 5 de agosto.

VÁSQUEZ, B. R. (2012). "Los tildan de Narcos y terroristas". *Siglo.21*, 14 de mayo, p. 2.

WOODY, T. (2010). "Chinos dominan el mercado solar", *The New York Times, Prensa Libre*, 31 de octubre. p. 7.

YEE, A. (2012). "Plantas microhidráulicas generan más que solo electricidad". *The New York Times*, En: *Prensa Libre*, 22 de julio: p. 12.

YERGIN, D. (2011). "La Revolución del gas de esquisto". *The Wall Street Journal Americas*. En: *Sigloxxi*, 12 de abril, p. 4.

ZAVALA, M. (2014). "Urgen reactivar en el Congreso discusión de la Ley de Aguas". *Siglo.21*. 17 de marzo de 2014. Pp. 2-3.

ZELLER, T. JR. (2011). "Gas natural no es energía limpia", *The New York Times en Prensa Libre*, 29 de mayo, p. 7.

ZVAIGHAFT, P. (2010). "Quién paga por limpiar la energía", *Sigloxxi*, 20 de diciembre. p. 13.

Páginas electrónicas

AGER, (2011) "Desafíos en el desarrollo de proyectos hidroeléctricos en Guatemala" Por: Chojolán, C. En: http://www.galileo.edu/ire/files/2011/11/AGER_Ing.-Carlos-Chojolan-Desaf%C3%ADo-en-el-Desarrollo-de-Proyectos-Hidroel%C3%A9ctricos.pdf (Fecha de Consulta: 27/5/2012).

AGER, (2012) "Intervención de la Asociación de Generadores con Energía Renovable AGER en la mesa de diálogo convocada para participar en la discusión del dictamen que contiene la iniciativa del sistema nacional de desarrollo integral" (No. Res. 4084) En: http://www.dialogo.gob.gt/docs/Di%C3%A1logos_en_el_Congreso/Iniciat iva4084dri/Bibliograf%C3%ADa/ASOCIACION_DE_GENERADORES_CON_E NERGIA_RENOVABLE_AGER_21_06_10.pdf (Fecha de Consulta: 4/4/2012).

AIEH, (2011) "Hydropower Sustainability Assessment Protocol", International Hydropower Association (IHA). En: http://www.hydrosustainability.org/IHAHydro4Life/media/PDFs/Protocol/ hydropower-sustainability-assessment-protocol_web.pdf (Fecha de consulta: 25/9/13).

AGER (2013). "Proponen manual para evitar conflictos energéticos". En: http://www.eegsa.com/site.php?id=72¬icia=5143 (Fecha de consulta: 17/4/2013).

ALEGRÍA, M. (2001). "Informe de la comisión mundial de presas". World Dam Comission, WDC. En: http://www.aprchile.cl/pdfs/Informe%20Comision%20Presas.pdf (Fecha de consulta: 12/4/2012).

ALIANZA EN ENERGÍA Y AMBIENTE CON CENTROAMÉRICA (AEA). "Las pequeñas centrales hidroeléctricas y el desarrollo sostenible en Centroamérica". Suplemento del XVII foro regional AEA. En: www.sica.int/energía (Fecha de consulta: 25/5/2011).

APF (2014). "ONU advierte sobre agotamiento del agua", *Prensa Libre*. 22 de marzo de 2014, p. 31.

AYLWIN, (2000). "Los conflictos en el territorio mapuche: antecedentes y perspectivas". http://www.dii.uchile.cl/~revista/ArticulosVol3-N2/02-J%20Aylwin.pdf

AYLWIN, J., PAILLAN, E. y OPASO, C. (2000)".Las Lecciones de las Represas del BíoBío para el Manejo Alternativo de Conflictos Etnoambientales en Territorios Mapuche de Chile". Instituto de estudios indígenas, Gobierno de Chile. En: http://200.10.23.169/Derecho.htm (Fecha de consulta: 2/9/2010).

BALL, J. (2011). "Nubes negras sobre la energía eólica", *País minero*. Houston, 23 de abril. En: http://www.paisminero.com/index.php?option=com_content&view=articl e&id=3313:nubes-negras-sobre-la-energia-eolica-&catid=126:tecnologias-limpias&Itemid=300116 (Fecha de Consulta: 25/4/2011).

BP (2011). "BP Statistical Review of World energy, junio de 2011" En: http://www.bp.com/liveassets/bp_internet/spain/STAGING/home_assets/ downloads_pdfs/s/StatisticalReview_2011_ES.pdf (Fecha de Consulta: 15/7/2012).

CIFCA, (2008). Iniciativa de Copenhague para Centroamérica y México. En: http://www.omal.info/www/IMG/pdf/Informe_CIFCA_red.pdf (Fecha de consulta: 13/12/11)

COMISIÓN NACIONAL DE ENERGÍA (CNEE). (2012) Informe Estadístico 2012. En: http://www.cnee.gob.gt/xhtml/memo/Informe%20estadistico%202012.pd f

COMISIÓN NACIONAL DE ENERGÍA (CNEE), (2007). Ley General de Electricidad, Reglamento de la Ley General de Electricidad. Reglamento del administrador del mercado mayorista. En: http://www.cnee.gob.gt/pdf/marco-legal/LEY%20GENERAL%20DE%20ELECTRICIDAD.pdf (Fecha de Consulta: 13/12/11).

CONAE, (1995). "La minihidroeléctrica en el mundo". En: http://www.conae.gob.mx/work/sites/CONAE/resources/LocalContent/708 6/2/cap1.pdf (Fecha de consulta: 13/02/2011).

CONVENIO OIT NO. 169 (1989) En: http://www.ilo.org/public/spanish/region/ampro/lima/publ/conv-169/convenio.shtml (Fecha de consulta: 15/01/2011).

CRISTI, O. (2011). "Externalidades y resolución de conflictos en el uso del agua en Chile: Manejo integral de cuencas o más mercado para la provisión de caudales ecológicos y la asignación del agua entre usos agrícolas y de generación de energía hidroeléctrica". Facultad de Gobierno, Chile. En: http://gobierno.udd.cl/files/2011/04/Paper-N%C2%BA13.pdf (Fecha de consulta: 25/5/2012).

DIETERICH, H. (2007). "El Socialismo del siglo XXI", (Blogspot) En: http://el-socialismo-del-siglo-xxi.blogspot.com/2007/07/el-socialismo-de-siglo-xxi-heinz.html (Fecha de consulta: 06/03/2011).

DIRECTIVA EUROPEA, (2012). Directiva europea de eficiencia energética. En: http://www.enginyeria.es/es/2012/12/04/directiva-europea-deficiencia-energetica/

ENCOVI (2011), ENCUESTA NACIONAL DE CONDICIONES DE VIDA *"Pobreza y desarrollo 2011"*. En: http://www.ine.gob.gt/np/encovi/documentos/Pobreza%20y%20Desarrollo%202011.pdf (Fecha de consulta: 7/8/2012).

EL PERIÓDICO (2011c). "Hidroeléctrica Chelense, el fruto de un esfuerzo comunitario". 22 de enero. En: http://www.elperiodico.com.gt/es/20110122/ciencia/189265/ (Fecha de consulta: 25/1/2011).

EL PERIÓDICO (2011d). "Expansión sin fronteras". 25 de abril. En: *E&N. Estrategia y Negocios*. En: http://www.elperiodico.com.gt/es//pais/11594 (Fecha de consulta: 26/4/2011).

EPR, (s.f.). EMPRESA PROPIETARIA DE LA RED. (SIEPAC) En: http://www.eprsiepac.com/documentos/guatemala/tramos/02%20Descripcion%20del%20proyecto.pdf (Fecha de Consulta: 17/08/2012)

FORO INDÍGENA LATINOAMERICANO SOBRE CAMBIO CLIMÁTICO. Marzo 2010. San José, Costa Rica. En: http://www.climambiente.org/documentos/declaraciones/RESULTADOS%20DEL%20FORO%20INDIGENA%20LATINOAMERICANO%20SOBRE%20CAMBIO%20CLIMATICO.pdf (Fecha de consulta: 12/03/2011).

LA NACIÓN. (s.f.). "La basura también puede ser un negocio" En: http://www.lanacion.com.ar/nota.asp?nota_id=1063340 (Fecha de consulta: 17/05/2011).

MALDONADO, J. (2011). "Ataques al sector eléctrico enfrían ingreso de inversión", *Siglo.21*, 19 de junio. En: http://www.s21.com.gt/pulso/2011/06/13/ataques-sector-electrico-enfrian-ingreso-inversion (Fecha de consulta: 26/6/2011).

ORTIZ, A. (2010). "A mayor participación del sector privado, habrá más recursos para el gasto social" Diario de Centroamérica En: http://www.deguate.com/artman/publish/empleos_noticias/ven-alianzas-publico-privadas-como-alto-generador-de-empleo.shtml (Fecha de consulta: 2/9/2010).

PÉREZ, T. (2004). "Las lenguas mayas: historia y diversidad", Revista Digital Universitaria, vol. 5, n. 7, 10 de agosto, México: Universidad Nacional Autónoma de México. En:http://www.revista.unam.mx/vol.5/num7/art45/ago_art45.pdf (Fecha de consulta: 10/3/2013).

PLAN PUEBLA PANAMÁ – PPP, (2000). Informe de Avance de la Iniciativa Energética Mesoamericana. En: http://www.mopt.go.cr/planificacion/pruebas/planesyestudiosespeciales/PPP/historia.pdf (Fecha de consulta: 12/12/2010).

PNUD, (2010). Véase: PROGRAMA DE NACIONES UNIDAS PARA EL DESARROLLO.

PRENSA LATINA. Agencia informativa latinoamericana. En: http://www.prensa-latina.cu/index.php?option=com_content&task=view&id=215160&Itemid=1 (Fecha de consulta: 29/08/2010).

PRENSA LIBRE (2011d). "Viento se convierte en alternativa para Google". *CNNEXPANSION*. 25 de mayo, p. 26. En: http://www.prensalibre.com/economia/Viento-convierte-alternativa-Google_0_487151296.html (Fecha de consulta: 28/5/2011).

PROGRAMA DE NACIONES UNIDAS PARA EL DESARROLLO, (2010). PNUD: Informe Nacional de Desarrollo Humano, 2009 – 2010. En: http://desarrollohumano.org.gt/content/indh-2009-2010 (Fecha de consulta: 20/12/2010).

PROYECTO MESOAMÉRICA. (s.f.). En:
http://www.proyectomesoamerica.org/documentos/Iniciativa%20Energeti
ca%20JUNIO05.descripcion.pdf (Fecha de consulta: 23/05/2011).

REDMAYA, (2011). En: http://www.redmaya.org/2011/03/07/xvii-foro-
regional-aea-%E2%80%9Clas-pequenas-centrales-hidroelectricas-y-el-
desarrollo-sostenible-en-centroamerica%E2%80%9D-16-de-diciembre-de-
2010-alianza-en-energia-y-ambiente-con-centroamerica-a/ (Fecha de
consulta: 11/05/2011).

RODRÍGUEZ, V. (1999). En:
www.eclac.cl/publicaciones/DesarrolloEconomico/5/lcl1175/lcl1175e.pdf
(Fecha de consulta: 5/5/2012).

ROGOFF, K. (2014) En: http://www.project-
syndicate.org/commentary/kenneth-rogoff-identifies-several-obstacles-to-
keeping-living-standards-on-an-upward-trajectory (Fecha de consulta:
9/3/2014).

ROSTOW, W. "The Stages of Economic Growth, A Non-Communist
Manifesto". *Cambridge University Press*, Londres. En:
1960)http://www.cusur.udg.mx/fodepal/Articulos%20referentes%20de%2
0Des%20Susr/otros%20art.%20de%20Des%20Sust/teorias%20desarrollo.p
df Fecha de consulta: 5/5/2012).

SEGEPLAN. (2010). www.segeplan.gob.gt En:
http://www.segeplan.gob.gt/downloads/Nota_Conceptual_ODM_%20SEG
EPLAN_271009.pdf (Fecha de consulta: 06/03/2011).

SHULTZ, H. (2011). *Historia Económica de Europa: 1500-1900*. En:
http://books.google.com.gt/books?id=dtk7dYHOnOwC&pg=PA60&lpg=P
A60&dq=tracci%C3%B3n+humana+historia&source=bl&ots=bVmPs9qou
U&sig=bU1gRp2Vb4iRiLgsPpF1wFuc8B0&hl=es-
419&ei=EdhzTYbkPIGBIAf5zanFCw&sa=X&oi=book_result&ct=result&resn
um=3&ved=0CCYQ6AEwAjgK#v=onepage&q&f=false (Fecha de consulta:
14/11/2010).

SMITH, A. (1776). *La riqueza de las naciones*. Edición digital en:
http://stolpkin.net/spip.php?article696

SPENCE, L. (1908). *Popol Vuj*. www.forgottenbooks.org
http://books.google.com/books?id=DrwAHpfZ1hUC&printsec=frontcover

&dq=Popol+Wuj&hl=es&ei=n0EGTtLmA8ny0gGyguXmCw&sa=X&oi=book
_result&ct=result&resnum=1&ved=0CDAQ6AEwAA#v=onepage&q&f=fals
e Popol Wuj. Versión electrónica español. En:
http://library.osu.edu/projects/popolwuj/folios_esp/index.php (Fecha de
consulta: 12/05/2011).

TEVALÁN, A. "Frente petenero contra represas". (Blogspot) En:
http://info.worldbank.org/etools/docs/library/106181/NRMProgramRevie
w.pdf (Fecha de consulta: 29/08/2010).

UNITED NATIONS - UN, (1987). Informe Brundtland En: http://daccess-dds-
ny.un.org/doc/UNDOC/GEN/N87/184/67/IMG/N8718467.pdf?OpenElemen
t (Fecha de consulta: 12/5/2012).

UN-REDD. Programa de las Naciones Unidas para la Reducción de las
Emisiones Derivadas de la Deforestación y la Degradación Forestal en los
Países en Desarrollo En:
http://cmsdata.iucn.org/downloads/uicn_documento_de_posicion_redd_
cmnucc_cop_15.pdf (Fecha de Consulta: 25/11/2011).

URL -UNIVERSIDAD RAFAÉL LANDIVAR (2005). *Situación del recurso hídrico
en Guatemala.* Instituto de Incidencia Ambiental., En:
http://www.reservasdeguatemala.org/web/documentos/recurso.hidrico.ia
rna.pdf (Fecha de Consulta: 23/5/2012).

VERGARA, A. (2005): *América Latina: entre luces y sombras.* Edición digital
En: http://www.eumed.net/libros/2005/av/   (Fecha de consulta:
16/1/2012).

WAPA, (2011). "Vientos en contra para la energía eólica". En:
http://www.wapa.tv/noticias/primeraplana/vientos-en-contra-para-la-
energía-eolica_20110423110333.html (Fecha de consulta: 20/05/2011).

WORLD BANK (s.f.). En:
http://info.worldbank.org/etools/docs/library/106181/NRMProgramRevie
w.pdf (Fecha de consulta: 29/08/2010).

WCD, WORLD COMISSION ON DAMS. Vase IUCN: International Union for
Conservation of Nature En: http://www.iucn.org/

WORLD RESEARCH INSTITUTE, (2004). "Decisiones para la tierra. Recursos
mundiales 2004". www.wri.org En: http://pdf.wri.org/wr2004_esp.pdf
(Fecha de consulta: 15/01/2011) Texto completo en:

http://webcache.googleusercontent.com/search?q=cache:afh0zCqllSoJ:w
ww.bubok.es/ver/preview/172078+(Brunch+2001:11390-
11391)&cd=1&hl=es&ct=clnk&gl=gt&source=www.google.com.gt (Fecha
de consulta: 22/11/2011).

WWEA. (2010). "reporte anual de la energía eólica en el mundo 2010" En:
http://www.wwindea.org/home/images/stories/pdfs/worldwindenergyrep
ort2010_e.pdf (Fecha de Consulta: 12/8/2012).

ZELADA, R. "Temen que sequía en Guatemala provoque otra hambruna", *El
Nuevo Herald*. En: http://www.elnuevo
herald.com/2010/03/19/678326_temen-que-sequia-en-guatemala.html
(Fecha de consulta: 20/4/2011).